La saga Monaco

Du même auteur
aux Éditions J'ai lu

Les mystères Delon, *J'ai lu* 5901

Bernard Violet

La saga Monaco

J'AI LU

À Émilie.

Avant-propos

« Une biographie de la famille princière ? Ça veut dire trois ans d'interdiction de séjour dans la Principauté ! » Le conseil « amical » m'est glissé par un ancien détective privé niçois, devenu éditeur puis rédacteur en chef de plusieurs revues. Le plumitif sait de quoi il parle. Il fut durant plusieurs années le patron de *La Gazette de Monaco* [1], la « danseuse » d'un richissime homme d'affaires monégasque : Jean-Louis Marsan, ami influent du prince Rainier, et, à ses heures perdues, vénérable maître de l'Ordre Souverain du Temple Solaire.

J'aurais pu considérer cet avertissement comme une simple boutade. Mais il me sera répété à de nombreuses reprises par des Monégasques et des Français liés d'une façon ou d'une autre à la vie économique et politique de la principauté. Comme si cela ne suffisait pas, un ancien condisciple du prince Albert tiendra à me rappeler que le Code pénal monégasque interdit de critiquer publiquement la famille régnante. Avant d'ajouter : « Et malheur à celui qui le transgresse [2] ! »

L'article auquel fait allusion mon interlocuteur explique-t-il cette loi du silence et le goût du secret dont S.A.S. Rainier III semble avoir fait, depuis un demi-siècle, les principaux instruments de son pouvoir ? Ou s'agit-il d'« une anachronique atteinte à la liberté d'expression » comme le considèrent de leur côté, en mars 2002, les auteurs du rapport annuel du Département d'État américain sur les droits de l'homme qui pointe, régulièrement et consciencieusement, la monarchie absolue monégasque [3].

Cela étant, malgré les multiples mises en garde, je me devais naturellement de solliciter la collaboration des Monaco auxquels j'ai ainsi soumis, par écrit et individuellement, les grands thèmes de mon enquête et son cadre.

Curieusement, je ne recevrai qu'une seule réponse à mes différentes requêtes : celle du prince souverain me faisant ainsi remercier par son cabinet de ma démarche, tout en m'opposant une fin polie de non-recevoir [4].

Singulier courrier d'un patriarche prenant la parole au nom de ses enfants. Drôle de paradoxe chez cette famille princière si médiatique qui ne prise guère, on l'a compris, les professionnels des médias. Lorsque je lui rapporte l'anecdote, l'ex-époux d'une princesse ne semble guère surpris. « C'est ça le Palais [5] ! » ironise-t-il.

À partir de là, il faut bien dire que rien n'a été fait pour faciliter mon entreprise. Mais j'ai pu constater qu'elle intriguait suffisamment pour que quelques personnalités du premier cercle princier se tiennent soigneusement au courant des différentes étapes de mon travail.

Rien de choquant dans cette attitude dont, de toute façon, il fallait bien s'accommoder. Et c'est ainsi que j'ai déchiffré le message : si les Monaco sont indépendants, leur biographe doit l'être aussi.

Sentiment apparemment partagé par Patrick Leclercq, le ministre d'État français auprès de Rainier, qui me conseille cordialement d'afficher explicitement cette indépendance, tout en m'encourageant avec insistance à multiplier mes contacts au sein des « forces vives monégasques ». La seule façon, de son point de vue, pour éviter de tomber dans une « vision réductrice ou superficielle [...] qu'on continue trop fréquemment d'entretenir[6] ».

Pour raconter les Monaco, et comme il est de règle dans une telle enquête, j'ai donc d'abord amassé une volumineuse documentation, plusieurs mètres cubes d'articles de presse, une bibliographie et une filmographie détaillées. Ce n'était pas suffisant. J'ai ensuite rencontré pendant deux années une centaine d'interlocuteurs. Parmi eux, des proches de la famille princière, des collaborateurs anciens ou actuels, des témoins passionnés, d'autres plus réservés. En toute bonne foi, j'ai essayé de faire la part des choses entre les fausses confidences, les règlements de comptes et les plaidoyers.

La tâche n'a pas toujours été aisée, mais, providence des enquêteurs, la chance m'a souvent souri. La plupart de mes interlocuteurs m'ont parlé avec franchise. Certains ont préféré ne pas être nommés. C'était leur droit, et je l'ai respecté. Des fonctionnaires civils et militaires en activité, des magistrats, des hommes politiques, des industriels, des membres de gouvernements successifs, et certains de leurs collaborateurs ont accepté dans les mêmes conditions d'évoquer avec moi des questions parfois difficiles, voire délicates. J'ai trouvé chez tous le même accueil et la même disponibilité, la même volonté de m'aider à déchiffrer l'« exception monégasque ».

Sans acrimonie excessive, je dois admettre que mes recherches m'amèneront parfois aussi quelques déconvenues : des dérobades, des changements d'attitudes et autres volte-face. Certains de mes interlocuteurs ne m'ont pas caché leurs craintes d'éventuelles représailles. D'autres refuseront obstinément – et c'est tout à leur honneur – de mordre la main qui les a longtemps nourris. D'autres encore se croiront obligés d'en rajouter dans la déférence. D'autres toujours, plus cyniquement, dissimuleront à peine leurs espoirs de prébendes princières et autres petits bénéfices dont pourrait profiter leur vie personnelle ou professionnelle. Quelques-uns enfin, velléitaires et un tantinet roublards, préféreront accaparer notre travail commun pour quelque projet éditorial.

Les uns et les autres, qu'ils reçoivent ici le témoignage de ma gratitude : sans eux, cet ouvrage ne se serait pas fait. Une enquête et un récit de ce type n'ont de valeur que dans la confrontation des points de vue. Certains jugeront peut-être que leurs idées ne sont pas suffisamment mises en valeur. Qu'ils soient assurés que j'ai travaillé sans partialité, avec la seule volonté d'informer et d'aider à comprendre.

C'est ainsi que je suis en mesure d'apporter aujourd'hui bon nombre d'éléments inédits qui, sans nul doute, ont aidé à façonner une principauté et le devenir d'une famille pas comme les autres. C'est ainsi que je suis entré dans les coulisses d'une dynastie, dont l'histoire fut longtemps remplie d'incertitudes et fréquemment semée d'embûches. Passionnante saga princière marquée de tout temps par un grand désordre sentimental.

Enfin, c'est ainsi, je dois l'avouer, que je me suis délecté des aventures de princes et de princesses qui ont parfois voulu et su se forger des destins extraordinaires, à devenir pour certains d'entre eux de véritables légendes vivantes.

PREMIÈRE PARTIE

La renaissance d'une principauté

PROLOGUE

Les fiançailles marketing

Les yeux du père Tucker brillent de malice derrière ses lunettes rondes. En ce jour du mois de janvier 1956, le religieux dissimule à peine sa satisfaction lorsque Louis Aureglia, président du parlement et l'un des personnages respectés de Monte-Carlo, lui annonce l'événement tant attendu. Le Prince accepte de se marier. L'heureuse élue ? L'une de ses compatriotes : la célèbre actrice américaine Grace Kelly.

Pour l'ancien maire de Monaco et pour le prêtre, il est vrai que la situation ne pouvait pas durer plus longtemps. Voilà deux années que le premier presse Rainier de prendre une épouse. Un empressement d'autant plus affiché que d'autres passions inquiètent davantage l'entourage du souverain. Celui-ci affiche depuis son adolescence ses goûts pour les jeux dangereux : course automobile, dressage des fauves, pêche sous-marine.

Sur le Rocher, les Monégasques partagent l'impatience des deux hommes. Six ans après son avènement, en 1949, le descendant d'Otto Canella se doit de leur offrir une princesse. Que le trône demeure vacant « faute d'héritier direct ou adoptif » et, selon le traité signé avec la France en 1918, sur le territoire devenu protectorat français, sans vouloir vraiment dire son nom, l'impôt viendrait frapper les deux mille résidents qui ne demandent qu'à l'ignorer.

Contrairement à ses sujets, le problème dynastique n'a jamais troublé outre mesure les nuits de Rainier. Ses aïeux ont souvent pris leur temps avant de se caser. Son grand-père Louis II avait même attendu l'âge de soixante-seize ans avant de convoler ! Il n'ignore pas de la même façon que les jeunes filles ne manquent pas, même si son véritable coup de cœur s'est récemment appelé Giselle Pascal.

De son vrai nom Maria Tallone, la brune Giselle est originaire de Cannes où ses parents sont fleuristes. Après avoir suivi les cours de théâtre de Jean Wall, où ses condisciples s'appellent Gérard Philipe et Dora Doll, c'est dans la capitale du film que le cinéaste Yves Allégret la remarque et lui fait jouer, en 1941, *Les Deux Timides*. Puis c'est le frère de ce dernier, Marc, également cinéaste, qui l'engage pour plusieurs longs-métrages tournés au début de la Seconde Guerre mondiale : *L'Arlésienne* et *La Belle Aventure*. Peu de temps après, elle incarne Louise de La Vallière, dans *Si Versailles m'était conté* de Sacha Guitry.

Au palais, l'idylle est regardée d'un mauvais œil. Un diplomate français alors en poste sur le Rocher se souvient : « On voyait mal la fille de petits commerçants devenir Princesse. Le Prince Louis, qui entretenait des rapports distants avec ses petits-enfants, m'avait dit un jour : “Rainier aime les jolies filles, mais pour qu'il s'intéresse vraiment à elles, il faut qu'elles soient célèbres.” » La remarque ne semble pas dénuée de bon sens pour le haut commis de l'État français qui envisage un moment de présenter au Prince héréditaire une autre comédienne renommée : Geneviève Page. « Elle était actrice, fille d'officier, une grande femme distinguée, et surtout française pur sucre[1]. »

Ces intrigues n'empêchent en rien le jeune Prince de continuer à filer le parfait amour avec la belle Giselle qu'il a fini par installer dans une superbe villa de Saint-Jean-Cap-Ferrat. Lui-même occupe *Le Sphinx*, à Beaulieu. À quelques pas de la résidence des *Glycines* où vivent sa sœur Antoinette et son époux, le séduisant joueur de tennis Alexandre Noghès.

Le Prince va-t-il épouser une actrice, fille d'une marchande de fleurs et primeurs sans qu'on parle de mésalliance ? Pour le Conseil national monégasque, il ne saurait en être question. Peut-il se résoudre à sacrifier son amour à la raison d'État ? Rainier est conscient que son mariage – en tant que monarque d'un pays indépendant – pose problème. Lors d'une promenade en voiture entre Cap-Ferrat et Monaco, le jeune homme expose son dilemme au père Tucker. Le confesseur écoute avec attention. Il réfléchit un moment puis, hochant son menton carré : « Elle est charmante, je l'épouserais même bien, mais je ne puis pas, car je suis prêtre. Vous ne pouvez pas non plus puisque vous êtes prince[2]. » Rainier, connaissant ses responsabilités, ne souhaite rien ajouter à ce raisonnement habile mais péremptoire. Il semble d'autant plus convaincu qu'une rumeur opportune laisse entendre que sa bien-aimée serait dans l'incapacité de lui assurer une descendance.

Les jeunes gens avaient-ils véritablement eu l'intention de faire leur vie ensemble ? La sincérité des sentiments de Rainier n'a jamais semblé être feinte. Mais il est probable que son amour-propre a peut-être aussi été blessé le jour où il apprit que sa fiancée avait accordé plusieurs danses à Gary Cooper lors d'un festival du film. Devant l'un de ses confidents, Rainier évoquera le coup de couteau dans le cœur qu'il ressentit alors. Mais à l'un des amis américains de la future princesse Grace, il préférera parler des choses de la vie : « Nous sommes restés ensemble pendant six ans, et c'était parfait tant que cela a continué, mais je crois que nous avons tous deux jugé que cela avait assez duré[3]. »

Réconforté par cette première victoire, Tucker s'estime dorénavant investi de la mission de découvrir une Marie-Louise à son souverain. L'aubaine se présente au mois de mai 1955, lorsque le palais princier reçoit la visite de la célèbre comédienne Grace Kelly. Une étrange coïncidence lorsqu'on sait que l'intrigant religieux est né à Wilmington, non loin de Philadelphie, la ville natale de l'étoile de Hollywood, et qu'il connaît bien son père, John B. Kelly. La rencontre des tourtereaux serait-elle totalement le fruit du hasard ? Des tractations ont-elles précédé l'annonce officielle des fiançailles ?

Autant de questions auxquelles on ne souhaite surtout pas répondre ce 5 janvier 1956, jour de l'annonce officielle des fiançailles de S.A.S. Rainier III et de « Miss Grace Kelly », comme le déclame le speaker de Radio Monte-Carlo dont la direction fait interrompre ce même jour une émission au nom prédestiné : *Le Bonheur, mesdames...*

Sur le Rocher, la nouvelle provoque une explosion d'allégresse. Le portrait de Rainier, que de nombreux commerçants boudaient, réapparaît dans toutes les vitrines. Les conseillers du Prince font expédier cent kilos d'œillets blancs et rouges à leur future souveraine.

Le lendemain, 6 janvier, jour des Rois, Rainier se trouve à New York où une soirée huppée, baptisée *Nuit de Monte-Carlo,* est organisée au prestigieux hôtel *Waldorf Astoria*. Il y retrouve sa ravissante fiancée vêtue d'une robe de Dior en satin blanc rehaussée d'un bouquet d'orchidées blanches. Le Prince est particulièrement ravi. La future Princesse porte également le collier et les motifs d'oreilles signés Van Cleef & Arpels qu'il lui a offerts quelques heures plus tôt. Les jeunes gens semblent très amoureux l'un de l'autre. Tout commence bien jusqu'au moment où une mystérieuse et pulpeuse Sud-Américaine réussit à forcer le barrage des invités pour se précipiter sur Rainier qu'elle embrasse à deux reprises. « Je le connais depuis qu'il a douze ans [4] ! », déclame-t-elle visiblement très excitée. Le Prince, confus, essuie la trace du rouge sous le regard scandalisé de Grace. Devant les protestations de Rainier qui lui affirme qu'il ne l'a jamais vue, sa ravissante fiancée clôt l'affaire par un : « C'est un coup des reporters américains [5] ! »

L'incident est oublié lorsque les nouveaux fiancés rejoignent la loge princière. Aux deux cents photographes présents, ils offrent des regards qui se sourient, un bras qui passe autour d'une épaule, deux joues qui se rapprochent.

Ainsi débute un conte féerique qui va faire s'émouvoir et rêver pendant un demi-siècle à l'unisson l'Amérique et l'Europe. Mais comment ne pas se laisser éblouir par le conte de la bergère épousant un prince, par le roman de l'actrice renonçant au cinéma par amour pour son époux ? Cette saga princière a longtemps été délibérément teintée de fantaisie et de pittoresque. Au prix de quels accommodements avec la réalité ?

CHAPITRE 1

L'Étoile de Hollywood

Gaston Bonheur, le patron de *Paris-Match* ne s'y trompe pas : les fiançailles du prince Rainier III de Monaco et de la grande vedette américaine Grace Kelly ne sont pas un simple épisode mondain, mais « l'événement sentimental le plus important [1] » de cette année 1956. De son point de vue, elles peuvent rivaliser sans difficultés avec le couronnement de la reine Elizabeth II qui s'était déroulé trois ans plus tôt. Dans le numéro en « exclusivité mondiale » qu'il est en train de confectionner, il ne s'agit surtout pas d'oublier de rappeler que c'est devant les appareils photographiques des reporters de son journal que le Prince et la vedette se sont connus.

Au départ, une sollicitation en forme de boutade que Bonheur, à la recherche d'un sujet charme, adresse à Pierre Galante au cours d'une conférence de rédaction : « Pensez-vous que vous pourriez arranger une réunion entre Grace Kelly et le prince Rainier du Monaco [2] ? » L'auteur de *La Mauvaise Fréquentation* n'ignore pas que son reporter a l'habitude d'assister depuis ses débuts au festival du film de

Cannes où il a ses entrées. Deux ans plus tôt, ce Niçois charmeur, souriant et affable, y avait même fait la connaissance de celle devenue depuis peu sa femme, Olivia de Havilland, la célèbre Mélanie Wilkes de *Autant en emporte le vent*.

« Grace Kelly ne connaissait ni la Principauté, ni le Prince, racontera Pierre Galante quelques années avant sa disparition. Elle avait accepté un peu comme un jeu, un peu par curiosité aussi, et sans doute enfin mue par le goût du risque. Je passai une bonne partie du voyage en train de Paris à Cannes à lui raconter les particularités de Monaco, ce palais bâti sur un Rocher, cette famille, l'une des plus anciennes régnantes en Europe, les mille aspects de cet endroit un peu irréel. Je connaissais, par ailleurs le Prince, pour l'avoir rencontré avec un ami commun, Louis Chiron, l'as du volant, alors qu'il essayait tous les matins des voitures de course sur l'autoroute de l'Ouest. Je savais que c'était un homme simple, sportif, et qui adorait l'imprévu [3]... »

Le 6 mai 1955, dans le hall du *Carlton* où grouillent les « figurants » du Festival, les reporters de *Paris-Match* ont rendez-vous avec Grace. À la demande de Galante, Rainier a accepté de recevoir la vedette ce même jour à seize heures. La raison en est simple. Il est dans son rôle de sacrifier aux exigences de son image de marque touristique. Trois ans plus tôt, il avait accepté de la même façon de recevoir une étudiante de Chicago, Joan Stork, transformée pendant quelques heures par la presse comme la « Cendrillon de l'Illinois ». Une espèce de « répétition » générale précédant la visite de Grace ? s'interrogera plus tard un journaliste historien [4].

S.A.S. Rainier n'est pas non plus le seul aristocrate à se soumettre à de telles obligations plutôt agréables. D'autres éminences princières du Festival, la Bégum et l'Aga Khân, ont ainsi depuis sa création, attaché leur nom à l'histoire des festivals et des stars de passage.

Le pavillon du prince qui flotte sur la tour de l'Horloge indique que Rainier est dans son palais et qu'il attend. Mais ce n'est qu'une fausse alerte. Le maître des lieux est en retard. Il a téléphoné depuis la petite commune voisine de Beaulieu pour prier Grace et son escorte de commencer la visite sans lui. Grace, en robe noire, rouge et verte, n'est pas arrivée seule aux portes du palais. À ses côtés, Gladys de Segonzac, son amie l'habilleuse lors du tournage de *La Main au collet*, le commissaire général au tourisme et à l'information, le colonel Séverac du palais princier, le représentant de la Metro-Goldwyn-Mayer, Elias Lapinere, et bien sûr Galante à la tête de son équipe de reporters[5]. Le journaliste réalise soudain que Grace ne porte pas de chapeau. « "Ce n'est pas très protocolaire, lui dis-je, de vous présenter ainsi devant le Prince qui va vous recevoir officiellement." Mais elle n'a pas dans sa garde-robe un chapeau assorti à sa robe. Il ne faut pas non plus songer à en acheter un à cette heure de la journée. Toutes les boutiques sont fermées. Nous discutons en vain et perdons dix bonnes minutes. Gladys a une idée de génie. Elle se souvient que Grace a dans une valise une sorte de tiare en fleurs artificielles. Elle court et, au milieu de la foule amusée, on fabrique à la star un semblant de coiffure[6]. »

Grace découvre avec curiosité le décor du palais et le nombre impressionnant de pièces : plus de deux cents. Chacune est prétexte à une séance de photos : devant la cheminée gothique de la salle des gardes, le trône surmonté d'un baldaquin en velours rouge, le divan du salon bleu sur lequel elle se laisse tomber quelques instants sous le portrait de Marie Leczinska, que le peintre a représentée en robe de cour, flanquée d'un amour joufflu. L'actrice montre une certaine fébrilité. « Elle fouille dans son sac à main et sort un poudrier, poursuit Galante. Tout en tapotant son nez, elle nous interroge : "Comment faut-il appeler le Prince ? Parle-t-il français ? Quel âge a-t-il[7] ?" »

Les réponses à ses questions lui arrivent lorsqu'elle entend soudain la porte s'ouvrir. C'est un garde qui vient prévenir de l'arrivée imminente du Prince qui vient de garer dans la cour d'honneur sa voiture de sport, une Lancia bleu ciel. « Pour la dernière fois, Grace répète dans un coin sa révérence de cour, poursuit Galante. Peine perdue car, devant le souverain, elle se borne à l'esquisser. La simplicité et le sourire bon enfant de Rainier la surprennent et la mettent à l'aise. Il est habillé d'un costume en gabardine bleu marine. Ses pantalons sont très étroits, presque en forme de fuseau, ses chaussures noires ont d'épaisses semelles. Il paraît intimidé, s'excusant d'être un peu en retard[8]. » La jeune femme semble impressionnée par cet homme aux larges épaules, par son beau visage de Méditerranéen, son regard direct et sa fine moustache qui est, pour Hollywood, l'apanage des jeunes premiers latins. La beauté de l'actrice ne laisse pas davantage le Prince indifférent. Il admire sa magnifique chevelure, son élégance naturelle et sa beauté. Il ignore que pour apparaître au souverain du Rocher dans sa plus grande beauté, l'actrice a passé la matinée chez le coiffeur cannois du Carlton où elle s'est fait confectionner une toque de fleurs. Rainier propose de conduire ses invités dans les jardins privés qui dominent le stade Louis-II. Lorsqu'on la parcourt, la vue s'étend sur un immense panorama. À quelque vingt kilomètres, Bordighera avance sur l'horizon sa pointe bleutée. Devant, le Cap-Martin jette vers le large son long fuseau d'émeraude. Plus près, à la pointe de la Veille, s'enchâssent les somptueux établissements du Monte-Carlo Beach : ses grands hôtels, son casino, ses sportings d'hiver et d'été. Grace n'ignore pas que le Rocher est le paradis des milliardaires et le refuge des têtes couronnées ou le plus souvent découronnées. Après avoir guidé ses hôtes jusqu'au haut des remparts, Rainier propose un détour vers son zoo, installé dans le jardin d'acclimatation.

Non sans fierté, il montre à Grace Kelly sa dernière acquisition, un tigre du Bengale. Ses congénères et les lions, des cadeaux du roi du Maroc Mohamed V, le grand-père de l'actuel souverain, rugissent à leur passage. Le Prince passe ses bras à travers les barreaux et les calme d'une caresse. Grace semble très impressionnée par cette audace tranquille. Avant de quitter les lieux, Rainier lui présente Bimbo, l'éléphant offert par Bao-Dai, l'éphémère empereur du Vietnam. Et ses deux chimpanzés favoris : Tanagra et son bébé Pipo que le Prince avait ramené lui-même d'Afrique et élevé.

La passion de Rainier pour ses animaux, qu'il visite quatre fois par semaine, est loin d'être feinte. Elle remonte à sa prime enfance. « J'ai été, pendant de longues années, le meilleur client du Musée océanographique fondé par mon arrière-grand-père, le prince Albert, expliquera Rainier plus tard à l'écrivain et grand d'Espagne José-Luis de Villalonga. Ce goût est resté chez moi très vivace. Je suis toujours prêt à visiter un zoo, plutôt que d'aller au théâtre ou au cinéma. [...] Avec l'âge aussi, j'ai découvert le bien-fondé de ce cliché tant de fois ressassé : l'animal est bien plus intéressant à connaître de près que l'homme. L'animal possède, de façon innée, des qualités fondamentales que l'être humain doit apprendre : la fidélité, la loyauté, la confiance et, aussi, cette merveilleuse chose qu'est l'amitié librement consentie [9]. »

De retour au palais, Grace est obligée de refuser le verre de champagne que son hôte lui propose. Elle est attendue sur la Croisette où la délégation américaine doit offrir un cocktail en son honneur. Ils se séparent. Leur entrevue a duré à peine une heure et paraît devoir être sans lendemain. Les premiers échanges ? D'une grande banalité. Mais comment pouvait-il en être autrement ? Espèrent-ils se revoir ?

Lors du trajet qui la ramène vers Cannes, Grace confie ses premières impressions à Galante. Elle parle du Prince comme d'un homme « charmant ». Un peu plus tard, lors de la soirée offerte en son honneur, elle confirme son sentiment à Olivia de Havilland : « *He is very, very charming* [10]. »

Le lendemain, métier oblige, Grace s'abandonne aux photographes. Sur la plage du *Carlton*, elle accepte de poser en maillot. Un objectif indiscret fige quelques heures plus tard ses mains enlacées à celles de Jean-Pierre Aumont, le jeune premier lancé au milieu des années 1930 avec deux rôles très remarqués, l'un au théâtre, chez Louis Jouvet, dans *La Machine infernale*, de Jean Cocteau, l'autre au cinéma, dans *Le Lac aux dames,* de Marc Allégret. Après la Seconde Guerre mondiale, au cours de laquelle il rejoint les Forces françaises libres du général de Gaulle, l'acteur avait choisi de faire carrière à Hollywood où il incarne dorénavant le parfait *french lover.*

Pour les échotiers cannois, on assiste à des retrouvailles sentimentales. La romance prêtée aux deux acteurs n'est pas récente. Jean-Pierre Aumont l'évoquera longuement quelques années plus tard en ces termes : « Quand on m'offrit de jouer le rôle d'Audubon, célèbre ornithologue, je demandai qui, en dehors des vautours, et de quelques rouges-gorges, serait ma partenaire. On me donna le nom d'une jeune actrice qui venait de tourner un film, mais n'était pas encore connue : Grace Kelly. Elle arriva, très belle, très blonde, assez grande, avec des yeux bleus qui pouvaient aisément devenir d'acier. [...] À la pause de midi, je l'invitai à déjeuner. Elle me répondit : "Non, merci, monsieur Aumont." Pendant plusieurs jours, dans ce pays où tout le monde vous appelle Bill, Mac ou Tom à première vue, elle continua à me donner du "Monsieur Aumont", et à se tenir sur une distante réserve. Cela m'agaçait. La salle où nous répétions servait de dancing le samedi soir. Elle était ornée de slogans écrits à la main sur des banderoles. Le quatrième jour, las de subir sa froideur, je pris Grace Kelly par le bras, et, d'un doigt impérieux, lui désignai une des banderoles. Elle ajusta ses lunettes et lut : "Ladies, soyez aimables avec vos cavaliers. N'oubliez pas qu'après tout, les hommes aussi sont des êtres humains." Grace éclata de rire. La glace était rompue. Nous devînmes les meilleurs amis du monde, et ne nous quittâmes plus jusqu'à mon départ pour Paris[11]. »

Deux ans s'écoulent au cours desquels les deux comédiens échangent une correspondance très amicale. Jusqu'au festival de Cannes, où le Français retrouve « l'adorable » héroïne de *Country Girl*. Une aubaine pour les journalistes qui imaginent un nouveau coup de foudre. « Un reporter américain me happa, alors que je traversais le hall du *Carlton* : "Seriez-vous heureux d'épouser Grace Kelly ? – Qui ne le serait ?" répondis-je, en riant[12]. » Il ignore alors que, dès le lendemain, les journaux du monde entier – dont le *Time* – publieront son innocente réponse « comme s'il s'était agi de la plus importante déclaration historique des vingt derniers siècles[13] », raconte avec humour Jean-Pierre Aumont qu'une meute de photographes ne lâchera plus désormais. Des centaines de photos sont ainsi prises, certaines avec l'accord du couple, d'autres à son insu... *Paris-Match* et *Life* se partageant bien entendu les exclusivités.

Deux jours après sa visite au palais princier de Monaco, Grace débarque par le Train Bleu à Paris. Elle a finalement accepté l'invitation de Jean-Pierre Aumont qui a absolument tenu à lui faire visiter Montmartre et Saint-Germain-des-Prés.

Elle est heureuse de se rendre dans la propriété de l'acteur située à Rueil-Malmaison, dans la région parisienne. Là, elle fait la connaissance de Maria-Christine, neuf ans, la fille que Jean-Pierre a eu de son mariage avec Maria Montez. La célèbre actrice, surnommée « la bombe dominicaine », avait disparu tragiquement et prématurément quelques années plus tôt.

De nombreuses photos sont prises lors de ces heures de détente aux *Rochers*, la villa de l'acteur. Lorsqu'elles sont publiées dans *Paris-Match*, Grace se dit choquée. C'est la première fois qu'on viole ainsi sa vie privée. De son côté, Jean-Pierre Aumont ne peut faire autrement que de se déclarer contrarié. Il n'est pas le seul. « Ces messieurs du Publicity Department, à la Metro, fulminèrent, raconte-t-il. Ils avaient dépensé une fortune, depuis deux ans, pour répandre l'image d'une déesse à la fois inaccessible et hautement sexy, dans les robes les plus suggestives et les lumières les plus flatteuses, et voilà que la "déesse" apparaissait, dans un méchant éclairage, tricotant, à la campagne, avec ses lunettes sur son nez et une bande de marmots à ses pieds… La Metro ne me le pardonna jamais [14]. »

Les Américains sont d'autant plus furieux qu'ils ont appris entre-temps que le beau-frère de l'acteur français est reporter à… *Match* !

Grace s'est-elle réellement senti trahie par la publication de photographies qu'elle croyait destinées à un album familial ? Aumont affirme que non, puisqu'elle tiendra à lui annoncer personnellement trois mois plus tard et très amicalement ses fiançailles avec Rainier.

De retour aux États-Unis, Grace n'a guère le temps de profiter de son appartement new-yorkais de la Cinquième Avenue. Elle doit bientôt commencer le tournage en Caroline du Nord du *Cygne (The Swan)* de Charles Vidor. Ironique clin d'œil du destin, elle y incarne une princesse aux côtés de Louis Jourdan et Alec Guinness. Pendant le tournage, le célèbre acteur britannique note les étranges rêveries de Grace. « Parfois je la voyais regarder au loin dans l'espace. Je lui demandais : "Ça va ?" Elle revenait alors parmi nous mais toujours avec un léger temps de surprise comme si elle revenait de très loin[15]. » Prémonitoire ou coup de pub à moindre frais, le producteur Schary Dore, lui, ne perdra pas une si belle occasion. Lors de sa sortie, il fera sous-titrer le film ainsi : « L'intime, l'excitante et merveilleuse histoire d'amour d'une princesse[16]. »

Loin des studios hollywoodiens, à Monaco, Rainier a décidé de s'embarquer pour une croisière d'un mois en Méditerranée. Sa passion pour la mer remonte à sa plus tendre enfance. Lorsqu'il prend la barre de son yacht *Deo Juvante*, un sentiment total de griserie le gagne. « C'est la liberté retrouvée, l'évasion totale et, lorsque les éléments s'en mêlent, l'aventure avec un grand A, explique Rainier. Jamais un homme n'est autant un homme que lorsqu'il est sur le pont d'un bateau qu'il commande[17]. »

À son retour, de nombreux dossiers attendent le Prince : des événements financiers ont fait couler beaucoup d'encre et les prochaines élections communales se préparent dans la fièvre. Mais le jeune souverain semble s'en désintéresser. Il paraît plus solitaire que jamais. Le soir, à cent vingt à l'heure sur la basse corniche, au volant d'une de ses neuf voitures, il se rend au cinéma à Nice, à Cannes ou à San Remo. Inquiet pour sa brebis princière, l'aumônier Tucker ne tarde pas à recueillir ses confidences. « Le Prince ne pouvait pas s'empêcher de me parler de Grace, confie Tucker. Chaque fois que je le rencontrais, il se laissait aller à des petites exubérances et m'adressait sans cesse des notes où il était toujours question de la visiteuse[18]. »

Pour le prêtre, ces confidences sont une bénédiction divine. Il ne fait plus de doute que l'heure a sonné pour le Prince de prendre femme. Dans les semaines qui suivent sa visite, il adresse à Grace un long courrier afin de la remercier « d'avoir montré au Prince ce qu'était une jeune femme catholique américaine, et de la bonne impression qu'elle lui avait laissée[19] ». L'entremetteur lui laisse entendre que Rainier souhaite lui adresser un mot et s'entretenir au téléphone avec elle. Grace n'y voit pas d'inconvénient. « Avant notre seconde rencontre, j'étais déjà à peu près sûre d'être amoureuse du Prince, dira-t-elle plus tard. Je ne sais comment... mais il y avait quelque chose[20]... » Rien n'est encore fait toutefois. Prudent, Rainier souhaite en savoir davantage sur les Kelly. L'Américain Tucker est le mieux placé pour lui rapporter le *curriculum vitae* de cette famille qu'on lui présente bientôt comme « honorablement connue ».

John Brendan Kelly, le père, est un riche *self-made-man*. Il est le neuvième enfant d'un éleveur de cochons irlandais débarqué aux États-Unis en 1867 après la tristement célèbre grande famine survenue suite à la maladie de la pomme de terre. « Les Kelly étaient originaires de Drimurla, à l'est de Newport, quelques arpents de mauvaise terre baignés par les eaux du lac Leg of Mutton, précise Pierre Joannon, l'actuel consul honoraire d'Irlande sur la Côte d'Azur. Le peu de culture qu'on y pratiquait à grand-peine obligeait les fils cadets à aller chercher ailleurs le vivre et la fortune[21]. »

Quelques mois après son installation à Rutland, dans le Vermont, l'aïeul John Henry tombe amoureux. Sa dulcinée a dix-sept ans et s'appelle Mary

Ann Costello. Elle aussi est originaire du Comté Mayo qu'elle avait quitté neuf années plus tôt. En 1873, le couple décide de déménager pour Philadelphie où John Henry a trouvé un emploi dans une usine de textile. Mary de son côté promet de faire de beaux enfants. Et le couple, en effet, va donner naissance à une kyrielle de bambins. Le dernier, John Brendan, né en octobre 1889, deviendra le père de la future princesse Grace.

John Brendan, que tout le monde préfère appeler Jack, a quatorze ans à peine lorsqu'il commence à travailler comme « mousse », puis comme apprenti dans une briqueterie. On l'appelle le « garçon araignée » parce qu'il s'est spécialisé dans les constructions les plus vertigineuses. Ses mains garderont longtemps la trace des cals dont on ne sait s'ils sont dus à sa pratique de l'aviron ou à ses débuts de poseur de briques, deux disciplines redoutables.

Sportif accompli, Jack avoue, sans honte, adorer gagner et être le meilleur. Son rêve : remporter la *Diamond Sculls* lors des régates de Henley qui se déroulent chaque année en Grande-Bretagne. À la veille de la compétition, sa candidature est rejetée sans ménagement. De toute évidence, sa réussite ne lui a pas ouvert les portes de la *high society* de Philadelphie. « Les régates sont réservées aux gentlemen amateurs, lui explique-t-on. Vous avez travaillé de vos mains, vous n'êtes pas un gentleman[22]. » Jack reçoit cette remarque comme une offense qu'il n'oubliera jamais.

Humilié, l'orgueilleux Irlandais n'aura de cesse d'être l'égal de ces gentlemen britanniques. Trois ans plus tard, il obtient une première revanche en remportant en Belgique le double titre olympique pour le skiff et le double non barré. La légende raconte qu'en signe de victoire, Jack envoya sa casquette de rameur au roi d'Angleterre avec cette petite annotation : *Pour Votre Altesse, de la part du petit maçon*[23] *!*

En 1947, le « garçon araignée » obtient sa seconde revanche : son fils également prénommé John, mais que tout le monde appelle Kell, s'inscrit aux régates de Henley, sous les couleurs de l'université de Pennsylvanie, et remporte la victoire. Pour enfoncer une bonne fois le clou, ce grand gaillard américain, débordant de santé, doublera la mise en remportant deux ans plus tard le même prix. Puis, cerise sur le gâteau, il décrochera aux Jeux olympiques de 1956 une médaille de bronze lors des épreuves d'aviron. Fierté pour le frère de la future Princesse, sa statue géante commémore encore aujourd'hui, à Philadelphie, l'événement olympique. Ces succès ne doivent rien au hasard. La compétition était une seconde nature chez les Kelly et Kell avait été formé à rude école. Pendant de nombreuses années, son père le réveillait chaque matin à cinq heures pour un entraînement forcené sur la rivière Schuylkill. L'autoritaire patriarche exigeait-il trop de ses enfants ? « John Kelly a gâché l'enfance de son fils en faisant de lui l'outil de sa revanche[24] », écrira Arthur Lewis.

À vingt ans, Jack ne laisse pas indifférent les jeunes filles de la région. Celles-ci admirent son imposante carrure et sa grande beauté. « Il est l'homme le plus beau que j'aie jamais vu[25] », reconnaîtra un jour le futur président Franklin Roosevelt. Le premier citoyen américain n'ignore pas que son ami de Philadelphie a l'habitude de choisir ses maîtresses parmi les épouses des messieurs bien de la ville.

Entendait-il là encore prendre une revanche sociale comme l'avancera plus tard un écrivain anglo-saxon[26] ? Maintes fois sollicité, c'est en 1924 que Jack épouse Margaret Katherine Majers, dont il a fait la connaissance, alors qu'elle avait seize ans, au Philadelphia Turngemeinde, le siège d'une association sportive.

Comme la famille Kelly, les parents de Margaret sont originaires d'Europe. Son père, Karl, né dans la région du lac de Constance en Allemagne, avait débarqué en 1896 à Philadelphie où il épousa Margaretha Grossmutter Berg. Blonde aux yeux bleus, la future mère de Grace fut, pendant quelque temps, *covergirl*. C'est à ce titre qu'elle a posé dans plusieurs magazines agricoles, parmi lesquels le très sérieux *Country Gentleman*. De neuf ans sa cadette, c'est une femme au caractère bien trempé auquel le coriace et volontaire Jack n'ose que très rarement se frotter. Une main de fer dans un gant de velours, disent ses amis. « Je n'étais pas le genre de femme à attendre que mon mari rentre du travail pour faire régner la discipline[27] », avouera-t-elle un jour en évoquant la tribu Kelly. C'est probablement cette force de caractère et l'influence de Jack qui poussent cette luthérienne convertie au catholicisme à devenir la première femme à enseigner le sport à l'université de Pennsylvanie.

Depuis plusieurs années, Jack aspire à créer sa propre entreprise. Avec l'aide de ses beaux-parents, il réalise enfin son rêve. Il met sur pied une usine de briqueterie : la *Kelly For Brickwork*. Grâce à un travail acharné, l'affaire devient vite florissante. À ses enfants, l'ancien fils d'ouvrier répète la devise que son père lui avait lui-même transmise : « Choisissez-vous un objectif et acharnez-vous jusqu'à ce qu'il se réalise. [28] » Facile à dire pour l'industriel à peine touché par le krach financier de 1929. Rien ne semble entamer les murs de briques que Jack Kelly a construits autour de sa fortune.

Afin de respecter la tradition familiale, le couple Kelly ne tarde pas à mettre au monde plusieurs enfants. Margaret (Peggy) naît une année après le mariage ; John Junior (Kell) suit en 1927 ; puis c'est au tour de Grace Patricia de pousser son premier cri le 12 novembre 1929. Un prénom chargé de souvenirs dans la famille. Il était celui de la sœur de Jack, disparue à l'âge de vingt-deux ans alors qu'elle se destinait au métier d'actrice. C'est celui également que portait une descendante O'Malley, la femme chef pirate du XVIe siècle, originaire du même comté Mayo.

Quatre ans après la naissance de la future princesse, une dernière fille voit le jour : Elizabeth Anne que tout le monde va bientôt appeler Lizanne.

La petite enfance de Grace n'est pas de tout repos pour ses parents. Leur descendante est sujette à des refroidissements et à des crises d'asthme chroniques. Son frère Kell racontera plus tard comment leur mère organise de véritables complots pour tenter de lui donner des forces. En mettant par exemple le jus de viande de côté pour que Grace puisse l'avaler avec son pain. Pour éviter de s'enrhumer davantage, la fillette préfère souvent rester calfeutrée dans sa chambre. Cette inactivité ne l'affecte pas outre mesure. Pour se distraire, elle se crée un monde imaginaire dont les principales héroïnes sont ses poupées. Peggy se souvient : « Ma petite sœur avait une imagination débordante. Elle inventait des histoires, des contes de fées où les bergères finissent par épouser le Prince charmant, de ces contes magiques qui font rêver les petites filles et qu'on oublie à l'adolescence [29]. »

Comme d'innombrables petites Américaines, Grace est élevée selon de stricts principes catholiques. Après l'avoir confiée à une institutrice anglaise, ses riches parents l'inscrivent dans une école paroissiale de Ravenhill, située à quelques pâtés de maison de Henry Avenue, et dirigée par les sœurs de l'Assomption. L'un de ses professeurs, sœur Francis Joseph, a gardé le souvenir d'une jeune élève particulièrement éveillée.

C'est dans la chapelle de ce même établissement que les Kelly assistent à toutes les messes de minuit, la veille de Noël. La famille au grand complet s'y rend après une grande réception à la maison avec tous leurs amis. « Durant cette soirée, beaucoup de voisins également se joignaient à nous et entonnaient des chants religieux [30] », complète Kell.

À onze ans, et probablement afin de vaincre sa timidité, la petite Grace monte pour la première fois sur les planches. Sous la houlette de l'Old Academy Players d'East Falls, elle interprète un rôle dans une pièce intitulée *Ne nourrissez pas les animaux*, mise en scène par Ruth Emmert. Malgré quelques maladresses, un critique de Philadelphie tient à saluer des débuts prometteurs : « Mlle Kelly a passé avec splendeur son baptême du feu à la mesure de ses limites et de ses possibilités [31]. » Ses parents ne cachent pas une certaine fierté, même si Jack aurait préféré que sa fille montre davantage d'entrain pour les activités physiques. Il tente de la motiver en lui organisant des parcours du combattant et des séances d'escalade.

Coquette, elle se refuse à chausser des lunettes, car elle est myope comme son père. Son élégance naturelle a toujours intrigué ses sœurs. Rares sont les proches qui la remarquent négligée ou mal coiffée. « Je la trouvais souvent en train de se balancer longuement sur l'escarpolette du jardin, en lançant, l'air appliqué, ses jambes en avant. Quand je lui en demandais la raison, Grace répondait d'un ton péremptoire qu'en se balançant beaucoup, on finissait par avoir de jolies jambes [32]. » Il est probable que c'est pour éviter des excès de coquetterie que ses parents l'inscrivent chez les Pinky Girls, les scouts américains [33]. Grace a quatorze ans lorsqu'elle intègre la Stevens School située à Germantown, le quartier élégant de Philadelphie. Un établissement privé pour jeunes filles à l'enseignement rigoureux, mais sans discipline religieuse.

Pendant les vacances scolaires d'hiver, la famille rejoint les montagnes de Lake Placid. L'été, elle se déplace à Ocean City, dans le New Jersey, où elle possède une grande villa. « Toute sa vie, Grace aima la proximité de l'océan et de la mer. À la plage nous avions notre coin à nous et je me souviens des moments de jeux comme des meilleurs moments de notre vie [34] », se souvient Lizanne Le Vine, la sœur cadette de Grace. C'est là que la future princesse devient une nageuse confirmée et une joueuse de tennis honorable.

Comme tous les *teenagers*, Grace s'essaie à l'écriture. Elle rédige quelques poèmes sur les fleurs. « Elle n'a jamais traversé le stade ingrat qui fait des adolescentes dégingandées, complète sa sœur Peggy. Pas trop grande, jolie et mince, sans jamais de problèmes de peau, elle est passée de *girl scout* à reine du bal sans qu'on s'en aperçoive, en suivant tranquillement son chemin[35]. »

L'adolescence est également l'âge des premiers émois. Les premiers temps, ses parents se montrent assez stricts sur les sorties de leur fille. Ils exigent que Peggy ou Kell lui serve de chaperon. Son premier flirt est précisément un ami de son frère, Harper Davis, élève de la prestigieuse William Penn Charter House. Le jeune homme, petit-fils du fondateur des usines Buick, avait avoué à son copain ne pas avoir de fille à emmener à l'école de danse et Kell lui avait suggéré d'inviter sa sœur. Le garçon en sera pour ses frais. Le soir du bal, Grace se précipite lorsque le carillon de la porte d'entrée retentit. Un livreur lui a apporté une boîte d'orchidées. « Des fleurs pour moi ? Quel ennui[36] ! » lance-t-elle faussement dédaigneuse. En réalité, l'espiègle jeune fille était tombée amoureuse du délicat et romantique soupirant, qui n'avait jamais essayé de l'éblouir avec ses exploits sportifs ou la marque de sa voiture. Devenue Princesse, elle confiera à l'une de ses amies que la disparition de Harper, qui souffrait d'une malformation cardiaque, fut pour elle un événement bouleversant.

D'autres amis de Kell défileront dans la maison des Kelly avec le prétexte inavoué de faire les yeux doux à sa ravissante cadette. Au lycée, Grace flirtera ainsi avec Joseph Kenworth, fils d'un industriel de Philadelphie. D'autres amourettes seront prétextes à des chamailleries entre le frère et la sœur. Kelly Junior raconte : « À Stevens, Grace et une autre jeune fille avec qui je suis sorti parfois, étaient les deux plus jolies de l'école. Mais elles ne s'aimaient pas ! Parfois Grace essayait de me persuader de sortir avec l'une de ses amies pour quelque grande soirée, mais je ne cédais pas, ou rarement. C'était une taquinerie mais cela exaspérait Grace. En terminale, à Penn Charter, lors d'une des plus grandes soirées dansantes de l'année, j'invitai une autre ravissante jeune fille de Stevens : Grace, de fureur, ne me parla plus pendant au moins un mois après cela ! Nous nous disputions d'ailleurs souvent, Grace et moi, et il en résultait une période durant laquelle elle m'ignorait. Puis, un jour, tout rentrait dans l'ordre et nous redevenions amis [37]. »

Jack Kelly, qui avait traîné jeune homme une réputation de *play-boy*, s'amuse du défilé permanent des petits amis de sa fille dont il ne retiendra jamais les prénoms. Mais qu'il tient toutefois à prévenir : « Vous pouvez sortir avec elle tant que vous voulez, disait-il, mais n'allez pas croire que vous l'épouserez [38] ! »

Octobre 1947. C'est décidé, Grace s'installe à New York. Elle a terminé ses cours à la Temple University lorsqu'elle annonce qu'elle sera comédienne. Mr et Mrs Kelly se montrent incrédules. Sa mère cache à peine son inquiétude lorsqu'elle déclare : « Ce n'est pas si grave après tout. Ce n'est pas comme si elle partait pour Hollywood [39]. »

Dans la réalité, Jack et Margaret espèrent que la timidité et la myopie de l'adolescente viendront à bout de cette vocation bizarre. Puis ils se remémorent : à l'âge de sept ans, lors d'un gala qu'ils avaient organisé dans leur immense maison de style colonial au 3901 Henry Avenue, Grace, embrassée sur le front par Douglas Fairbanks junior, avait refusé pendant trois jours de se laver le visage. Cette légende familiale suffit-elle à passer pour le signe d'une vocation précoce ? soupire Jack. Devenue comédienne, Grace avouera avoir débuté pour se trouver elle-même et se réaliser : « J'ai eu besoin de chercher au-dehors qui j'étais vraiment, et comment affirmer ma personnalité[40]. »

Afin de persuader encore davantage ses parents, Grace rappelle d'autres références familiales. Son oncle Walter avait été un comédien apprécié ; un autre prénommé George est devenu à force de travail un auteur dramatique réputé. Intellectuel marginal – il a fait la route comme le célèbre Jack Kerouac – ce gay solitaire avait même décroché, au milieu des années 1920, le fameux prix Pulitzer. Installé à Hollywood où il occupe un poste de scénariste à la Metro-Goldwyn-Mayer, Jack s'apprête à le solliciter lorsque Grace lui demande de n'en rien faire. « J'arriverai par moi-même[41] », déclare-t-elle, d'une voix douce mais ferme.

Contrairement à ce qu'on écrira souvent, la carrière de Grace Kelly ne se fera pas en un jour. Pour apprendre son nouveau métier, elle commencera par suivre assidûment les cours de l'American Academy of Dramatic Arts, installée dans l'immeuble du Carnegie Hall, à l'angle de la 57e Rue et de la Septième Avenue. Avant d'y être admise, la jeune fille avait dû se soumettre à une audition de passage. Son examinateur s'appelle Emil Distel. Ses appréciations laissent entrevoir un bel avenir à la comédienne en herbe : « Voix : non placée, tempérament sensible, spontanéité. Remarques générales : talent prometteur, fraîcheur[42]. » Grace a réussi.

Avant de l'autoriser à s'installer définitivement à New York, Grace devra effectuer quotidiennement le trajet entre Philadelphie et la ville de la grosse pomme. Son frère se souvient : « Elle rentrait à la maison vers vingt heures, au moment où je revenais également de mon entraînement d'aviron, et nous dînions ensemble de plats réchauffés, qu'on nous avait gardés au four. Nous n'avions pas grand-chose en commun à ce moment-là, mais nous étions parfaitement bien ensemble, chacun de nous prenant très au sérieux ce qu'il faisait. À cette époque, rien n'était plus important pour moi que de gagner aux régates de Henley ou aux Jeux olympiques. Pour Grace, au contraire, seul importait d'être actrice... J'avais acquis à cette époque une certaine notoriété en pratiquant l'aviron et je me rappelle encore du temps délicieux où Grace était connue comme la sœur de Jack Kelly[43]. »

Après sa période d'essai, les parents Kelly se décarcassent pour trouver un logement convenable à leur fille. Ils portent leur choix sur un hôtel pour dames seules, le *Barbizon Hotel for Women*. Cette forteresse de la vertu n'a pas toutefois été choisie au hasard. Il est situé dans la 63e Rue Est, près de Lexington Avenue, à une accélération de Cadillac de son école, fréquentée quelques années auparavant par Lauren Bacall et de Kirk Douglas. Grace est une élève studieuse, mais sa réserve naturelle intimide certains de ses camarades masculins qui la surnomment « Queenie » (petite reine).

Grace suit ses cours avec application et sérieux. Cela ne l'empêche pas toutefois de faire la fête et de batifoler de temps à autre. On la voit ainsi sortir avec plusieurs garçons de l'Académie. Parmi eux, le meilleur de la classe, Herbie Miller, qui fera une carrière enviée à la télévision. « Nous nous sommes sentis attirés l'un vers l'autre dès le premier jour de cours, confiera-t-il plus tard. Nous étions jeunes et pleins de vie et nos relations étaient très physiques[44]. »

Selon une autre de ses condisciples, Grace n'était plus vraiment une jeune fille lorsqu'elle débarque à New York. À l'en croire, c'est peu de temps avant d'entreprendre le premier trimestre de ses études qu'elle était devenue une femme. Son heureux partenaire aurait été l'époux de l'une de ses amies. La même confidente se souvient en quels termes Grace lui raconta cet épisode émouvant et peu banal : « Cela s'est passé très rapidement. J'étais allée passer prendre une amie chez elle et elle n'était pas là. Il pleuvait beaucoup et son mari m'a dit qu'elle serait absente toute la journée. Nous nous sommes parlé, puis nous nous sommes retrouvés au lit ensemble sans comprendre comment[45]. »

Avec ses yeux bleu pervenche et ses cheveux d'or, Grace n'impressionne pas uniquement ses camarades de classe. C'est au cours de sa seconde année d'études qu'elle tombe amoureuse de Don Richardson, l'un de ses professeurs. Ce dernier, un divorcé de neuf ans son aîné, éprouve une grande tendresse pour son élève dont la beauté le fascine. Sollicité plus tard par l'un des biographes de la future princesse, l'artiste dévoilera sans complexe l'émotion que suscita leur première rencontre physique dans son appartement de la 33e Rue : « Il n'y eut pas de préliminaires, pas le moindre flirt. C'était incroyable. Cette créature d'une beauté stupéfiante était couchée à côté de moi... je me rendis compte que j'en étais amoureux, que ce n'était pas uniquement sexuel... et elle-même semblait complètement folle de moi.

Cette nuit-là fut une pure extase. [...] Je n'ai jamais rien vu de plus splendide. Son corps était étonnant. On l'aurait dit sculpté par Rodin. Elle avait la silhouette la plus délicate, avec de petits seins et de petites hanches, et sa peau était presque transparente. C'était la plus belle fille nue que j'avais jamais vue [...]. Elle aimait d'ailleurs danser nue devant la cheminée au son de la musique hawaiienne. Et si vous ne croyez pas que c'était là une vision stupéfiante, dit Richardson, c'est que vous êtes complètement dingue. C'était une fille vraiment très sexy [46]. »

En dehors de ses cours et autres moments tout naturels de batifolage, Grace se montre pressée de gagner sa vie. Le matin, sitôt levée, la jeune fille court à la chasse au portrait pour des photos publicitaires. Sa fraîcheur et son élégance plaisent : sept, dix, puis c'est bientôt vingt-cinq dollars par heure de pose. Ces premiers succès l'amènent à de brèves apparitions dans des spots publicitaires. Les produits : du dentifrice au chewing-gum, de la bière, des cigarettes, du shampoing et l'omniprésent Coca-Cola. Contrairement à la légende, la débutante ne fait pas l'unanimité. Certains photographes admettent qu'elle est jolie mais la trouvent fade. « Dents blanches sous une douche d'eau tiède [47] », ironise l'un d'entre eux. Erwin Brumfeld est l'un des premiers à la photographier. Il nuance ce jugement à l'emporte-pièce. « Elle avait une beauté parfaite qui aurait pu devenir glaciale, confie-t-il. En même temps, elle possédait une sorte de fragilité dans ses attitudes. Ce qui faisait aussi son charme, c'est qu'elle était très myope. Cela lui donnait un regard énigmatique et doux [48]. »

À Philadelphie, les bonnes familles ont un haut-le-cœur en découvrant les photos de l'ancienne élève de l'Assomption. Elles feignent hypocritement d'ignorer que la jeune Kelly refuse de poser en maillot à une époque pourtant où Marilyn Monroe et Gina Lollobrigida crèvent l'écran avec de généreux décolletés.

Deux ans après avoir franchi les portes de l'Academy of Dramatic Arts, Grace signe un premier contrat de comédienne pour une pièce de son oncle, George Kelly, qu'il fait jouer au Bucks County Playhouse de New Hope, en Pennsylvanie. De retour à New York, on lui propose un rôle dans une œuvre d'August Strindberg, *The Father* (*Le Père*) sur la scène du Cort Theatre. Un succès personnel qui ne dépasse toutefois pas les deux mois. C'est pourtant le premier coup de pouce de son destin. Dans le public se trouve Edith Van Cleve, agent new-yorkaise, chargée par les studios hollywoodiens de découvrir les futures vedettes. La *talent-scout*, comme on dit aux États-Unis, se souvient : « Elle n'avait pas un rôle très important, sa diction n'était pas extraordinaire, mais quelle présence, quel maintien, quelle personnalité pour une femme si jeune. Toutes les débutantes de Broadway, à côté d'elle, semblaient si communes ! Il y avait en elle un mélange de Greta Garbo pour la froideur et d'Ingrid Bergman pour la douceur et la simplicité[49]. »

Malgré l'enthousiasme de l'agent, Grace continue à connaître au cours des mois suivants le rude chemin des jeunes comédiennes : auditions, casting, petits rôles dans des shows et autres séries diffusés à la télévision : *Philco/Goodyear Playhouse, Studio*

One, Lux Video Theatre, Hallmark Hall of Fame et *Lights Out*.

1951 : Hollywood lui fait enfin signe. Elle est choisie par Henry Hathaway pour un second rôle dans sa première production cinématographique intitulée *Fourteen Hours* (*Quatorze Heures*). L'histoire ? Au cours de sa ronde, un agent de police aperçoit sur la corniche d'un immeuble new-yorkais un jeune homme prêt à se suicider. Il entreprend une discussion avec lui pour l'en dissuader. Après quatorze heures de patience, il finit par le convaincre de renoncer à son funeste projet, mais un projecteur allumé par inadvertance provoque sa chute. Aux côtés de Grace Kelly, trois vedettes : Paul Douglas, Debra Paget et Barbara Bel Geddes. Malgré la bonne volonté des acteurs, le film est un échec commercial cuisant.

Dans la Mecque du cinéma, Grace retrouve son oncle George, homme sensible et talentueux auquel elle porte une grande affection. « Il fut l'un des hommes les plus extraordinaires que j'aie rencontrés et l'une des seules personnes au monde qui osa contredire mon père [50] », confiera-t-elle plus tard. George pourtant tente de la dissuader de devenir actrice. Il lui explique qu'elle arrive au moment où les grands studios se meurent, avec leurs cortèges de vedettes en permanence sous contrat. Il la prévient qu'elle va manger durant de longs mois voire des années de la vache enragée. Mais sa nièce est déterminée à réussir.

Quelques semaines après son arrivée, la jeune fille de Philadelphie demande à Rita Gam de partager son appartement. Comme Grace, la brune et mystérieuse Rita a fait ses classes à New York. Les deux comédiennes débutantes resteront amies pour la vie. « Elle avait beaucoup de chevaliers servants et de boy-friends », se souvient ainsi Rita. Et de rappeler l'étonnant esprit d'à-propos de sa colocataire d'alors : « Nous avons été invitées par deux célibataires à ce qui devait se transformer en un dîner équivoque. L'éclairage s'est soudain affaibli. J'ai proposé de partir. Grace m'a dit : "Attendons jusqu'au dessert. Il est peut-être bon [51] !" »

À cette ingénue qui n'a pas encore fait ses preuves, aucun studio n'est prêt naturellement à faire un pont d'or. Mais elle est là et correspond à la jeune fille belle et pure qu'un producteur recherche pour donner la réplique à Gary Cooper dans une production intitulée *High Noon* (*Le Train sifflera trois fois*). Le public est conquis par le film de Fred Zinnemann qui est un succès immédiat et énorme : Cooper remporte un oscar et Grace Kelly devient la coqueluche des journaux qui parlent d'elle comme de la nouvelle révélation des années 1950. Pourtant, Grace n'est pas totalement satisfaite de sa performance. À tort, estime Katy Jurado, sa partenaire dont ce sont aussi les débuts à Hollywood. « Elle avait un véritable tempérament, martèle la comédienne. Elle travailla dur sur ce film. Elle désirait devenir quelqu'un dans ce métier. Elle savait ce qu'elle voulait [52]. »

Paradoxalement, les studios d'Hollywood ne lui font pas de propositions pour la retenir en Californie. Grace retrouve donc Broadway et se remet au travail. Il lui faut attendre plusieurs mois avant que les professionnels californiens se rappellent à son bon souvenir. Pour les vieux routiers de la pellicule, la jeune comédienne correspond à la femme angélique qui vient contrebalancer l'éternelle tentatrice au passé toujours chargé. Son apparence de bourgeoise altière de la Côte Est les séduit, avec tout ce que cela comporte de réserve, de sang-froid et de ténacité. Comme on l'écrira plus tard : elle rassure les épouses tout en faisant rêver les maris. Une vision certes manichéenne mais qui fera le succès de Grace.

La comédienne anticipe-t-elle précisément ce qu'elle va réellement devenir ? Comme l'exigent les pratiques de l'époque, la Metro-Goldwyn-Meyer lui fait signer un contrat de sept ans, à raison de sept cent cinquante dollars par semaine. Sa première production ? *Mogambo* sous la direction de John Ford dont l'action se déroule au Kenya. Grace est ravie de faire un aussi beau voyage en Afrique équatoriale. Fidèle à ses habitudes, elle s'installe sur le plateau avec son tricot et un appareil photo à portée de main. Son partenaire est Clark Gable avec lequel on lui prêtera un flirt loin des caméras. « J'ai entendu dire qu'avec vous deux, l'Afrique était encore plus chaude qu'avant », se croira obligée de susurrer la perfide commère Hedda Hopper. « Seigneur, je suis assez vieux pour être son père [53] ! », tiendra à répliquer sans attendre le célèbre acteur.

Malgré son jeu honnête, Grace doit attendre sa rencontre avec Alfred Hitchcock pour donner une dimension inoubliable à sa carrière. Le maître du suspense a pensé à elle pour jouer l'héroïne de son nouveau film *Soupçon*. Mais, pour d'obscures raisons, l'affaire ne se fera finalement pas. Grace se souviendra pourtant longtemps de cette première rencontre et du bout d'essai qu'elle a tourné pour le « maître » : « J'étais tellement paralysée devant lui que je n'arrivais pas à prononcer une seule parole intelligible. Je l'admirais tellement et j'aimais aussi les actrices avec lesquelles il tournait : Joan Fontaine, Ingrid Bergman. De là à penser que j'allais devenir une actrice hitchcockienne[54]... »

Pour la comédienne ce n'est que partie remise. Hitchcock fait à nouveau appel à elle pour sa prochaine production : *Rear Window* (*Fenêtre sur cour*) avec James Stewart. Selon le metteur en scène, Grace correspond exactement à la blonde glacée qu'il cherche depuis longtemps, « séduisante sans être sexy », mais dont la sensualité ne demande qu'à s'affirmer. Sa prestation préférée ? Celle où Grace dépose un baiser sur le front de son partenaire. Une scène difficile pourtant pour l'actrice puisqu'elle nécessitera vingt-sept prises... James Stewart s'en souvient avec humour : « Je ne suis pas prêt de l'oublier. Dès que j'approchais, je comprenais qu'elle aurait préféré tourner à la place une scène de cascade. Cela donnait encore davantage de mystère à la situation et ça énervait ma femme qui venait souvent sur le plateau[55]. »

Fort du succès de *Fenêtre sur cour*, Grace enchaîne deux autres films avec le même réalisateur. C'est d'abord, au cours de l'été 1953, le tournage du *Crime était presque parfait (Dial M for Murder)*. À ses côtés, Robert Cummings et Ray Milland. Ce dernier, alors âgé de quarante-huit ans, cachera à peine la passion que sa partenaire lui inspire. « J'ai beaucoup dansé avec Mistinguett, j'ai reçu beaucoup de prix d'interprétation, j'ai été présenté à des reines et des rois, mais le plus grand souvenir de ma carrière reste *Le Crime était presque parfait*. Grace a réellement illuminé ma vie. Je garde une centaine de photos du tournage de scènes que Hitchcock n'a pas conservées. Je passe souvent des soirées entières à les regarder[56]. » Selon Lizanne Le Vine, sa sœur et Milland auraient vécu ensemble pendant une brève période. Un témoignage confirmé par un journaliste du *New York Herald Tribune*, venu un jour interviewer l'acteur à son domicile. Selon ce dernier ce fut Grace qui lui ouvrit la porte, vêtue d'une unique serviette de toilette[57].

Un mois après la sortie du film, Grace débarque sur la Côte d'Azur pour le tournage de *La Main au collet* (*To Catch a Thief*). Ce n'est pas son premier voyage en Europe. Elle avait sept ans lorsqu'elle s'était embarquée avec sa famille pour découvrir le vieux continent. Dans ce nouveau long-métrage d'Hitchcock, Grace interprète le rôle de la riche et ravissante Frances Steves qui tombe amoureuse de Cary Grant, *alias* John Robie, *alias* le Chat, voleur de bijoux retraité. C'est à Cannes que le célèbre acteur américain fait la connaissance de sa partenaire, dont il apprécie rapidement le professionnalisme et la présence. « Grace était un ange, c'était dû à son visage mais aussi à sa manière d'être. Dès qu'elle arrivait sur les lieux de tournage, le silence se faisait. On avait l'impression que les autres, acteurs et techniciens voulaient la regarder marcher et sourire. Elle était comme irréelle, ce qui lui permettait d'imposer le respect[58]. » Le seul bémol que s'autorise le grand ami de la future princesse concerne le tournage d'une séquence en voiture. Grace conduisait vraiment très mal et Grant paniqua lorsque leur véhicule frôla le précipice de la moyenne corniche. « À deux reprises, elle faillit passer par-dessus la falaise[59] », se souviendra longtemps avec effroi le célèbre acteur. Présage troublant de la mort qui l'attendait dans un tournant semblable, un jour de l'été 1982…

Sur la *French Riviera*, Cary Grant retrouve avec plaisir une autre de ses amies, Tina Onassis, l'épouse du richissime armateur grec qui a décidé d'installer depuis peu son quartier général à Monte-Carlo. En l'invitant à déjeuner, Tina insiste pour qu'il soit accompagné de sa partenaire. Grace accepte l'invitation sans se faire prier. Lorsque Aristote fait son entrée pour rejoindre ses convives, il semble avoir l'esprit ailleurs. Il se tourne vers elle en demandant : « Vous faites aussi du cinéma ? » Tina lève les yeux au ciel en tirant violemment la manche de son époux avant de lui chuchoter en grec : « Voyons, Ari, c'est une vedette, et très célèbre[60] ! » Lorsque la future Princesse de Monaco aura l'occasion de se retrouver au palais en présence du couple grec, elle ne manquera pas de sourire en se souvenant de la gaffe du « cher Ari ».

Brigitte Auber est la partenaire française de Grant dans le film d'Hitchcock. L'ancienne héroïne de *Rendez-vous de juillet* se montre particulièrement enthousiaste à l'évocation de Grace Kelly. « Je me souviens d'une jeune femme d'une grande gentillesse et délicatesse, me confie la comédienne. Elle était une bonne camarade, même si elle se montrait également très réservée. Mais je pense que c'était le fruit de son éducation. Elle partageait rarement les pauses-déjeuners avec nous. Elle préférait rester avec son *coach*, une femme originaire de New York, si je me souviens bien[61]. » Entre deux prises, poursuit l'ancienne vedette, chacun vaquait à ses occupations. Ou plutôt à ses loisirs. Brigitte Auber se rappelle ainsi comment Grace se rendait souvent sur la plage du *Carlton* en compagnie du couturier Oleg Cassini. Là, les deux amis nageaient sur plusieurs centaines de mètres ou s'essayaient au ski nautique.

Pour la plus grande joie de l'actrice française, les scènes intérieures de *La Main au collet* ne sont pas réalisées en France mais dans les studios californiens de la MGM. « Lorsque je suis arrivée à l'aéroport de Los Angeles, le producteur du film et Cary Grant étaient là pour m'accueillir, alors que je n'étais absolument pas connue en Amérique, poursuit Brigitte Auber. Je m'entendais formidablement avec Cary avec lequel je me sentais sur une meilleure longueur d'ondes. Grace m'a parfois invitée à dîner à Hollywood. Je suis allée également une fois chez elle. Je me souviens notamment d'une immense penderie avec des dizaines de robes. Nos rapports étaient plus cordiaux qu'amicaux. Elle n'avait rien de prétentieux mais détestait la familiarité. Je ne l'ai plus jamais revue après le tournage. De nombreuses années plus tard, je suis allée jouer *Les Choutes* au théâtre de Monaco. Grace était devenue princesse et mère de ses deux premiers enfants. Le soir de la première, j'ai été agréablement surprise en entrant dans ma loge d'y trouver un somptueux bouquet avec un mot provenant du Palais ! Je me souviens que le titre de Princesse avait été barré et que le prénom de Grace précédait un petit mot manuscrit d'une grande gentillesse [62]. »

Raph Gatti n'est pas encore le photographe accrédité de l'Agence France Presse lorsqu'il fait la connaissance de l'actrice Grace Kelly. À dix-huit ans, le Niçois vient de devancer l'appel afin d'en finir avec son service national. En attendant, il joue les figurants des nombreux films qui se tournent alors aux studios de la Victorine. Il appartient à un club de judo auquel les régisseurs des productions font régulièrement appel pour les scènes sportives et autres cascades. C'est ainsi que le futur reporter est sollicité pour participer à la fameuse bagarre du film. La scène est tournée au célèbre marché aux fleurs de la place Saleya, dans le cœur de la vieille ville. « Hitchcock soignait chaque scène, me raconte Raph. Il travaillait au millimètre. Il avait installé plusieurs caméras pour tourner la séquence. Je me souviens de son côté minutieux et de la courtoisie extraordinaire qu'il montrait aux figurants que nous étions. Les prises ont été nombreuses. Sept ou huit étalées sur plusieurs jours. Très professionnelle, Grace Kelly, qui n'intervenait pas dans nos scènes, est venue assister au tournage. Elle rayonnait comme la Bégum. Le genre de femme qui avait quelque chose et avec laquelle on ne pouvait pas se conduire n'importe comment[63]. »

Malgré son immense succès, *La Main au collet* ne sera curieusement jamais projeté à Monaco après « le mariage du siècle ». Pour des raisons de décence, affirmera-t-on dans l'entourage princier. Les Monégasques pourraient en effet être choqués de voir Grace échanger quelques baisers et gestes tendres avec d'autres hommes que le prince régnant. Il est vrai aussi que, lors d'une scène, Cary Grant demande à sa partenaire : « Ainsi, si je comprends bien, vous êtes venue ici pour vous acheter un mari. »

De retour en Amérique, Grace ne tarde pas à se retrouver sur de nouveaux plateaux. La MGM lui demande d'apparaître dans *L'Émeraude magique* (*Green Fire*) avec Stewart Granger et Paul Douglas. Selon son amie comédienne Rita Gam, Grace accepte à contrecœur. La lecture du scénario l'avait même rendue furieuse. « Je n'ai pas décidé de devenir actrice pour tourner ce genre de film[64] ! » explosa-t-elle un moment. Dans un registre fort différent de celui de ses précédents personnages de cinéma, Grace y incarne l'exploitante d'une plantation de café en Amérique du sud, dont les yeux clairs et le visage énergique séduisent un bel aventurier.

Puis, la comédienne enchaîne avec *Les Ponts de Toko-Ri* (*The Bridge At Toko-Ri*). Aux côtés de William Holden, elle personnifie une épouse d'aviateur pendant la guerre de Corée. La critique salue son interprétation. Pour son partenaire, il ne faisait aucun doute que l'actrice était promise à un grand destin[65].

Pour Grace, la journée du 30 mars 1955 est ressentie comme le couronnement de sa fulgurante ascension. Ce jour-là, au Pantas Theatre d'Hollywood, elle reçoit la récompense la plus enviée du cinéma – l'Oscar – pour son interprétation dans *The Country Girl* (*Une fille de province*), film injustement oublié aujourd'hui. Et pourtant Grace l'a échappé belle : au départ, le rôle avait été prévu pour Jennifer Jones, mais l'actrice attendait un enfant. Grace, à la recherche d'un rôle dramatique, réussit à convaincre les producteurs qu'elle est le personnage de la fiction dont elle avait lu consciencieusement le scénario. De son côté, William Holden se dit ravi de retravailler avec elle. Un autre partenaire, et non des moindres, Bing Crosby se montre en revanche réticent. Il la trouve trop sophistiquée pour le rôle d'une jeune provinciale. Un bout d'essai finit toutefois par le convaincre. À en croire plusieurs biographes américains, l'acteur ne tarde pas à tomber amoureux de Grace dont il demandera même la main. Malgré son attirance pour les hommes plus âgés qu'elle, la comédienne refuse. Par dépit, Crosby finira par épouser, quelques années plus tard, Kathryn Grant, de la même génération que Grace. Après la disparition, en 1977, de Crosby, Kathryn confiera à celle devenue la princesse de Monaco : « J'étais jalouse de vous parce que Bing vous a toujours aimée[66]. »

On l'a compris, Grace ne manque pas de soupirants. À croire Margaret Kelly, sa fille aurait même connu une pléiade d'amants depuis la romance de son adolescence avec Harper Davis. Ces révélations, quelques semaines après son mariage princier, feront l'effet d'une douche froide sur le Rocher. Selon Rainier, son épouse aurait ressenti une vive amertume après cet étalage de sa vie privée. « Cela a porté un coup terrible à Grace. Elle ne comprenait pas comment sa mère avait pu faire une chose pareille[67] », reconnaîtra ainsi le Prince plusieurs années après la disparition de la Princesse.

Quoi qu'il en soit, hormis ces tardives et croustillantes déclarations maternelles, les journaux en sont pour leurs frais : Miss Kelly n'offre à personne le spectacle d'amours tumultueuses, d'idylles sauvages, d'excentricités. Au grand dam des publicitaires des compagnies qui ont besoin de slogans pour faire parler de leur vedette. À force de se triturer les méninges, on lui en trouve un : « La fille qui n'a jamais mis les pieds dans une boîte de nuit. » Cela étonne, mais ne déplaît point. Dans sa vie quotidienne, l'actrice refuse de se déguiser pour faire plaisir aux publicistes hollywoodiens. Elle reste telle qu'elle est : une jeune fille américaine préférant la jupe de tweed, un chemisier, des souliers à talons plats, un manteau passe-partout que les tenues extravagantes parfois portées par les autres actrices en vue. Elle refuse de la même façon d'occuper un bungalow immense avec une piscine en cœur. Lors des tournages en studio, elle ne snobe pas la cantine ou le self-service de la MGM. Elle s'y rend la plupart du temps avec ses copines qui s'appellent alors Janet Leigh et Ann Blyth. Pour Grace, c'est l'ère de l'indépendance.

Même si aucune rumeur sur sa vie privée n'a jamais encore vraiment terni sa gloire de star, on ne peut pas empêcher certaines indiscrétions. Son idylle durant de longs mois avec Oleg Cassini va en susciter de nombreuses.

Le célèbre couturier italo-russe, alors styliste à New York, est tombé amoureux d'elle lors de la projection en salle de *Mogambo*. Grand séducteur, cet ancien héros de la Seconde Guerre mondiale se fait présenter l'héroïne par Jean-Pierre Aumont dans un restaurant français de New York, *Le Veau d'Or*. Grâce à une recherche de sa secrétaire, Cassini se procure l'adresse privée de la jeune femme. Pendant une dizaine de jours, il inonde l'actrice de roses rouges avant de la rejoindre sur la Riviera où Grace tourne les extérieurs de *La Main au collet*. Le soupirant assure l'actrice d'une assiduité amoureuse qui force l'admiration. Rien ne lui est refusé : boîtes de nuit, casino, restaurants. Jusqu'au moment où la jeune femme accepte d'offrir sa main à son amoureux. Si le comportement à la hussarde de Cassini amuse Grace, il n'enchante guère en revanche ses parents. Oleg est divorcé. Cassini raconte : « Tout était très difficile à cause des pressions qui commençaient à s'exercer, mais Grace téléphona à sa mère pour organiser une rencontre au cours d'un déjeuner. Je m'attendais à des sarcasmes plus ou moins drôles, mais je me rendis compte immédiatement que Mme Kelly n'était pas d'humeur à plaisanter. Son accueil fut froid, presque amer, peut-être parce qu'elle n'avait pas du tout été préparée à notre projet de mariage... Mme Kelly, en fait, vint droit au but : "Vous êtes un charmant chevalier servant, mais, à mon avis, avec vous, un mariage serait plutôt hasardeux[68]." » Puis c'est au tour du frère de Grace d'ajouter son grain de sel. Dans un entretien à *Time*, le champion du monde d'aviron déclare ne pas approuver le choix de sa sœur, à qui il souhaite un type plus sportif. Avant de se lamenter : « Mais elle ne m'écoute pas désormais.[69] » Singulière déclaration de la part d'un homme jeune qui quittera bientôt femme et enfants pour la compagnie d'un célèbre transsexuel, directeur d'une boîte de nuit à Philadelphie. Un amant confident auquel Kelly Junior avouera un jour, pathétique, son mal-être : « J'ai toujours été soit le fils de John B. Kelly, soit le frère de Grace Kelly. Je n'ai jamais été moi-même[70]. »

Après plusieurs mois de persévérance, Cassini tente d'expliquer avec tact à sa fiancée qu'il serait peut-être temps de prendre une décision. Et que la seule question importante à ses yeux était de savoir si Grace l'aimait ou non. L'interprète de *Mogambo* est très ennuyée. Elle ne souhaite pas refuser l'offre de son soupirant assidu et en même temps ne désire pas contrarier la volonté de sa famille. Las de ses hésitations, le couturier la met au pied du mur : « Je n'épouse pas votre famille, je vous épouse, vous[71]. »

Comme si cela ne suffisait pas, c'est au tour de la presse de se mêler de l'idylle entre le couturier et l'actrice. Cassini est la cible des potins. « Avec tous les hommes séduisants de la ville, je ne comprends pas ce que Grace Kelly trouve chez Oleg Cassini. Ce doit être sa moustache[72] », lance la reine des commères Hedda Hopper. Avec l'accord de Grace, Cassini lui répond par ce télégramme : « *Ma chère Hedda, j'abandonne la partie. Je raserai ma moustache si vous rasez la vôtre*[73]. »

Pour Grace, la pique humoristique de son soupirant est un juste retour des choses. De nombreuses années plus tard, elle confiera les tourments que suscita la perfide chroniqueuse hollywoodienne : « En tant que célibataire, je me savais en danger. Toutes les autres femmes me considéraient comme une rivale et cela me peina souvent. Le pire fut lorsque Hedda Hopper commença à me persécuter haineusement. Elle n'avait de cesse à monter producteurs, réalisateurs et acteurs contre moi. Hedda me traita même un jour de nymphomane[74]. »

Grace et Cassini continuèrent à se voir tout au long de l'année suivante. Pourtant, leurs relations devaient finir d'une façon dramatique, en décembre 1955, quand Grace lui téléphona de New York en Floride où il vivait encore. « Je veux que vous soyez le premier à savoir la nouvelle, avant que vous ne la lisiez dans les journaux : j'ai accepté de devenir l'épouse du prince Rainier[75]. »

Femme de tête comme sa mère, Grace ne revient jamais sur ses décisions. Elle a conscience que son refus blesse son opiniâtre soupirant qui ne tarde pas toutefois à se consoler avec d'autres romances dont les héroïnes s'appelleront Nathalie Wood, Marilyn Monroe, Gene Tierney et Jacqueline Kennedy, dont il deviendra le couturier officiel.

Deux mois à peine après la visite de Grace à Monaco, le téléphone résonne longuement dans l'une des pièces proches du bureau princier. C'est une chaude journée de juillet, à l'heure de la sieste. « Un monsieur américain insiste pour parler à Son Altesse, annonce le standard. Il se recommande de Miss Kelly. » Rainier accepte de répondre à l'interlocuteur, qui se présente comme un vieil ami de la famille Kelly. Est-il porteur d'un message d'ordre privé ? Il souhaite simplement saluer le souverain. C'est chose faite quelques jours plus tard. Russell Austin et sa femme Edie sont reçus au palais en présence de l'incontournable père Tucker. Quels messages sont-ils chargés de ramener en Amérique ? Leur a-t-on demandé au contraire d'en apprendre davantage sur l'histoire de cette principauté du bout du monde et le passé de son dirigeant ?

CHAPITRE 2

Grimaldi la Malice

Même si l'homme de Neandertal et de Cro-Magnon ont laissé des traces à Monaco, c'est à Hercule que l'endroit doit son nom de Monoïkos – ou Monoecus, « celui qui habite seul[1] ». Mais l'histoire de ce Rocher abrupt commence véritablement au XIIIe siècle avec François Grimaldi, dit « Malizia » – la Malice –, le rejeton d'une importante famille génoise qui s'en empare par surprise.

C'est ensuite Honoré II – le premier des Grimaldi à prendre le titre de prince – qui, avec une centaine de ses sujets, rassemblés clandestinement la nuit, fit prisonnière la garnison espagnole qu'un traité avait imposée à Monaco. L'exploit de la petite principauté contre la puissante Espagne amuse toute l'Europe qui apprend à danser la « monaco ». Après avoir secoué le joug espagnol, le Rocher sollicite la protection de la France. Un mariage permet d'unir les Grimaldi à une famille française : celui de Louis, le fils d'Honoré, et de la libertine et voluptueuse Charlotte de Gramont. « Elle est élevée dans un milieu de courtisans immoraux, où l'on ne parle que d'amours qui sont toujours, pour être pleinement vécus, des "liaisons interdites[2]" », explique Michel-Yves Mourou, médecin réputé présenté comme un proche de l'actuelle famille princière. À travers cette union, qui entérine le traité de Péronne, signé quelques années auparavant, le Rocher gagne le duché de Valentinois et le marquisat des Baux. Trois ans plus tard, Louis XIV, pas indifférent au charme de Charlotte, autorise les futurs souverains de la nouvelle Principauté à battre monnaie. Un privilège qui ne leur sera plus jamais contesté. Après la disparition prématurée de sa courtisane d'épouse, Louis entame une liaison avec Hortense Mancini, duchesse de Mazarin, maîtresse du roi d'Angleterre et que le docteur Mourou présente également comme l'ancienne compagne de jeux impudiques de son ex-épouse.

En 1701, Antoine Ier remplace sur le trône monégasque son père Louis. Quelques années plus tôt, il avait épousé Marie de Lorraine, née dans une famille illustre. L'union est encore une fois bancale. Antoine ne se montre pas d'une fidélité exemplaire. En outre Marie ne donne naissance qu'à des filles. La principauté se retrouve en tout cas pour la première fois en panne de descendants mâles.

C'est dans ce contexte particulier que Louise-Hippolyte, baptisée « Coco », monte sur le trône. Son époux, lui-même surnommé « Grison » en raison de ses cheveux blancs, ressemble au père de Louise. Un géniteur dont celle-ci fera tout pour se faire aimer mais qui préfère manifester publiquement sa préférence pour Marguerite-Camille, sa fille cadette, raconte encore Mourou. De santé fragile, Louise-Hippolyte succombe à la variole avant la fin de sa première année de règne. Son aîné, Honoré III, est âgé de quatorze ans à peine lorsqu'il doit assurer la succession qu'il préfère remettre entre les mains d'un gouverneur, le chevalier de Grimaldi, un enfant adultérin de son grand-père Antoine Ier. Au Rocher, le jeune souverain préférera toute sa vie Paris, où il mourra soixante-quatre ans plus tard dans l'hôtel particulier situé au cœur de la capitale : l'hôtel Matignon, l'actuelle résidence officielle des Premiers ministres français. Entre-temps, le souverain avait dû subir la fureur jacobine de la Révolution française. Sous la Terreur, la Principauté est purement et simplement annexée à la République. Le 7 Thermidor de l'an II, sa belle-fille est même guillotinée, convaincue d'intelligence avec les ennemis de la République. Relative consolation : elle perd la tête le même jour que le poète André de Chénier et quelques heures avant la chute de Robespierre.

Autre conséquence de la Révolution : une convention élue par les trois communes de Monaco, Menton et Roquebrune prononce, en janvier 1793, la déchéance des Grimaldi et la confiscation de leurs biens. Dans la foulée, la place est débaptisée en Fort Hercule. Des émissaires sont envoyés sur les rives de la Méditerranée. Parmi eux l'abbé Grégoire. Progressiste, il se fait remarquer depuis quelques mois comme l'instigateur de l'abolition de l'esclavage. « Lorsqu'il descend dans la région comme représentant de la France révolutionnaire, il a surtout pour mission de lutter contre l'utilisation des dialectes », explique Michel Fuchs, ancien professeur à la faculté de Nice [3]. En même temps, il impose des mesures pour améliorer la vie des Monégasques. Notamment en interdisant aux boulangers de se lever à quatre heures du matin pour fabriquer leur pain. L'ecclésiastique tentera de mettre en place d'autres réformes, dont l'une empêchera dorénavant les habitants de la future Principauté de s'endetter de façon démesurée lors des deuils. Des avancées sociales pas forcément toujours bien reçues. Toujours selon l'ancien professeur niçois, le prince Rainier assimile cette période à une détestable occupation coloniale.

La « déchéance » dure une vingtaine d'années. En 1814, Monaco passe sous la protection de la Sardaigne. Le fils d'Honoré III, qui porte le même prénom, récupère à la fois l'immeuble de la rue de Varennes, mais aussi une situation financière catastrophique. De santé fragile, le jeune homme n'a jamais vraiment trouvé le courage de prendre en main sa destinée. Lieutenant à vingt-trois ans, attaché à un général de division, il ne fera plus campagne qu'entre 1806 et 1808, pour terminer avec le grade modeste de capitaine. « On a l'impression d'une jeunesse délibérément gâchée [4] », juge un historien monégasque. Aspirant à un « bonheur domestique », Honoré préfère passer la main à l'un de ses fils, le duc de Valentinois, qui décide de rejoindre sans tarder les rivages monégasques. Le 1er mars 1815, il n'est pas encore minuit lorsque sa berline armoriée est arrêtée à Cannes. Un officier se présente : le général Cambronne qui lui propose de le conduire devant son souverain. Quelques minutes plus tard, sous les oliviers, l'aristocrate se retrouve en présence de Napoléon Ier, qui vient de débarquer de l'île d'Elbe.

« Vous venez avec nous, Monaco ? demande l'empereur.

— Mais Sire... je rentre chez moi ! lui répond le Monégasque.

— Et moi aussi, aux Tuileries [5] », conclut le Corse.

Le règne d'Honoré V, célibataire endurci, dure jusqu'en 1841. Lorsqu'il meurt sans enfant, hormis un fils illégitime prénommé Oscar, c'est son frère Florestan Ier qui lui succède. Le nouveau souverain, âgé de cinquante-deux ans, est peu averti des dossiers qui l'attendent. Dans sa jeunesse, il avait préféré jouer à l'acteur sur les planches parisiennes du *Théâtre du Marais* et à *L'Ambigu-Comique*. Guère rompu aux arcanes de la politique, il a bien l'intention de continuer à y faire des incursions. Son histoire inspirera d'ailleurs une opérette en trois actes : *Florestan Ier, Prince de Monaco*. L'une des répliques du livret écrit par Albert Willemetz et Sacha Guitry amusera bien plus tard Rainier. Notamment lorsque son aïeul, avec un geste fataliste sur le métier de roi, dit : « Si je me promène dans la rue, on me dit que je n'ai rien à faire, si je ne me promène pas, on dit que j'ai peur de me montrer. »

Artiste dans l'âme, Florestan épouse une danseuse originaire de Coulommiers, en Seine-et-Marne : Marie-Louise Gibert, bientôt anoblie avec le titre de princesse. Femme de caractère, cette ravissante brune devient au fil des années la véritable patronne du Rocher. Avec talent et discrétion toutefois. À son fils qui ne lui cache pas son admiration, cette remarquable gestionnaire tient un jour ce langage : « Pour commencer par la capacité que tu m'accordes, je te dirai qu'elle ne consiste chez moi que dans la rigidité que je mets à remplir consciencieusement les devoirs que je me suis imposés. [...] Devenue, malgré mon sexe, chef de famille, j'ai eu à en remplir les obligations et à me faire pardonner mon élévation. [...] N'ayant aucun droit par moi-même, je me trouve cachée sous le manteau de ton père qui conserve ainsi la plénitude de son autorité[6]. »

Lorsque Caroline s'éteint, le Congrès de Vienne a rendu depuis peu aux Grimaldi leur Principauté. Charles III est le nouveau prince souverain. Il n'a pas trente ans lorsqu'il épouse Antoinette-Ghislaine de Mérode. Protectrice passionnée de la gente animale, Antoinette, la sœur de Rainier, se souvient aujourd'hui comment sa trisaïeule passait ses journées à se promener en carrosse dans Baden-Baden, afin de recueillir les chiens abandonnés.

Pendant ce temps-là, Charles s'instruit sur l'industrie alors en vogue dans la ville allemande : le tourisme. De retour sur les rives méditerranéennes, il ne tarde pas à créer un premier établissement thermal : « Bains de Monaco », puis ce sont des établissements hôteliers parmi lesquels l'*Hôtel de Paris*, et enfin les lieux de distraction dont le premier établissement de jeux, qui s'installe villa *Bellevue*, dans le quartier de la Condamine. Puis, c'est la construction, en 1863, du majestueux casino actuel adossé à la mer conçu par Charles Garnier. Temple du hasard, l'endroit abritera également bientôt l'opéra de la Principauté, dont les saisons exceptionnelles se succéderont dans un décor unique.

Si le lieu se veut accueillant, les tables de jeux seront curieusement interdites aux Monégasques durant de nombreuses années. Une façon de les protéger contre des déboires cruels ? On pourrait le croire à écouter certains spécialistes affirmant que les casinos ont été inventés pour aider les riches à se débarrasser très vite de leur argent...

Les années passent. Une nouvelle capitale, Monte-Carlo, du nom du Prince régnant : mont Charles, sort de terre, et se couvre bientôt de villas cossues et d'hôtels de luxe.

Loin de la roulette et de la réputation sulfureuse que va traîner durant de longues années le casino, son fils Albert Ier n'a qu'une seule passion : la mer. Jeune, il manifeste une indépendance farouche qui se traduit par un net esprit critique que sa grand-mère, la princesse Caroline, lui reproche parfois. Son goût de la contradiction et du paradoxe, dont on parle comme d'un héritage Grimaldi, n'empêche en rien le prince à la grande barbe noire d'inaugurer en 1885, à bord de *L'Hirondelle* (douze cents tonneaux, quinze hommes d'équipage), les vingt-sept campagnes au cours desquelles il va s'affirmer comme un des maîtres de l'océanographie et de la pêche scientifique. Le souverain, qui régnera de 1889 à 1922, ne sera pas seulement un océanographe à la Jules Verne : écologiste, mécène et dreyfusard – après s'être battu pour la révision du procès d'Alfred Dreyfus, il invitera le prisonnier de l'île du Diable à venir séjourner en son château de Marchais, dans l'Aisne – il élabore aussi une politique culturelle digne de ce nom qui transforme au fil des ans Monte-Carlo en véritable carrefour des destinées artistiques et mondaines.

Les passions dévorantes de celui qu'on va bientôt baptiser « le prince océanographe » ne sont pas sans conséquence sur sa vie personnelle. Son premier mariage avec Mary Douglas-Hamilton, fille du premier lord d'Écosse et de Marie de Bade, descendante de Stéphanie de Beauharnais, se termine par un divorce en 1880. Un enfant est né, le futur Louis. Un proche du palais princier me laisse entendre que vu les longues séparations des époux, il peut être considéré comme un véritable enfant du miracle. « Si, en revanche, il est le fruit adultérin de Mary, cela signifierait que plus une seule goutte de sang des Grimaldi ne coulerait dans les veines de l'actuelle famille princière[7] », avance avec aplomb ce témoin privilégié. Un secret de famille qui pourrait donc devenir une énigme historique.

Albert a-t-il des doutes lorsqu'il porte son choix sur une nouvelle épouse ? Rien ne permet de l'affirmer. L'heureuse élue s'appelle Alice Heine. Elle est une jeune veuve américaine, fille de banquiers de Hambourg, et petite-nièce du poète allemand Heinrich Heine. L'union dure plus longtemps que la première, près de treize années. Il reste vrai que les deux époux ne se voient guère. Le marin fuit autant qu'il le peut le Rocher pour naviguer. Douée d'une grande intelligence, Alice adore en revanche la vie mondaine. Son goût pour les arts et les relations publiques permet à Monaco d'acquérir une relative notoriété artistique. Dans la salle de spectacles du casino de Monte-Carlo, l'épouse du souverain fait monter de nombreuses représentations de grande qualité autour de compositeurs comme Jules Massenet, Camille Saint-Saëns, Édouard Lalo, Gabriel Fauré ou César Franck. Grace Kelly, cinquante ans plus tard, s'inspirera largement de son action. Seule ombre au tableau : au printemps 1902, un jugement sépare officiellement des époux que la vie avait déjà désunis.

Albert disparaît peu de temps après la Première Guerre mondiale. Louis lui succède. Mais la dynastie est une nouvelle fois menacée. Malgré son caractère doux et facile, comme l'écrivait sa mère, ce beau garçon aux traits réguliers et aux yeux bleus ne se montre guère empressé pour convoler. Lui aussi possède une passion aussi vive que précoce : l'armée. Après Saint-Cyr, l'héritier du trône s'engage dans la Légion étrangère. Ici, comme à l'école militaire, son statut princier ne lui permet de bénéficier d'aucune faveur particulière. Après son engagement chez les képis blancs, le sous-lieutenant Grimaldi se retrouve dans le Sud-Oranais. Il est affecté au 3e Régiment des chasseurs d'Afrique basé d'abord à Tlemcen, puis à Constantine. Avant de quitter l'Algérie, il reçoit la Légion d'honneur pour faits de guerre. Le Prince-soldat a effectivement participé à la « pacification » de la région de Nin-Safra dans le sud du pays.

Lorsque la Première Guerre mondiale éclate, Louis se retrouve sur le Chemin des Dames. Officier de liaison, il fait preuve d'un courage certain sous le feu de l'ennemi. Un an après la fin du conflit, il accepte un poste au bureau des renseignements du gouverneur militaire de Metz. Parfait polyglotte, il est envoyé à plusieurs reprises en mission en Silésie et en Tchécoslovaquie. Lorsqu'il décide de quitter l'armée pour se consacrer à son métier de prince, le président de la République française, Paul Deschanel, tient à lui décerner l'écharpe de grand officier de la Légion d'honneur. Il quitte l'armée avec le grade de général de brigade du cadre de réserve français. Son avenir ? Il est dorénavant inscrit du côté du Rocher où il compte bien poursuivre une vie sentimentale plutôt débridée. Selon un haut fonctionnaire français alors en poste dans la Principauté, le souverain a entretenu durant une quinzaine d'années une liaison avec une maîtresse en titre, une ressortissante britannique dont il restera longtemps amoureux, « mais qui, l'âge et le whisky aidant, est devenue impropre à la consommation ». Une demoiselle

Perdrière lui succédera, mais pour une courte durée. « Elle y a renoncé au bout de trois mois estimant – elle m'en fait confidence – que les profits ne compensaient pas les ennuis du métier[8] », conclut ce même et inélégant haut commis de l'État.

Un demi-siècle avant Rainier III, les conseillers nationaux monégasques s'interrogent moins sur les frasques sentimentales de leur prince que sur la survie de la Principauté si Louis s'obstine à rester célibataire. À Paris, la situation est prise au sérieux. La République française craint que, faute d'héritier, la principauté revienne à un lointain cousin allemand, le duc d'Urach, fils de Florestine, la sœur de Charles III. Un prince allemand sur le trône ? Louis ne veut pas en entendre parler non plus. N'avait-il pas, dans ce sens, à l'entrée en guerre de l'Allemagne contre la France, renvoyé spontanément toutes ses décorations germaniques au Kaiser Guillaume II ? Il ne désire pas davantage que son micro-État soit intégré au territoire français. La solution ? Louis la connaît. Afin d'en finir avec son dilemme, il accepte de reconnaître et de légitimer Charlotte, une enfant née d'un amour de jeunesse, Marie-Juliette Louvet, originaire du Cotentin, qu'il avait connue lors de sa période militaire à Constantine. L'histoire officielle monégasque l'a toujours présentée comme une blanchisseuse sympathique à la manière de Madame Sans-Gêne, si chère à Bonaparte. « Blanchisseuse ? Elle ne l'a jamais été, m'explique sans fioriture l'écrivain Pierre Abramovici. Elle posait nue pour un photographe d'art. Fort probablement, une fille de mauvaise vie[9]. » Pour d'autres, ce passé sulfureux serait à l'origine de la seule énigme de ce *soap opera* avant l'heure : la disparition de Marie-Juliette Louvet. Personne ne peut en effet expliquer ce qu'est devenue la mère de Charlotte. Pour les spécialistes de la Principauté, seules les archives privées de Rainier pourraient le dire. Mais elles sont inaccessibles pour de nombreuses années.

Sous l'œil tendrement attentif d'Albert, la brune et belle Charlotte va recevoir pendant plusieurs années une éducation dans des établissements français huppés. En 1919, son père l'anoblit en l'élevant au rang de duchesse de Valentinois. Fin politique, le Prince, en sus de son adoption légale, demande au président de la République française, Raymond Poincaré, et à son ministre des Affaires étrangères, Stephen Pichon, de parrainer sa fille. D'une pierre deux coups : il rétablit en quelque sorte le droit du sang, et il écarte la menace d'une succession qu'il savait impossible.

Un an plus tard, le Palais annonce le mariage de Charlotte avec le comte Pierre de Polignac. Le choix du prétendant n'est pas dû au hasard. Dans la lignée du comte on trouve un cardinal, négociateur de Louis XIV pour le traité d'Utrecht, et le prince Jules qui fut l'artisan de la prise d'Alger.

Pierre de Polignac est un homme de grande taille et un intellectuel cultivé. Ami des arts et des lettres, ce polyglotte doué compte dans tous les milieux intellectuels et artistiques de Paris de nombreux amis. Enfant, le futur prince Rainier croisera ainsi dans la maison de son père Maurice Genevoix, Paul Valéry, ou encore Colette, le célèbre auteur de *Gigi*.

Grâce au soutien de Pierre de Polignac, qui ne cache pas sa fascination pour le monde de la danse, Diaghilev ne tarde pas à trouver à Monaco un port d'attache pour ses Ballets russes, avant d'abriter ses amours avec Nijinski à l'*Hôtel de Paris*. Sa présence attire sur le Rocher le meilleur de la création artistique européenne, Stravinski y achève la musique des *Noces*, Braque, le décor des *Fâcheux*, un ballet de Georges Auric, et Juan Gris celui de *La Colombe*, autre ballet monté par les danseurs russes.

Ces diversions culturelles sont des aubaines pour Charlotte qui ne tarde pas à être déçue par son époux. Pierre de Polignac semble davantage se complaire dans la compagnie des danseurs que dans celle de sa jeune femme pourtant dotée d'un fort caractère. Mais un tel mariage arrangé peut-il réellement bien réussir ? s'interrogent les Monégasques. Le jour même de ses noces, le couple illustre ses caractères très différents. Le prince de Faucigny-Lucinge, témoin du comte, raconte dans ses *Mémoires* [10] comment ce jour-là son ami de Polignac rabroue sa jeune épouse parce que, au sortir de la cathédrale, elle l'avait précédé au milieu du peuple monégasque qui l'acclame.

De cette union bancale, deux descendants vont pourtant voir le jour. C'est d'abord Antoinette (Louise Alberte Suzanne), née le 28 décembre 1920, et ensuite Rainier (Louis Henri Maxence Bertrand), qui pousse son premier cri, le 31 mai 1923.

Une grande complicité va unir jusqu'à l'adolescence le frère et la sœur. « Lorsque nous étions enfants, nous étions comme des jumeaux [11] », confiera plus tard l'aînée. Au sujet de ses parents, qui se séparent dix ans après sa naissance, Rainier ne se confiera qu'en de rares occasions. « Quand nous étions avec notre mère, elle nous disait toujours : « Quand vous verrez votre père, ne lui dites rien à mon sujet… » Quand nous étions avec notre père, il nous recommandait : « Ne dites rien à votre mère. » Ce n'était pas facile. Comme tout enfant dont les parents ont divorcé, je me sentais blessé par tout cela [12] », racontera-t-il dans les années 1980.

L'amertume est d'autant plus grande que son grand-père s'impose comme leur tuteur en qualité de « chef de la Famille princière et de la Dynastie [13] ». Avec une brutalité inouïe, Louis exige que Pierre de Polignac quitte la Principauté et n'y revienne qu'avec sa permission. Une humiliation que le père de Rainier digère mal. Afin d'obtenir la garde de ses enfants, l'aristocrate saisit la justice française qui lui donne raison. Louis obtient un droit de visite au cours des vacances scolaires estivales et d'hiver. Un droit identique est accordé à Charlotte dont les rapports avec sa progéniture laissent perplexe.

Lorsqu'on lui demande d'évoquer sa mère, la princesse Antoinette résume ses souvenirs, une fois encore, à l'amour que celle-ci portait aux animaux : « Ma mère aimait beaucoup les fox-terriers. Elle possédait même un chenil sur les hauteurs de Nice [14]. » Cette repartie, apparemment anodine, en dit long sur les blessures profondes et intimes de la sœur de Rainier. Sa mère n'a eu de cesse toute sa vie de rabaisser sa fille en l'interpellant depuis sa plus tendre enfance avec des remarques ressemblant davantage à des coups de fouet, me confie, attristé, l'un de ses proches : « Mais pourquoi es-tu si laide, ma pauvre Antoinette ? Mes chiens sont plus beaux que toi [15] ! »

Charlotte a non seulement eu des rapports assez lointains avec ses enfants, mais aussi avec la vie monégasque. « Elle n'aime pas Monaco et le Rocher le lui rend plutôt bien, me confie-t-on encore. Pour les Monégasques, elle reste la fille de sa mère. Dans la famille princière, personne ne parle de Charlotte. On y préfère le non-dit [16]. »

Charlotte, que ses enfants et petits-enfants appellent « Mamou », s'éteindra en 1977, à l'âge de soixante-dix-neuf ans. Pour respecter sa volonté, son corps sera incinéré et ses cendres dispersées dans les alentours du château de Marchais où elle affectionnait de séjourner. La légende trace d'elle le portrait d'une femme d'une grande beauté. Femme de cœur et de caractère, elle a toujours refusé l'oisiveté. « Je hais l'ennui, je hais ceux qui m'ennuient [17] », aimait-elle à répéter. Pendant la Seconde Guerre mondiale, elle se porte volontaire comme infirmière. « On disait qu'elle était une femme très légère, raconte un diplomate en poste à Monaco pendant l'Occupation. Et que si elle avait renoncé à ses titres, c'est justement pour être libre de ses mouvements. Vivre comme elle l'entendait ses aventures [18]. »

À la fin de sa vie, partageant son existence entre Paris et Marchais, elle choisit de renoncer aux honneurs pour devenir assistante sociale dans les prisons. Elle travaille à la réinsertion des détenus en étroite collaboration avec l'administration pénitentiaire. L'un de ses plus célèbres protégés s'appelle René Girier, *alias* « René la Canne », l'ancien lieutenant de Pierrot le fou et du célèbre gang des tractions. Alphonse Boudard, dans son roman *Chère Visiteuse*, publié non sans provocation, en 1999, aux éditions du Rocher (!), racontera l'extraordinaire et sensuelle liaison de ces deux personnalités hors du commun [19].

Pendant ce temps-là, au début des années 1930, Rainier en a terminé de ses études primaires. Afin de parfaire son éducation de prince, il est envoyé en Grande-Bretagne. Il suit les classes de la Summer Fields School, à Saint-Leonard's-on-Sea, dans le Sussex. Pas de problème d'adaptation linguistique. Enfants, Charlotte et son cadet avaient bénéficié de la présence d'une gouvernante britannique, Kathleen Wanstall, une cousine de Winston Churchill au caractère aussi trempé que son célèbre parent. Des méthodes d'enseignement pratiquées outre-Manche, Rainier n'a pas conservé que des bons souvenirs. « C'était un endroit horrible. Pantalons courts, douches froides et corrections à coups de trique. Le seul bon moment, là-bas, c'était la boxe. J'ai remporté le titre pour ma catégorie de poids. Cela mis à part, j'ai trouvé ça abominable[20]. » Élève moyen, le jeune prince se fait surtout remarquer pour ses qualités physiques. Après avoir été champion de boxe il deviendra recordman de plongée, bon joueur de tennis et de golf.

Devant les récriminations de l'adolescent, Pierre de Polignac accepte de déplacer son rejeton vers la Public School de Stowe. Dans ce collège du Kent, qui reçoit chaque année plus de cinq cents élèves, plusieurs membres de la famille royale britannique l'ont précédé : le prince George et la reine Mary, entre autres. Malgré cette histoire prestigieuse, le jeune Rainier s'ennuie. Au pays des bonnes manières aristocratiques, l'enfant rêve de devenir dresseur ou clown dans un cirque. Fréquemment, l'appel du large le titille. « J'aurais aimé naviguer sur mon bateau autour du monde pour étudier les mammifères marins par exemple, suivre leur migration[21] », confiera plus tard le souverain monégasque. Cela étant, le garçon n'est guère sensible à l'environnement champêtre dans lequel il baigne au quotidien. « C'était un beau décor, mais je me souviens être arrivé là avec mon père, sans connaître aucun des responsables ou des élèves, se souvient Rainier. J'ai trouvé l'atmosphère très éprouvante. Il pleuvait tout le temps, si bien que, quand on sortait s'adonner à un sport quelconque, on se retrouvait dans la boue jusqu'aux genoux. Ensuite, j'ai dû apprendre, parce que c'était la règle, à faire les lits ou à cirer les chaussures des plus âgés. Heureusement, c'étaient des garçons sympathiques, mais toute l'affaire m'a toujours paru stupide. Je n'étais pas très heureux à Stowe non plus [22]. »

L'enfant l'est d'autant moins que ses condisciples l'affublent du sobriquet de « Fat Little Monaco [23] » (le petit gros Monaco). Selon l'écrivain Robert Jégaden, cet embonpoint ne serait pas le fruit du hasard : « Condamnés au silence par leur père et par leur mère, enfermés dans leur blessure, les enfants du divorce trouvent parfois l'exutoire à leur souffrance d'abord dans la faim satisfaite d'une manière compulsive, puis dans la fugue [24]. »

Le jeune prince décide effectivement bientôt de faire le mur. « Le troisième jour, je me suis sauvé. Ça s'est révélé beaucoup plus facile que je ne l'aurais pensé. J'ai quitté les lieux et me suis dirigé vers la gare. Mon plan était de m'acheter un billet pour Londres, et, arrivé là, de rentrer à la maison. Mais je crois que je n'étais pas fait pour ça. Il ne m'est pas venu à l'idée qu'il pût y avoir quelque chose d'anormal à me rendre à la gare en gardant la casquette de l'école sur la tête. [...] On m'a pris et ramené à Stowe sans perdre de temps. Le principal, un ancien militaire, est venu me chercher dans son énorme voiture. J'ai pensé que j'allais avoir des ennuis, et que je serais sévèrement battu à coups de canne. Mais il m'a emmené dans son cabinet de travail et m'a offert un gigantesque goûter. Il ne m'a pas réprimandé du tout et m'a dit : « Vous devez avoir faim, voilà de quoi manger. » C'était mon premier repas de la journée. Je me suis dit : finalement, quelqu'un comprend. Mais ensuite on me mit à l'infirmerie parce qu'ils ne pouvaient imaginer qu'un enfant voulût échapper à ce paradis [25]. »

L'incident ne fut pas sans conséquence. Au cours de l'été suivant, le grand-père de Rainier tente d'obtenir la garde de son petit-fils. Dans cette perspective, il entame des procédures en Grande-Bretagne, en France et à Monaco. Cette fois-ci avec succès. Le choc est rude pour Pierre de Polignac. Après avoir été banni du royaume monégasque, il se retrouve dépossédé de son autorité parentale.

Afin d'éloigner encore davantage Rainier de son père, le futur prince souverain est envoyé en Suisse. De son côté, Antoinette rejoint Monaco sous la surveillance étroite de Louis qui craint que le prince Pierre ne la fasse enlever [26].

Dans la foulée, leur mère Charlotte demande à Louis d'officialiser discrètement sa succession en faveur de Rainier ou d'Antoinette en cas de vacance du trône. Le Prince admet le bien-fondé de la suggestion de sa fille et en avertit le président du Conseil français. L'abdication de Charlotte laisse toutefois entrevoir une perspective inespérée à la branche allemande de la famille, les von Urach, qui manipule l'éditorialiste d'une feuille de chou pour tenter de promouvoir ses nouvelles prétentions en attaquant de façon particulièrement virulente la famille Grimaldi. « Le Rocher est maintenant un bouillon de culture où les parties, les factions se contrecarrent et nuisent à la prospérité de ce petit royaume où l'impôt ne se lève pas, écrit la plumitive. Trop d'intrigues internationales se nouent à Monaco, devenu un abri pour trop de suspects. Il est temps de mettre un peu d'ordre dans ce désordre et de surveiller les capitaux français à Monaco[27]. »

Au début du mois de septembre 1935, Rainier intègre l'Institut international du Rosey, dans le canton de Vaud, non loin de Gstaad. Le directeur de cet établissement helvétique huppé, Henri Carnal, se souvient de l'arrivée de sa nouvelle recrue : « Solidement charpenté, souriant, un peu timide, il contemplait d'un œil inquiet le milieu, nouveau pour lui, dans lequel il allait vivre. Avec simplicité, modestie et naturel, il entra dans la vie de l'école. Son affabilité, sa gentillesse lui valurent bien vite l'amitié de tous ses camarades et de ses professeurs[28]. »

Malgré tout, à cause de sa timidité, Rainier se fait peu d'amis parmi ses condisciples. Ses vrais copains, il les retrouve à Monaco lors des vacances estivales. Parmi eux, Jean-Louis Marsan. « Loulou » est déjà un géant pour son âge. Les deux jeunes gens s'étaient connus sur les bancs de l'école communale où était née une réelle amitié réciproque.

Comme tous les adolescents, Rainier connaît une période de fragilité. Il se sent une vocation d'artiste. Il s'essaie à l'écriture. Le voici qui rédige un poème dans lequel il traduit quelques-uns de ses sentiments avec lyrisme et émotion. Écoutons-le :

> « *Ils sont venus les oiseaux des îles*
> *Et maintenant dans la petite ville*
> *On ne parle plus que de voyage...*

Mais ce sont des oiseaux de passage.
Les filles étaient plus belles que jamais.
Et tous les garçons rêvaient...
Les oiseaux des îles sont repartis
Et la petite ville s'est endormie[29]. »

Difficile alors pour le futur monarque de pressentir les grands chambardements à venir.

Chapitre 3

Une drôle d'Occupation

Avril 1938. Depuis plusieurs mois, les événements se bousculent en Europe. En France, la IIIe République tire à sa fin. Daladier se succède pour la troisième fois à lui-même à la tête de la présidence du Conseil. Devant les menaces qui grondent, il décide de prendre également en charge la Défense nationale et la Guerre. Un mois plus tard, le Front populaire dévalue le franc pour la troisième fois. En septembre, le gouvernement rappelle plus de cent mille réservistes. Des mesures de défense passive sont décidées. Quinze jours après Nuremberg, Hitler, Mussolini, Chamberlain et Daladier se rencontrent à Munich. Pour l'Anglais et le Français, le pire semble avoir été évité. « Ouf » de soulagement à l'Assemblée nationale où les députés votent les pleins pouvoirs au gouvernement. À la fin de l'automne, rien ne va plus pour le Front populaire, qui finit par éclater.

Février 1939 : Francisco Franco devient l'homme fort d'Espagne. La France reconnaît le gouvernement du Caudillo. Mieux, elle lui envoie un ambassadeur prestigieux : Philippe Pétain. L'étau se resserre. En mai, dans la capitale du Reich, Hitler et Mussolini signent le « pacte d'acier ». Les jeux sont faits. Au printemps suivant, c'est le désastre. En quelques semaines, l'invasion allemande fait plier les genoux aux armées de Hollande, de Belgique et de France. Après la débâcle militaire, la déroute politique : à la mi-mai, le maréchal Pétain est rappelé de Madrid pour assister un gouvernement dépassé par les événements. Le vainqueur de Verdun pense que la guerre est virtuellement perdue. À quatre-vingt-quatre ans, il s'apprête à « faire don de sa personne » au pays. La campagne de France n'est pourtant pas terminée. En Méditerranée, le 10 juin, une vingtaine de sous-marins italiens prennent leur poste de surveillance. Trois jours plus tard, des centaines d'obus tombent sur Toulon. La flotte française riposte quelques jours plus tard en pilonnant à son tour la côte ligure. La réaction de la DCA italienne est particulièrement violente, mais tous les navires et appareils de l'aéronavale réussissent à regagner leur base. Le 22 juin, c'est l'arrêt des combats. L'armistice est signé avec l'Allemagne hitlérienne comme avec son alliée, l'Italie mussolinienne. Pour la Méditerranée, des conventions prévoient un strict contrôle du trafic maritime français par des organismes italiens dénommés sections ou délégations de contrôle. Ces dernières s'établissent tout d'abord dans les ports les plus importants. Ordre est donné à la flotte française de ne plus broncher.

Après avoir bombardé plusieurs villes de la Côte d'Azur, les Italiens s'installent à Menton et dans les communes environnantes. Une ligne électrique provisoire est mise en place raccordée au réseau italien à Grimaldi (*sic*). « Les bornes kilométriques de la

RN7 sont remplacées par des bornes italiennes mentionnant le kilométrage de Rome », raconte l'enseignant et historien Jean-Louis Panicacci. La gare de la ville des citrons est transformée en gare internationale. Les autorités italiennes font afficher au pont de l'Union le « Bando », un décret régissant dorénavant les conditions de vie dans les territoires occupés. On incite les commerçants à repeindre leurs enseignes publicitaires en italien, des pancartes, *Qui si parla italiano e si saluta romanamente*, vont bientôt figurer dans la vitrine de nombreux commerçants et dans les services officiels. L'hôtel de ville devient *Palazzo del Comune*, la circulation est assurée par six *vigili urbani* vêtus de noir, venus de Milan. L'usage de la langue française est interdit dans la conversation publique, comme à l'église où le clergé français doit prêcher en italien[1].

Quelques heures après avoir annexé Menton, l'armée italienne est à Monaco. Mussolini imagine un moment récupérer le Rocher volé plusieurs siècles plus tôt à Gênes. Ses partenaires allemands ne l'entendent pas de cette oreille. Un gouverneur militaire y est bientôt nommé, rapidement suivi par une escouade de la Gestapo qui prend possession de l'*Hôtel de Paris*. Pour assurer leur propagande, les stratèges allemands installent des émetteurs radio dans tout le Sud afin de diffuser leurs émissions à partir d'un studio basé dans la Principauté : Radio Monte-Carlo est née.

Louis est très inquiet en apprenant l'offensive allemande. Sans attendre, il rejoint sa propriété de Marchais. Il n'y séjourne que peu de temps. À la fin du mois de mai 1940, il est de retour sur la Côte d'Azur, contraint de laisser la place aux Allemands qui réquisitionnent son château afin de le transformer en quartier général de la Luftwaffe. *Le Journal de Monaco* salue le retour de son Prince dans la Principauté considérée jusqu'à nouvel ordre comme un État souverain, non belligérant[2].

Les Allemands ont pour l'instant tout intérêt à maintenir la neutralité du Rocher face aux prétentions territoriales italiennes. Ils ne voient pas d'inconvénients à ce que la France en reste la puissance tutélaire. Le maréchal Pétain y place d'ailleurs rapidement deux de ses émissaires : Émile Roblot, ministre d'État, et Victor Jeannequin, en charge du consulat de France. Les deux hommes se montrent sensibles aux charmes de la région. Mais chacun à sa façon. Le premier dissimule à peine ses ambitions politiques sur le micro-État. Après un round d'observation, le second n'hésite pas à stigmatiser dans ses rapports confidentiels au ministre des Affaires étrangères français le « cloaque » monégasque et son climat délétère dont le jeu représente à ses yeux l'origine du mal : « Tenez un compte exact du climat de Monaco où le casino est, par son essence même, un organisme de corruption. Tout et tous sont à sa solde, depuis le Prince dont la roulette alimente la liste civile, le ministre qui spécule sur les titres, les fonctionnaires qui par mille moyens émargent au budget de la SBM. L'argent est roi dans ce pays. Il pourrit tout et ils se comptent ceux qui échappent à la tentation[3]. »

Le « cloaque » monégasque ? Olivier Deleau, nommé vice-consul de France sur le Rocher en mai 1942, nuance ce jugement à l'emporte-pièce. « M. Jeannequin, mon premier chef, était un homme qui ne pouvait pas laisser une occasion de faire un bon mot, raconte le diplomate nonagénaire qui m'accueille avec courtoisie dans sa résidence varoise. Pour lui, Monaco était vraiment une Principauté d'opérette. Ce qu'il disait était vrai, mais il chargeait beaucoup. Il s'est montré particulièrement agressif à l'égard du prince Louis qui finira par demander son départ. C'est peut-être pour cela que je suis resté aussi longtemps intérimaire[4]. »

En réalité, pour Victor Jeannequin, cette situation ne serait qu'un moindre mal s'il pouvait au moins retenir l'attention du Prince avec des sujets aussi graves que la politique italo-monégasque ou l'avenir de la Principauté. Mais, écrit-il, Louis est amoureux et cela seul compte pour lui : « Je gage que si on lui parlait de chemises noires ou de chemises brunes, il répondrait chemises de linon rose », rapporte-t-il complaisamment.

L'heureuse élue ? Une comédienne du nom de Ghislaine Dommanget, la fille d'un officier de cavalerie, divorcée d'un ancien collaborateur de Sacha Guitry dont elle a un garçon. La quarantaine, l'actrice n'est pas une inconnue dans le petit monde du théâtre parisien. Notamment depuis sa prestation dans une séquence d'un film intitulé *La Treizième Enquête de Grey* dans laquelle elle apparaissait dans le plus simple appareil. Interprète de nombreux seconds rôles, c'est dans un autre rôle d'une célèbre pièce présentée à l'opéra de Monte-Carlo qu'elle se fait remarquer par le prince monégasque de trente ans son aîné. Le représentant du maréchal Pétain dissimule à peine son plaisir à la décrire : « L'objet aimé est une actrice française, Mlle Ghislaine, venue ici jouer *L'Aiglon*, et que le souverain parodiant l'ultime vers de Rostand, a prié de “retirer son uniforme blanc". La dame l'a retiré aussitôt. Elle était à un âge où une femme galante, si elle n'a pas encore fait fortune, doit choisir entre le vieillard à passions ou le chalet de nécessité. Mlle Ghislaine n'a pas hésité. Aussitôt en fonction, elle a entrepris de tirer le profit maximum de son vieil amant. Les fourrures, les bijoux, la villa de Cap-d'Ail, un capital sur la tête d'un jeune enfant de huit ans né, comme disait Farrère, « d'une fantaisie aggravée d'une distraction », voici le bilan du premier mois de la liaison. Le Prince aime et paye. Le coup est régulier[5]. »

Ghislaine prend-t-elle son rôle de favorite trop au sérieux ? Jeannequin, qui l'avait connue « petite théâtreuse » sans situation et sans argent, le suggère avec ironie lorsqu'il évoque un prochain déplacement en Suisse qu'elle doit effectuer en compagnie de Louis II. « Elle est venue me voir pour me demander son visa. Elle m'a parlé de ce voyage comme d'un des devoirs de sa charge. Elle s'est exprimée à cette occasion comme devait s'exprimer la Montespan lorsqu'elle annonçait son départ dans les Flandres à la suite du Roy[6]. »

Lorsqu'il reprend son sérieux, le consul français s'interroge sur le discrédit que jette cette liaison sur l'autorité du Souverain. « Le malheureux Prince me semble embarqué dans une aventure bien dangereuse. Il affiche sa liaison avec la candeur d'un collégien. Tous les jours, sa voiture stationne de longues heures devant l'*Hôtel de Paris* où réside sa dame. Celle-ci porte en bijou l'insigne de la Légion étrangère, de cette légion si chère au cœur du général de Monaco. Quant à l'enfant, il arbore à la boutonnière l'écusson monégasque surmonté de la couronne princière. Tout cela fait un peu jaser. Les Monégasques ne dissimulent pas que l'absence de pudeur du souverain leur apparaît choquante. Voici le premier risque. Le second est l'âge du Prince qui ne médite pas assez le principe de Maurice Donnay : "*Les excès sont pernicieux / Aux vieux messieurs.*" Quant au troisième risque, il est d'ordre financier. Le Prince avait déjà, avant, des ennuis d'argent. Il s'en tirait par de petites spéculations plus ou moins propres, mais suffisantes pour parer à un train de vie moyen. Qu'adviendra-t-il quand les jolies dents de Mlle Ghislaine auront plus largement encore mordu dans la cassette princière ? Je ne conclus pas. Le Prince évitera-t-il ces trois risques, ou bien succombera-t-il à l'un d'eux ? Je laisse à l'avenir le soin d'en décider[7]. »

Contrairement à ce qu'affirme Jeannequin, Louis continue à veiller de près aux études de l'héritier du trône. C'est ainsi qu'il décide de retirer Rainier de son pensionnat Suisse pour un lycée de Montpellier, où il devra décrocher son bachot de lettres. Le gouvernement français se félicite de cette initiative. Pour veiller au bien-être du futur prince, il désigne un « gouverneur », le capitaine Jean Ardant, du 3e régiment des dragons. Au-delà de sa sécurité, la mission de l'officier est bien celle d'espionner le jeune homme pour le compte de Vichy. Sa présence pendant de longs mois dans l'intimité de Rainier et des notables du palais princier en fait un témoin privilégié dont les jugements se révèlent parfois sans appel. Selon Jeannequin, dont le militaire est l'un des informateurs zélés, « Ardant n'a jamais assisté à une conversation qui portât sur un sujet élevé, il n'a jamais entendu parler que de l'argent et des procédés plus ou moins propres, par lesquels on peut s'en procurer, de petites combinaisons louches destinées à sauvegarder les intérêts matériels des Grimaldi et de leurs sujets. Jamais un sentiment noble et désintéressé [8]. » Persiflage ?

À la limite, à en croire toujours Jeannequin, ces sujets d'intérêts princiers seraient sans gravité si le jeune homme montrait au moins un tant soit peu de « sollicitude vraie envers la France [9] ».

Cette dernière appréciation n'est pas étrangère à la réflexion politique de Rainier empreinte, selon Ardant et Jeannequin, d'un « nationalisme le plus étroit ». Et d'expliquer : « Partageant toutes les illusions de ses compatriotes et les professant avec l'enthousiasme de son âge, le jeune prince se montre partisan de la plus grande Principauté reconstituée dans ses frontières de 1859, et jouissant d'une complète indépendance. Vis-à-vis de la France, son attitude est hostile – d'une hostilité qui procède plutôt de la raison que du sentiment, car il n'oublie pas qu'il est issu d'un père français, et que la majorité des intérêts de sa famille est en France. Mais la France représente pour lui la puissance qui brime la Principauté et limite sa vie internationale [10]. »

L'origine de cette fâcheuse disposition prêtée au Prince à l'égard de la patrie de Victor Hugo ? Ardant et Jeannequin l'attribuent à la certitude du jeune homme que la Principauté a toujours été une victime de la France, mais aussi à l'influence néfaste de sa sœur Antoinette, qui se livre fréquemment à des « manifestations de nationalisme francophobe ». Un exemple ? Les duettistes peuvent en évoquer dix. Ainsi de ce 17 janvier 1942, lorsque Rainier et Antoinette n'hésitent pas à faire part à leur grand-père de leur vive réprobation d'avoir retiré son caractère à la fête nationale monégasque en la transformant en une journée des prisonniers français.

Pour le journaliste historien Pierre Abramovici, le sentiment anti-français de Rainier s'explique par une autre raison : la véritable « haine » que lui inspire Émile Roblot. Aux yeux du Monégasque, le ministre français, qui représente ce fameux esprit de 1918, a eu également le tort de s'en prendre à son propre père, le prince Pierre, et d'avoir tout fait pour éliminer toutes ses prétentions au trône. Roblot tient-il en aussi piètre estime le fils ? On peut le croire en lisant les appréciations du ministre d'État sur le futur souverain : « Le prince Rainier a vingt et un ans. Il est peu intelligent, peu instruit, paresseux, orgueilleux, sans volonté [11]. »

Comme Jeannequin, Roblot pense que le garçon subit la mauvaise influence d'Antoinette. Il l'écrit d'ailleurs en août 1943, en affirmant qu'il est « un jouet entre les mains de sa sœur ». Et de raconter comment le Prince accorde sans réserve son assentiment au projet de mariage de sa cadette avec le lieutenant Winter, de l'armée allemande d'occupation. Une affaire rondement menée à lire encore le ministre d'État français : « En une semaine, pendant que le prince souverain était absent de Monaco, elle se fiança avec cet officier et décida que le mariage devrait être célébré dans le mois. »

C'est à Grenoble, où Louis séjourne alors, que Rainier et Antoinette viennent solliciter la bénédiction de leur grand-père. Ce dernier, qui avait déjà peu apprécié les manifestations italophiles de sa petite-fille, leur signifie qu'il ne peut en être question. Il menace. Il n'hésitera à prononcer son exclusion de la famille princière et sa déchéance de tous les droits et prérogatives qu'elle tient de sa naissance. Antoinette n'a pas dit son dernier mot. Elle vient chercher du secours du côté de sa mère. Mais la Princesse Charlotte approuve Louis alors que le prince Pierre de Polignac préfère opposer une significative fin de non-recevoir au courrier qu'elle lui avait adressé.

Sur le Rocher, le projet de la jeune princesse commence à susciter la plus vive émotion. « L'affaire Antoinette a énormément choqué, se souvient l'épouse d'un ancien administrateur de la SBM. Mon mari et moi déjeunions régulièrement avec Roblot, le ministre d'État français, un homme drôle et malin comme un singe. Un jour, il nous a raconté comment Charlotte lui avait demandé de calmer sa fille Antoinette. Roblot s'est plié aux exigences de la Princesse, mais sans succès. "Je suis allé voir Antoinette, nous raconta-t-il. J'ai évoqué ma visite chez sa mère. Mais la jeune fille n'était guère impressionnée." Elle m'a répondu : "Dites à ma mère qu'elle s'occupe de son cul et pas du mien [12] !" »

Une réunion du conseil de la Couronne se déroule le 13 octobre 1943. Après quatre heures de discussion, ses membres expriment leur total désaccord à ce « malencontreux projet ».

Dans un courrier confidentiel adressé au secrétaire général des affaires étrangères de Vichy, Olivier Deleau, qui a succédé depuis quelques mois à Jeannequin, rapporte les craintes de ce qu'un nouveau scandale au sein de la famille Grimaldi risque de faire renaître. « Les conseillers du souverain estiment que le mariage de la Princesse avec un Allemand peut compromettre la famille régnante au point d'entraîner, dans l'éventualité d'une victoire des puissances hostiles à l'Axe, la déchéance de la dynastie des Grimaldi[13] », écrit-il alors. Plus d'un demi-siècle plus tard, il se souvient de cette romance peu banale et des différentes interventions mises en place pour y mettre un terme : « Antoinette avait rencontré cet officier sur une place de Cap-d'Ail. On était inquiets au Palais. Il y avait des implications politiques non négligeables. Nous nous sommes renseignés. On a découvert qu'il était le fils d'une garde-barrière en Bavière. Le Prince a protesté auprès du consul général d'Allemagne qui venait d'arriver dans la Principauté. Un homme très bien, entre parenthèses. Un diplomate de carrière qui a survécu au nazisme. À la fin de sa vie, il était en poste au Liban. Je l'ai souvent démarché pour protester contre des arrestations. Il me recevait courtoisement[14]. » Malgré cet accueil aimable, le représentant de Hitler comprend que l'affaire n'est pas aussi simple que ça, qu'il faut tenir compte du tempérament fougueux d'Antoinette et de la sincérité de son engagement. « Elle semblait posséder davantage de caractère que Rainier. Mais, en réalité, elle se comportait surtout comme une sœur aînée[15] », se souvient encore Olivier Deleau.

La position française et les quelques remontrances des familiers de la cour n'impressionnent guère la scandaleuse Antoinette. Son intention est de quitter la Principauté afin de se rendre à Marseille chez des amis sûrs et de convoler sur place. Informés, les services juridiques du palais s'interrogent sur les moyens pratiques à mettre en place afin d'empêcher la réalisation du mariage.

C'est dans cette singulière ambiance qu'une deuxième entrevue est organisée chez Émile Roblot, en présence d'Antoinette. « Va-t-elle accepter enfin de se soumettre à la volonté princière ? », s'interroge le ministre d'État vichyste. C'est sans compter sur le tempérament bouillonnant de la fille de Charlotte qui démontre à sa façon que la tradition des drames de famille n'a pas totalement disparu chez les Grimaldi. En présence des officiels allemands, elle déclare sur un ton particulièrement véhément : « Ne retenez aucun argument. Personne ne consent à mon mariage parce qu'il s'agit d'un officier allemand. Mon grand-père vous trompe et vous n'avez pas pire ennemi [16] ! » Dans son envolée, elle n'hésite pas à stigmatiser l'attitude de sa mère dont elle dénonce de façon contradictoire d'avoir à la fois « des rapports très étroits avec des Allemands à Paris [17] » et d'être pour le régime nazi « une ennemie dangereuse [18] » ! Ces accusations édifiantes ne peuvent rester sans réponse. Émile Roblot prend sur lui pour s'adresser à son tour au consul d'Allemagne : « Vous connaissez maintenant cette vipère, prenez-la si elle convient à la Wehrmacht [19]. » Le diplomate du Reich ne s'attend pas de toute évidence à ce déballage qu'il prend sur lui de qualifier d'« abominable ».

Sur la base de son nouveau rapport, Berlin refusera sa bénédiction au lieutenant Winter qui restera dans sa garnison italienne. Contrairement à la comédienne Arletty qui s'était également affichée sans complexe avec un bel officier en uniforme vert-de-gris pendant les années noires, Antoinette n'aura pas de compte à rendre à la Libération sur ses liaisons dangereuses [20].

Malheureux dans ses amours locales, le IIIe Reich va rapidement nager dans le bonheur des affaires. Pour l'Occupant, le Rocher est devenu le refuge d'une kyrielle de sociétés anonymes. Certaines banques y reçoivent, sans sourciller, de nombreux butins de guerre. Quarante ans plus tard, des historiens et journalistes mettront à mal l'image de neutralité de la Principauté pendant la Seconde Guerre mondiale. Pierre Abramovici est l'un de ceux-là. Né à Monaco, ce journaliste et réalisateur de télévision est le petit-fils d'un marchand de canons venu s'installer sur le mini-État souverain entre les deux guerres mondiales. Malgré son amitié avec le comte Ciano, le gendre de Mussolini, l'homme d'affaires est désigné à la Libération président de la communauté italienne installée à Monaco. Une filiation qui aide son petit-fils lorsqu'il décide, cinquante années plus tard, de plonger dans l'histoire récente de la Principauté. Quelques surprises l'attendent. « J'ai d'abord remarqué que l'histoire officielle faisait l'impasse sur la période de la guerre. Mieux : elle présentait Louis II comme un grand résistant, mais sans jamais vraiment citer ses actes de résistance[21] », s'étonne, faussement candide, Abramovici. Ce singulier vide ne le décourage pas. Il sollicite l'accès aux archives du palais. On lui explique qu'elles sont la propriété privée du Prince. Que seuls les documents jusqu'à Albert Ier sont accessibles. À Monaco, la loi de 1979, celle qui permet d'ouvrir les archives après soixante ans, n'existe pas. « On m'a donc charitablement confié deux recueils d'annales qui défendent la légende de Louis Prince-soldat », soupire le réalisateur.

C'est finalement à Paris, aux Archives nationales, qu'il trouvera ce que tout historien est en droit de connaître. Documents et témoignages à l'appui, le journaliste réalisateur montre dans un film et un ouvrage particulièrement fouillés, comment Monaco a pu rester un paradis financier alors que tous les pays européens sortaient ruinés de la guerre. Les lois antijuives ? Elles sont proclamées dès le 3 juillet 1941, dans un bulletin officiel de la Principauté. Deux jours plus tard, le directeur de l'Opéra de Monte-Carlo, Raoul Gunsburg, juif, est vivement encouragé à démissionner de ses fonctions. Pour faire bonne mesure, Louis II nomme un médecin, alors considéré comme un notable du parti nazi, consul général à Berlin. Quelques mois plus tôt, en mars 1942, explique encore Abramovici, le docteur Schaefer, président du service de contrôle du Reich à la Banque de France, reçoit un accueil princier sur le Rocher. Et pour cause : il est venu y installer une filiale de la Reichsbank permettant ainsi à l'Allemagne de contourner les embargos imposés par les Alliés. Lorsque les Allemands viennent remplacer les Italiens, à l'automne 1943, Monaco devient la capitale de tous les trafics, des marchés noirs, et des fraudes pas uniquement fiscales. Entre deux vagues d'arrestations sur Nice et sur Cannes, la vie artistique continue de plus belle dans la Principauté. Les comédiens Robert Manuel, Raymond Pellegrin et le chanteur Maurice Chevalier s'y produisent. Radio Monte-Carlo diffuse ses premières émissions depuis le Sporting d'hiver. « Les Allemands étaient peu voyants. Les gens continuaient à sortir, à assister aux spectacles donnés au théâtre des Beaux-arts ou à l'opéra Garnier[22] », convient aujourd'hui Renée Le Roux. C'est en 1941 que cet ancien mannequin, née Bousquet, est contrainte de se replier sur la Côte d'Azur où elle épousera l'année suivante Henri Le Roux, un banquier parisien qui deviendra après la guerre l'administrateur de la Société des Bains de Mer.

À la mi-août 1944, les troupes franco-américaines débarquent sur les côtes varoises. Des commandos s'emparent rapidement des régions de Saint-Tropez et de Toulon. Les garnisons allemandes déposent les armes. Les Alliés remontent la vallée du Rhône. Monaco n'est pas franchement leur priorité. Au Palais, on a compris que les jeux sont faits. Louis exige que Rainier se fasse affecter dans l'armée française, mais, paradoxalement, il ne renonce pas à assurer le général de Gaulle du loyalisme de son ministre d'État Roblot. Les jours de ce dernier sont pourtant comptés. Le représentant de l'Homme de Londres dans la région, Raymond Aubrac, recommande le départ de Roblot qui finit par quitter nuitamment la région.

Louis profite-t-il de la situation pour opérer un renversement d'alliance, c'est-à-dire un rapprochement avec les Américains ? Les archives de l'ambassade US à Paris, en date du 10 février 1945, le suggèrent même si les autorités d'outre-Atlantique ne laissent guère planer le doute quant au comportement du palais princier pendant l'occupation nazie : « Il est bien connu que le Prince et ses conseillers, aussi bien qu'une grande proportion des gens de Monaco, avaient été fort peu coopératifs avec les alliés et pro-axe[23]. »

Un sentiment partagé par Rainier qui ménage l'avenir en rédigeant une lettre ouverte aux Monégasques, une sorte de *mea culpa*, dans laquelle il reconnaît implicitement le comportement singulier de son pays pendant la guerre. « Durant ces cinq dernières années de guerre, j'ai été témoin avec vous des méfaits de la politique hasardeuse des politiciens qui avaient réussi à obtenir la bienveillance de S.A.S. le prince souverain, mon grand-père. Cette politique nous a fait perdre le rang et le rôle que nous aurions dû tenir et nous a privés de notre neutralité et de notre indépendance. J'ai assisté impuissant à l'évolution des événements sans jamais m'y associer et sans jamais pouvoir les combattre. Aujourd'hui, plus que jamais, il faut que notre pays soit considéré comme un État souverain indépendant et neutre. Pour cela, il faut aux Alliés une garantie. Je leur offre cette garantie [24]. »

Afin de mettre en accord ses paroles avec ses actes, le soldat de deuxième classe Grimaldi (matricule 1415) rejoint sans tarder le 7e régiment de tirailleurs algériens, avant de prendre part aux combats de la campagne d'Alsace, dans les rangs de l'unité commandée par le général de Monsabert. « Comme je parlais anglais, on m'a envoyé à la 36e division d'infanterie à Strasbourg, les Texas Rangers, et j'ai servi d'agent de liaison à l'état-major », racontera plus tard Rainier. Avant de poursuivre : « J'ai souffert tout au long de la campagne d'hiver en Alsace, et j'ai vu un peu d'action – mais pas autant que j'aurais voulu. J'avais une tâche tout à fait inutile, placarder des affiches sur les usines. Cela aurait été plus drôle si nous avions pu les faire sauter [25] ! »

Quelque temps plus tard, le sous-lieutenant Grimaldi est affecté à la section économique de la Mission militaire française basée à Berlin. Là, il se noue d'amitié avec Jean-Paul Vidal, le frère du célèbre acteur Henri Vidal. Après la guerre, Rainier fidèle en amitié, demandera à l'administrateur de la SBM d'engager son copain d'armée. « Il ne connaissait rien dans la gestion des casinos, mais il était touchant, me confie l'épouse d'un ancien administrateur de la SBM. Il était d'origine modeste. Lors d'un Grand Prix de Formule 1, au cours d'un déjeuner sur la terrasse, on sert du caviar. On apporte les toasts. Vidal n'avait apparemment jamais mangé de caviar de sa vie. Il demande : "Puis-je avoir de la baguette[26] ?" »

Pendant ce temps-là, sur le Rocher, Louis continue à filer le parfait amour avec la belle Ghislaine. Il décide même de convoler. La cérémonie va se dérouler en 1946, quelques mois avant la célébration de son jubilé. La nouvelle ne vient pas améliorer les rapports tendus que le vieillard entretient depuis longtemps avec ses petits-enfants. Au début de sa liaison avec Ghislaine, Rainier et Antoinette n'avaient pas hésité à reprocher à leur grand-père le désordre de sa vie privée et surtout les dépenses que ce désordre entraînait. Le Prince, un temps affecté de ces attaques, s'irrita vigoureusement de ces interventions dans ses affaires de cœur et n'en fera finalement qu'à sa tête. Olivier Deleau se souvient de la romance du prince souverain : « Il a décidé de célébrer à la cathédrale un *Te Deum* pour saluer l'événement. Le Prince était naturellement présent en uniforme de général français. Auparavant il m'a fait parvenir un petit mot dactylographié pas très adroitement pour me dire : "Mon cher Consul, soyez assez gentil pour délivrer un laissez-passer à Mlle Demanget qui souhaite assister au *Te Deum*. Signé Louis." J'ai fait établir le précieux sauf-conduit que j'ai fait ensuite déposer au palais[27]. »

Démobilisé, et en attendant de monter sur le trône, Rainier s'installe à Saint-Jean-Cap-Ferrat. À distance respectable du Rocher, le petit-fils de Louis a bien l'intention de jouir de son temps avant d'assumer les lourdes charges de monarque qui l'attendent. Passionné par les voitures, il en profite pour participer à des compétitions automobiles. Parmi celles-ci, le Tour de France auquel il s'est inscrit sous le nom de Louis Carladès. Entre deux courses, il joue de la guitare et du saxophone, avant de s'essayer à la batterie. Homme pratique, il aime fabriquer de ses propres mains des engins dont il se sert pour la pêche.

Au début du mois de mai 1949, Rainier n'a pas encore fêté son vingt-sixième anniversaire lorsque Louis II s'éteint. L'avènement du prince héréditaire est prévu après la période de deuil de six mois. En attendant, le jeune homme doit faire face aux récriminations de Ghislaine, qui réclame quelques propriétés foncières supplémentaires. En vain. Des juristes appelés à la rescousse la déboutent.

Ce jour d'avril 1950, lors de la cérémonie religieuse à la cathédrale, S.A.S. Rainier III porte pour la première fois l'uniforme bleu roi de prince régnant barré du cordon rouge et blanc de l'ordre de Saint-Charles. Le jeune souverain se retrouve à la tête d'un royaume grand comme un mouchoir de poche, le plus petit État du monde après le Vatican, dans lequel vivent vingt-cinq mille habitants dont seulement deux mille sujets monégasques.

A-t-il été préparé à la tâche comme il aurait fallu ? Loin s'en faut. Louis II n'a jamais vraiment trouvé le temps, ni franchement le désir, de préparer son petit-fils au rôle qui l'attendait. « À peine quelques petits conseils, mais il est vrai que le pauvre était en prise à d'énormes difficultés. C'était la guerre[28] », déclarera plus tard Rainier, magnanime. Mais le Prince silencieux a su regarder autour de lui. Beaucoup de choses le choquent : « J'ai été très agacé d'entendre durant ma jeunesse que la principauté tirait ses revenus des pertes au jeu. Il y avait même des caricatures montrant des individus portant une étiquette "Monaco" dans le dos et qui ramassaient l'argent perdu par les joueurs alors que ceux-ci se jetaient par la fenêtre de leur hôtel. J'ai été choqué par cette image[29]. » Son plus profond désir est d'être pris au sérieux : « Je ne voulais surtout pas être le souverain d'un État caricaturé de la sorte[30]. »

Six ans plus tard, Rainier est un garçon de trente-trois ans. Il cache à peine ses ambitions pour l'avenir de sa Principauté. Il ne paraît pas le moins du monde accablé par les titres qui se sont accumulés sur sa tête brune depuis sa venue au monde : duc de Valentinois, marquis des Baux, marquis de Chilly, marquis de Guiscard, comte de Carladès, baron du Buis, seigneur de Saint-Rémy, sire de Matignon, comte de Thorigni, et, comme descendant d'Hortense Mancini, duc de Mazarin, duc de Mayenne, prince de Château-Porcien, pour arrêter là une énumération fastidieuse de ses cent trente-neuf titres ! Son seul handicap est son célibat. Du moins jusqu'à la visite en son palais d'une star nommée Grace Kelly.

À l'automne 1955, Rainier exprime le désir de revoir Grace. Il se propose de se rendre aux États-Unis à la fin du mois de novembre. L'incontournable père Tucker, aussitôt averti, s'en félicite. En s'affairant dans ses préparatifs de voyage, le chapelain lance des déclarations-rébus : « J'espère le ramener fiancé. Il lui faudrait une jeune fille de bonne famille, de la classe de Grace Kelly [31]. » De son côté, Rainier paraît impatient et heureux. Au journaliste du magazine *Collier's*, venu l'interviewer quelques jours avant son départ, il décrit ainsi la fiancée idéale : « Une jeune fille au teint clair, gracieuse et féminine, avec de longs cheveux flottants au vent, de la couleur des feuilles d'automne, avec des yeux pailletés d'or. Les feuilles d'automne sont généralement rousses [32]. » Personne ne pense alors à la blonde Grace Kelly, même si le Prince pourtant n'hésite pas à s'épancher : « Mon plus grand problème est de connaître une femme assez longtemps et assez intimement, sans susciter de rumeurs infondées, pour savoir si nos cœurs sont faits pour se réunir. Je considère comme un devoir envers mon peuple de me marier, mais j'aurai une exigence qui ne relève pas de la politique, le devoir de vivre en accord avec moi-même en épousant une femme que j'aime et en consommant cet amour. Je ne me marierai que par amour. Je n'accepterai aucune union dictée par d'autres impératifs [33]. » Ses seules craintes sont d'essuyer un refus à sa demande de mariage. « Je savais que j'en avais envie, mais je ne pouvais être sûr qu'elle accepterait, se souvient Rainier. Il fallait que je lui pose la question. Pourtant, je ne pouvais le lui demander sans être certain qu'elle accepterait. Je ne pouvais courir le risque qu'elle me dise non [34]. »

Le 8 décembre 1955, le prince Rainier s'embarque au Havre pour l'Amérique. L'infatigable père Tucker et le docteur Donat, son médecin personnel, font partie du voyage. C'est à Montpellier, durant ses études, que le Prince avait fait la connaissance de cet

Aveyronnais de dix ans son aîné, qui s'installe comme chirurgien à Nice en 1942. L'une de ses anciennes instrumentistes, Jackie Georgeault, s'en souvient comme d'un homme au physique avantageux dont il savait profiter auprès de la gente féminine. « Un brun d'une grande prestance. Un très bel homme avec beaucoup de charme, me confie l'infirmière antiboise. Un faux air de Jack Nicholson. Il avait une grande réputation. Il était très apprécié. Un chirurgien très consciencieux. Il menait en même temps une vie mondaine. Un notable. Sa secrétaire, qui avait une grande admiration pour le "patron", m'avait affirmé un jour qu'il était le demi-frère de Rainier. Je n'ai jamais su si elle plaisantait ou si c'était vrai[35]. »

Après une semaine de traversée, les trois hommes débarquent à New York. Les journaux saluent l'arrivée du dernier souverain absolu d'Europe et mentionnent parmi les motifs de son voyage une visite à Philadelphie, sans autres précisions. Les fins limiers américains de la radio et de la télévision tentent d'en savoir davantage lors d'une conférence de presse improvisée. Souriant, Rainier se prête sans rechigner au jeu des questions-réponses dans un anglais parfait. Aux questions directes, le Monégasque répond avec habileté et prudence.

Un premier journaliste : « *Les rumeurs vous lient à un grand nombre de femmes, la dernière serait Grace Kelly. Vous pouvez commenter ?*

Rainier : Non. J'ai rencontré Grace Kelly lorsqu'elle est venue au palais. Elle était à Cannes pour le festival. Et c'est tout.

Un deuxième reporter : *On raconte partout que vous cherchez activement à vous marier. Vous avez des commentaires à faire ?*

Rainier : C'est faux. J'ai été cité hors contexte.

Un troisième journaliste : *Et si vous rencontrez ici une femme qui vous plaise, toute cette publicité vous empêcherait-elle d'agir ?*

Rainier : En réalité, non. Rien ne m'en empêcherait.

Dernier reporter : *Si vous voulez vous marier, ce serait avec quel genre de fille ?*

Rainier : Heu... Je ne sais pas. La mieux[36] ! »

Malgré leur opiniâtreté, les reporters américains ignorent que le Prince doit retrouver Grace dans les heures qui suivent. La comédienne se trouve alors à Ashville où elle termine le tournage du *Cygne*. La jeune femme, ravie, présente ses partenaires à Rainier. Les jeunes gens tombent d'accord pour se retrouver au moment des fêtes de Noël. Elle a compris que le Prince est venu pour lui déclarer sa flamme. Pour le moment, Rainier doit rejoindre Margate, dans le New Jersey, où il retrouve les Austin, ses nouveaux amis de l'été. Entre deux *drinks*, on décide de rendre visite dans les jours qui suivent au « vieux Kelly ». En fait, le père Tucker était déjà rentré de sa mission auprès de Jack Kelly afin de le prévenir de la demande du Prince. Le magnat de la construction ne s'est pas montré spécialement impressionné. Pouvait-il contrecarrer les désirs de sa fille ? Il donne pour l'instant son accord pour rencontrer le soupirant princier. Le jour dit, une caravane de voitures s'arrête à l'angle d'Henry Avenue et de Coulter Street, devant la maison des Kelly. Le Monégasque est touché par l'atmosphère chaleureuse du clan irlandais. Il apprécie la qualité de son contact avec le patriarche Jack Kelly. Il aime la franche poignée de main et la prestance de cet ancien champion olympique, personnage flamboyant.

« Le dîner fut gai et chaleureux, se souvient Peggy, l'aînée de la fratrie. Le Prince était assis à côté de ma sœur. Au début, ils étaient tous les deux un peu timides mais, le temps aidant, ils se sont détendus [37]. »

Avec la familière hospitalité américaine, Mrs Kelly propose sans façon au Prince de passer la nuit sous son toit. D'un signe de tête le révérend Tucker l'encourage à accepter avant de s'esquiver sur la pointe des pieds. Il a une messe à célébrer le lendemain. Mrs. Kelly finit par dénicher un pyjama de son fils pour Rainier et cherche nerveusement une de ces brosses à dents dont les bonnes maîtresses de maison d'outre-Atlantique possèdent toujours un stock. Dans le *living-room*, devant Grace souriante, Jack Kelly raconte sa réussite à Rainier en le faisant chanceler de temps en temps sous d'amicales bourrades.

Enfin rassuré sur les sentiments de Grace à son égard, Rainier décide d'attendre le Jour de l'An pour demander officiellement la main de l'élue. Un dîner privé a été organisé pour l'occasion. Le lendemain, Grace arbore à sa main gauche un double anneau d'or orné de rubis et de diamants rappelant les couleurs monégasques, rouge et blanc. Le Prince l'avait emporté dans ses bagages. Il l'avait commandé en octobre auprès de Pierre Balanche, fournisseur de la cour depuis trente ans. Mais il n'avait pas soufflé mot sur sa destination. C'est en lisant la description du bijou dans les journaux américains que le bijoutier, stupéfait, reconnut « sa » bague.

L'ambiance familiale séduit le Monégasque, comme il le confiera plus tard : « Le mariage a quelque chose d'un pari. Mais lorsque je demandai la main de Grace, j'en étais arrivé au point où je me sentais certain de gagner ce pari. Le spectacle de la famille Kelly contribua d'ailleurs à confirmer cet instinct. Ils vivaient d'une manière absolument européenne. Je veux parler des rapports entre mère et filles, père et filles. Le père était absolument le patron. J'aimais cela. C'est comme ça que je voulais que soit mon mariage[38]. »

Malgré des craintes naturelles, Margaret Kelly trouve sa fille de plus en plus radieuse. Lorsque sa mère l'interroge sur la sincérité de ses sentiments, Grace hésite à peine, « comme si elle se refusait à révéler tout ce qu'elle ressentait[39] », se souvient la femme de Jack. « Je pense qu'il a tout pour plaire, je le trouve très agréable[40] », ajoute encore la jeune femme. Vingt ans plus tard, elle décrira l'état d'esprit dans lequel elle se trouvait alors : « Je voulais me marier, mais cela devait être avec quelqu'un qui ne deviendrait pas M. Kelly. Pour moi, c'était important d'avoir un mari qui soit un homme et qui sache le rester[41]. »

Le lendemain, c'est au tour de Lizanne d'inviter les tourtereaux à sa table. « Nous étions très détendus, Rainier nous a aidés à faire la vaisselle », se souvient la sœur cadette.

Une semaine à peine après sa demande en mariage, Rainier propose à Grace des fiançailles officielles et rapides. Pourquoi ne pas profiter de sa présence en Amérique pour les célébrer. Une date est fixée au début du mois de janvier 1956. Pourquoi un tel empressement ? Les jeunes gens ont plaisir à se retrouver pour passer du bon temps ensemble. Mais

Grace est-elle vraiment amoureuse ? Va-t-elle épouser le prince de Monaco ou l'homme de son cœur ? Est-elle lassée par son métier de comédienne et le monde superficiel de Hollywood ? « Le succès n'a jamais rien signifié pour moi si je ne pouvais le partager avec quelqu'un, confiera-t-elle plus tard. J'ai toujours su que je me marierais et qu'à ce moment-là, j'abandonnerais mon métier. Un mari et des enfants ont toujours signifié pour moi plus que tout[42]. »

Le trentième Grimaldi a-t-il vu pour sa part à travers Grace une femme qui pourrait apporter non seulement des héritiers, mais un peu de fascination pour ranimer son domaine entier ? Son choix ne risque-t-il pas a contrario de ternir son image auprès de certaines cours européennes, comme celle d'Angleterre par exemple où les princes de Monaco n'étaient pas reçus autrefois à cause de leurs goûts pour des mariages avec des gens du spectacle ?

Avant d'officialiser leur projet d'union, Rainier a fait demander à Grace si elle pourra bien porter leurs enfants. Rien de choquant dans une telle démarche. On se souvient comment faute de pouvoir donner un héritier à son époux le Shah d'Iran, Soraya sera contrainte, en 1958, au divorce. La délicate mission aurait été dévolue au père Tucker qui convainc la jeune femme d'accepter de passer des examens dans une clinique privée. Le souverain monégasque est bientôt rassuré.

Autre point délicat : la dot exigée auprès de la famille Kelly. Selon certains biographes, elle se serait élevée à deux millions de dollars. Selon Rainier, elle n'a jamais existé, laissant entendre ainsi qu'il n'était pas du genre à transformer son union en mariage d'affaires. Des accords financiers ont bien toutefois été passés entre le Palais et Jack Kelly. Ce dernier aurait négocié point par point les accords en question, à moitié rassuré toutefois par la solvabilité du Prince dont il connaît le montant non négligeable des biens immobiliers, mais il sait aussi que le tourisme et les jeux ne suffisent pas à remplir les caisses de la Principauté alors confrontée à de graves problèmes de liquidités. A-t-il été définitivement convaincu lorsqu'on lui apprend que la liste civile de son futur gendre s'élève à cinquante-deux millions de francs par an ? Cela n'est pas certain à en croire les confidences de la mère de Rainier à l'un de ses neveux. Selon la princesse Charlotte, le sourcilleux irlandais insista pour pouvoir relire lui-même le contrat de mariage jusqu'à sa dernière version. Il se serait même montré particulièrement contrarié par la sixième clause définissant les droits et les devoirs de la future épouse. Il se montra tout aussi pointilleux sur le chapitre des dépenses de fonctionnement de la maison princière[43].

Après les fiançailles new-yorkaises, Rainier se déplace en Californie où Grace doit commencer le tournage de *High Society*, une comédie musicale réalisée par Charles Walters. Sur le plateau, la comédienne retrouve Crosby et Sinatra auxquels elle n'est pas peu fière de montrer sa nouvelle bague de fiancée sertie de diamants.

Non loin du lieu du tournage, à Bel Air, le palais princier a loué pour deux mois une villa. C'est là que le prince Pierre de Polignac fait la connaissance de Grace. C'est à ce moment-là aussi que les préparatifs du « mariage du siècle » sont étudiés dans leurs moindres détails.

Chapitre 4

Le mariage du siècle

Le 6 avril 1956, le *Constitution* quitte les États-Unis pour la France. Dans six jours, le paquebot américain pointera son étrave face au Rocher. À son bord, Grace Kelly salue l'Amérique une dernière fois en star. « C'est très excitant et je suis très très heureuse bien qu'un peu triste de quitter mon pays, mais j'espère revenir souvent [1] », déclare la fiancée princière aux micros des radios américaines qui se tendent vers elle.

En attendant de retrouver Rainier et les Monégasques, Grace fait honneur à la centaine de passagers du paquebot. Malgré une mauvaise mer, la future princesse tient à donner une conférence de presse arrosée au champagne et caviar en présence des reporters de Radio Monte-Carlo. Respectueuse de l'étiquette, la jeune femme prend prétexte du temps hasardeux pour annuler le bal masqué qui devait se dérouler le lendemain. Son entourage lui avait en réalité signalé l'intention d'un invité de se costumer en prince Rainier… Le bal sera finalement remplacé par un jeu de charades mimées. Lors des autres fêtes qui seront organisées, un seul passager semble se tenir à l'écart : le père de la mariée. Non par contrariété mais plutôt à cause de sa passion pour le gin-rummy, pour lequel il se retire dans un coin discret avec trois de ses amis.

Howell Conant fait partie du voyage à la demande de Grace. Le photographe et la comédienne se connaissent depuis quelques mois et s'apprécient. Leur première rencontre avait pourtant failli tourner court. Ce jour d'avril 1955, Conant doit réaliser un reportage pour la revue *Photoplay* sur Grace Kelly, peu de temps avant qu'elle remporte l'oscar. Fils et petits-fils de reporters originaires du Wisconsin, Conant était à New York un photographe de mode réputé, mais possédant toutefois peu d'expérience des actrices d'Hollywood. Doit-il accepter la commande de la revue ? Il hésite et finalement accepte pour la première fois de sa carrière que son sujet prenne la direction des opérations. « Voilà mon meilleur profil », lui déclare l'héroïne de *Mogambo*, bienveillante, en tournant légèrement la tête vers la droite. « Et maintenant éclairez comme vous savez le faire, et ce sera parfait [2] », achève-t-elle devant un photographe médusé par autant d'aplomb.

Après le succès de cette première séance, Conant trouve des prétextes pour revoir la star. C'est le début d'une amitié qui va durer toute une vie. Conant deviendra ainsi l'un des rares photographes à avoir ses entrées au palais, et quasiment le seul avec lequel la famille princière entretiendra une relation personnelle durant le règne de la Princesse. Seule contrepartie : Grace gardera un droit de contrôle entier sur les photos et les textes avant leur publication.

De son côté, Grace a rapidement perçu le talent du photographe. C'est lui qui suggère à l'actrice d'Hollywood de poser les cheveux mouillés pour une couverture qui deviendra célèbre de la revue *Collier's*. Une révolution à l'époque parmi les stars du 7e art à qui on interdisait, par exemple, de se montrer avec des lunettes sur le nez. Là encore, Grace innovera pour une couverture de *Look*. Enhardi, Conant lui demandera de la photographier non maquillée et vêtue d'une chemise d'homme, allongée sur un oreiller, dégustant une orange. Du jamais vu. Pour l'artiste, ces photos devaient permettre d'apporter une dimension humaine à des stars de cinéma trop souvent présentées comme des icônes inaccessibles.

Alors que les préparatifs de ses fiançailles prennent tournure, c'est à lui que la comédienne pense immédiatement pour réaliser la photographie officielle. Espère-t-elle dépoussiérer les clichés conventionnels de la royauté publiés jusqu'alors dans la presse ? Probablement. C'est en tout cas l'une des réalisations de Conant qu'elle tient à dédicacer avant de l'offrir à chaque passager au moment de l'embarquement.

La traversée se déroule dans la joie et la bonne humeur. Sandales au pied, foulard au cou, Grace donne l'impression de vivre lors de cette traversée ses dernières vacances de jeune fille. À ses côtés sa sœur cadette Peggy, mariée depuis quelques mois, et son chien Walter.

L'aube se lève ce 12 avril 1956, lorsque le *Constitution* jette l'ancre dans la rade de Cannes. Une première étape technique obligatoire. À l'époque, la houle est si forte dans les ports azuréens, qu'il faut parfois attendre plus de six heures pour embarquer ou débarquer les passagers.

Selon le programme prévu, les marins du paquebot doivent confier à ses carabiniers les bagages de la future princesse et de ses parents. Deux camions ont été spécialement affrétés afin de récupérer ces bagages parmi lesquels figure un réfrigérateur.

Pendant ce temps, sur la plage arrière du *Deo Juvante* (« Dieu aidant »), Rainier, vêtu d'un complet bleu marine, patiente depuis deux heures dans les eaux monégasques. Il avait demandé à être réveillé à cinq heures du matin. Il est dix heures lorsque son yacht personnel se dirige enfin vers la haute mer, à la rencontre du grand navire. Le Prince n'est pas seul à venir accueillir la reine du jour : une armada de petites embarcations pavoisées entoure son yacht également survolé par trois hélicoptères et l'hydravion jaune du milliardaire Aristote Onassis. Plusieurs milliers de personnes, averties par la presse locale et nationale, attendent massées sur les quais le moment de souhaiter la bienvenue à leur future princesse. À la coupée du paquebot, Grace aperçoit soudain son fiancé. Elle est parée d'orchidées mauves que la femme du consul de Monaco à San Francisco est venue lui offrir à bord. Les autres passagers s'apprêtent à jeter sur le couple des milliers d'œillets rouges. Mais rien n'est pourtant encore joué. La houle rend l'accostage difficile. Il faudra patienter près d'une demi-heure avant que Rainier puisse mettre pied sur la passerelle. Les retrouvailles entre les jeunes gens sont très pudiques. Le protocole interdit le baiser mais leurs mains se rejoignent. Il leur faut attendre encore quelques minutes avant de se retrouver pour un premier tête-à-tête. Seuls Grace et ses parents sont autorisés à fouler les fleurs qui tapissent bientôt le ponton jeté entre le *Constitution* et le *Deo Juvante*.

Il n'est pas encore tout à fait onze heures lorsque les sirènes des bateaux mugissent. Un spectacle grandiose, se souviennent les témoins. Le yacht princier fait son entrée au port et, au moment où il franchit la passe, un feu d'artifice japonais tiré à bord du *Christina*, le luxueux voilier d'Onassis, éclate dans le ciel en faisant apparaître les armes des Grimaldi. Au même instant, les antiques canons qui surplombent la rade de Monaco sont prêts à tonner : une salve de vingt et un coups. En vérité, seul le premier est monégasque. Les vingt autres ? L'histoire officielle ne retiendra pas qu'ils ont été gracieusement offerts par des artilleurs français.

Pour ses premiers pas sur le sol monégasque, Grace a revêtu une robe-manteau bleu marine, une écharpe de mousseline et des gants blancs. Deux enfants en costume national l'attendent sur le quai pour lui offrir un bouquet de muguet. Quelques minutes plus tard, la Chrysler princière verte dépose les fiancés aux portes du palais. La centaine de personnes qui constituent la maison princière saluent avec révérence.

Avant de rejoindre le balcon et de se montrer aux Monégasques, Grace et Rainier reçoivent les souhaits de bienvenue de la religion et de la famille. Mgr Barthe, qui doit célébrer le mariage, et le père Tucker, qui l'a favorisé, les attendent dans l'une des pièces du palais. Rencontre ensuite avec celles qui, en renonçant jadis au trône monégasque, lui permettent aujourd'hui d'y accéder : les princesses Charlotte et Antoinette, la mère et la sœur de Rainier.

Cette réunion est tout à fait privée. Aucun journaliste n'a été autorisé à être présent. Selon l'un des rares témoins, Christian Noghès, le neveu de Rainier, l'ambiance est tout à fait particulière. « L'expression sur le visage de ma grand-mère Mamou était quelque chose à voir. Il suffisait d'observer son regard glacial pour comprendre qu'elle était absolument furieuse de découvrir les présences du prince de Polignac qu'elle a toujours détesté, et celle de Ghislaine, la veuve de Louis II, devenue par la force des choses sa belle-mère[3]. »

Le témoignage du fils d'Antoinette recoupe celui de Lizanne Kelly Le Vine affirmant que l'accueil de la famille princière était loin d'être chaleureux : « Utiliser l'adjectif glacial serait un euphémisme pour qualifier l'attitude de Charlotte à l'égard de Grace[4]... »

Pendant ce temps-là, les sujets monégasques de Rainier sont invités à participer à de multiples festivités. Un premier divertissement est offert sur la place du palais. Musique et ballets sont au programme avec le concours des petits chanteurs de Thann, les chœurs de l'opéra de Monte-Carlo et la participation du *London's Festival Ballets*. Quelques jours après son arrivée sur le Rocher, un gala officiel est offert à la famille Kelly dans le cadre du très sélect Sporting Club. Pour la circonstance, Jean Cocteau, dont Monaco est depuis sa jeunesse un repère important, se fend d'un compliment d'une rare flagornerie : « Voilà bien longtemps, Monseigneur, que les ancêtres de Votre Altesse me visitent et empruntent mes mystérieux trésors. Et j'approuve que ces trésors ornent la corbeille de mariage d'une Princesse que je protège parce qu'elle ressemble à cette

Vénus dont je suis la mère et qui règne sur les amours. Dans une nuit très lointaine, étincelante d'astres, un Prince de la lumière est venu choisir une étoile, l'emporter et la vouer au temple de la chance, du hasard, du soleil et des fleurs. Et si ma fille me recommande un couple souverain c'est que sa seule puissance amoureuse gouverne un cérémonial où tant d'autres Princes de l'univers furent victimes du Protocole et de la raison d'État[5]. »

L'auteur de *La Belle et la Bête* n'est ni le premier ni le seul à mettre sa plume au service d'une « patrie enchantée, légendaire et féerique[6] ». Georges Duhamel, Pierre Gaxotte, André Maurois, Maurice Genevoix, de l'Académie française, et d'autres académiciens du Goncourt – Jean Giono, André Billy, Gérard Bauër et même leur prestigieux président, Roland Dorgelès –, régulièrement invités dans les luxueux palaces monégasques, chanteront comme il se doit Monaco, cet « heureux pays où les canons ne tonnent que pour les fêtes », cet « État favorisé où les chars d'assaut sont des chars de fleurs[7] ». Plus tard, d'autres hagiographes et laudateurs, comme Alain Decaux ou Frédéric Mitterrand, chanteront à leur tour la gloire de la famille princière ou celle de la Société des Bains de mer[8]...

Jeudi 19 avril 1956. Les cérémonies religieuses du mariage tant attendu commencent enfin. Un faste inouï doit les entourer et rien n'a été laissé au hasard. Gérard d'Aillières, chef du protocole de la maison princière, a expliqué aux futurs époux les gestes qu'ils auront à accomplir au cours de la cérémonie qui se déroulera dans l'enceinte de la cathédrale Saint-Nicolas, de style néobyzantin.

Il n'est pas encore dix heures lorsque les premiers invités, triés sur le volet, pénètrent dans la nef. Les grandes orgues saluent leur arrivée. Parmi eux, le représentant du gouvernement français, un jeune ministre aux lèvres en avant et aux dents un peu longues lorsqu'il sourit : un certain François Mitterrand. Puis c'est l'entrée du représentant du pape au moment où retentit *Ecce Sacerdo* interprété par la maîtrise de Monaco. Il est suivi par les membres des familles Grimaldi et Kelly. Le visage grave sous le léger voile de tulle, la future princesse remonte à son tour la cathédrale au bras de son père. Cent vingt mètres de tulle ont été nécessaires pour réaliser à Hollywood sa robe de mariée dessinée par Helen Rose, la couturière attitrée de l'ancienne actrice. Comme le veut la tradition, Grace a choisi ses six meilleures amies et ses sœurs pour être ses demoiselles d'honneur. Les huit jeunes femmes sont vêtues de robes d'organdi rayon de soleil.

Aux accents de l'*Alléluia* de Purcell, Rainier gagne à son tour son prie-dieu. Le Prince a revêtu son grand uniforme de drap bleu, aux épaulettes d'or, cintré par une grande écharpe aux couleurs nationales. La messe peut commencer.

Malgré micros et haut-parleurs, seuls les spectateurs de la télévision remarquent, attendris, les lèvres de Grace remuer pour le « oui » sacramentel. Autre moment émouvant lorsque Rainier passe l'anneau nuptial au doigt de son épouse. Lorsque celle-ci tente à son tour l'opération, la bague refuse de glisser. Le Prince finit par l'enfoncer lui-même. Pas complètement. Il rend sa main à la Princesse qui pousse l'anneau du bout du doigt en souriant, les larmes aux yeux. La vedette préférée du célèbre Hitchcock, devant Dieu, est désormais, pour le meilleur et pour le pire, Son Altesse Sérénissime Grace de Monaco.

À l'extérieur de la cathédrale, une foule immense attend la sortie des nouveaux mariés. Pour mieux saluer l'événement, les cloches de toutes les églises des alentours carillonnent à la volée en signe d'allégresse. Comme l'exige la tradition, le couple rejoint l'église Sainte-Dévote où Grace dépose un bouquet après s'être agenouillée devant l'autel.

Lorsqu'elle repensera plus tard à cette folle journée, l'ancienne actrice s'en ouvrira avec une grande franchise : « Il y avait une telle hystérie que nous n'en avons pas parlé pendant un an. J'avais donné toutes les coupures de presse à une nurse pour qu'elle fasse un album. Je ne l'ai pas regardé pendant la première année[9]. » Sur le temps le plus fort de la cérémonie, elle se souvient surtout des derniers pas devant la cathédrale : « Pendant que je montais l'allée, je pensais : “J'y suis. C'est une rue à sens unique. Il n'y a pas moyen d'en sortir[10].” »

Pour couvrir l'événement, les gazettes du monde entier ont dépêché leurs envoyés spéciaux à Monaco. « On n'a pas vu un tel rassemblement depuis le couronnement de la reine d'Angleterre[11] », affirme l'un des journalistes présents ce jour-là. Mille huit cents reporters ont été accrédités et la télévision a retransmis la cérémonie en Eurovision. Pour faciliter la tache de tous ces plumitifs, l'école de la Visitation a été transformée en centre de presse, avec quarante cabines téléphoniques dans le préau.

Le cinéma n'a pas été oublié. Pour la postérité, la Principauté donne son feu vert aux cinéastes Jean Masson et Jacques Demy qui ont pu tourner un documentaire en cinémascope et eastmancolor sobrement intitulé *Le Mariage de Monaco*. Bientôt projeté en salle, le long-métrage sera présenté sur les affiches comme « le seul film réalisé par autorisation spéciale[12] ». En réalité, le documentaire n'est autorisé à être diffusé qu'en France. C'est la Metro-Goldwyn-Mayer qui a obtenu les droits exclusifs mondiaux d'un autre film tout aussi sobrement intitulé : *The Wedding of the Century* (*Le Mariage du siècle*). Échange de bons procédés ? Grace et Rainier ont cédé les droits de leur mariage en contrepartie de dédit à la MGM avec laquelle la nouvelle princesse était liée pour un dernier film.

Rainier se souviendra, lui aussi pendant longtemps, de la déferlante médiatique qui s'abat alors sur son Rocher. « La presse est arrivée en masse, mais, comme la plupart du temps nous étions en privé, les journalistes n'avaient pas grand-chose à faire, raconte-t-il avec humour. Un jour, nous sommes allés voir ma sœur à Èze dans sa villa. Sur le chemin du retour, un des photographes qui nous suivait sans arrêt s'est allongé sur la route. Il était étalé de tout son long. Je ne roulais pas vite, je l'ai vu de loin et je me suis donc arrêté. Erreur fatale. Tous ses amis se sont mis à prendre des photos et, le lendemain matin, dans la presse, on aurait dit que je l'avais mis K-O moi-même. Ils auraient fait n'importe quoi pour une photo[13]. »

Autre moment d'émotion lorsqu'on annonce au Prince un vol important de bijoux à l'*Hôtel de Paris*. La victime est un ami éditeur américain de Grace. Un mauvais point pour l'image de Monte-Carlo et dont vont bientôt faire des gorges chaudes les journalistes présents. Les soupçons se dirigent dans un premier temps vers « René la Canne », devenu chauffeur de la princesse Charlotte. Mais, vérification faite, le « prince des voleurs » n'y est finalement pour rien. Cette bonne nouvelle intervient au moment où, comme le veut la tradition, Rainier décrète l'amnistie générale. Les six prisonniers des geôles monégasques accueillent cette libération avec des sentiments divers. L'un d'eux, cambrioleur d'envergure surveillé par toutes les polices européennes, aurait préféré demeurer dans la Principauté.

Pour leur lune de miel les nouveaux mariés ont choisi une croisière autour de la Corse. Pendant près d'un mois, ils vont explorer les criques et les plages désertes de l'île de Beauté. Ils la quittent en compagnie d'un passager supplémentaire. Mais le secret sera gardé encore plusieurs semaines.

C'est le père Tucker qui vend la mèche au début du mois de juillet depuis l'Italie. « La principauté de Monaco ne disparaîtra pas par absence d'un héritier », susurre-t-il avec un air de conspirateur ravi devant quelques journalistes transalpins. En cette fin du mois de juillet 1956, l'éminence grise de Rainier est en voyage à Rome lorsqu'elle fait part à la presse des espérances du Rocher. Il est vrai que le couple princier n'a été vu en public qu'une seule fois depuis les fêtes du mariage : à l'occasion d'un repas à l'Élysée.

CHAPITRE 5

Les héritiers

Les contes de fées s'arrêtent, dit-on, là où commence l'épreuve de la vie quotidienne. À partir de quel moment Grace prend-elle conscience qu'elle n'est pas une princesse pour rire ? Lors de la cérémonie du mariage ? Le jour où son portrait prend place parmi ceux des grandes dames de la maison des Grimaldi ? Son rôle : Rainier l'a évoqué à plusieurs reprises. Il lui a parlé du protocole, des galas et des compétitions sportives qu'elle aura à présider. De son côté, le père Tucker lui a vivement conseillé d'apprendre le français et de connaître l'histoire et la géographie de son nouveau pays. La jeune Américaine va ainsi découvrir que la Principauté est constituée de quatre communes : Monaco-ville, bâtie sur le promontoire du Rocher, La Condamine, qui s'est développée à l'est de l'anse du port, Monte-Carlo, au flanc de la montagne dominée par le mont Agel, Fontvieille à la frontière ouest, où l'industrie va bientôt trouver son essor.

Sur la vie politique, la nouvelle souveraine a compris que tout est placé sous l'autorité de son époux et d'un ministre d'État entouré de trois conseillers (finances, intérieur, travaux publics et affaires diverses). Comme tout n'est pas aussi simple, on lui explique que le gouvernement princier comprend aussi trois voix françaises pour deux voix monégasques, ce qui n'est pas toujours une situation de tout repos. Ni pour Rainier ni pour son ministre d'État qui est nommé et peut être révoqué selon le bon plaisir du Prince.

Selon son propre aveu, Grace Kelly s'est rapidement adaptée à son rôle de princesse. « Elle est arrivée avec des idées fraîches et claires, expliquera plus tard Rainier. Tout de suite, elle a porté des jugements remarquablement lucides sur les gens. Mais, en même temps, je crois que personne ne peut savoir à quel point ce fut dur pour Grace : le mal du pays, la séparation d'avec ses amis, une nouvelle vie, dans un pays étranger[1]. »

Dix ans après son mariage, Grace confiera à la célèbre journaliste de la télévision américaine Barbara Waters les sentiments qu'elle avait éprouvés en débarquant dans ce petit coin de l'Europe, et notamment l'impression d'être avant tout considérée comme une étrangère : « Naturellement, j'étais étrangère mais beaucoup de personnes pensaient également que je le resterais[2]. »

Grace n'a pas totalement coupé les ponts avec l'Amérique. Christian Noghès se souvient : « Chaque semaine, malgré les critiques du personnel, plusieurs caisses de victuailles arrivaient des États-Unis. Elles contenaient de la confiture, du jambon, des chapons, des bas nylon, des biscuits de chien, des compléments de régime et du Kentucky bourbon, la boisson préférée de l'oncle Rainier. Elle a même importé une caisse énorme de papier de toilette parce qu'elle n'aimait pas celui utilisé dans les salles de bains de palais[3] ! »

La jeune princesse souhaite-t-elle apporter quelques transformations : Rainier n'y voit aucun inconvénient tant qu'il s'agit de conserver le caractère premier de forteresse à son château. Petit à petit, Grace apprend à se diriger dans les immenses salles. Elle découvre que trois portes percées dans la façade principale donnent accès au palais : la porte des jardins, la porte d'honneur et la porte des petits quartiers. Devant cette dernière, deux carabiniers montent la garde. La relève a lieu à midi, au bruit des clairons qui, tard dans la soirée, sonnent le couvre-feu.

L'annonce de la prochaine naissance princière attire sur la Côte d'Azur presque autant de reporters qu'au printemps précédent. Ils sont plus de mille lors de la conférence de presse que Rainier décide de donner en rade de Cannes. Arrivé au volant d'une Lancia bleu ciel, le Prince se prête volontiers au jeu des questions. Il confirme que l'héritier des Grimaldi verra bien le jour dans le palais de ses ancêtres. Un événement en effet puisque le bébé du couple sera le premier prince de Monaco à naître dans la Principauté depuis Honoré IV qui y vit le jour le 17 mai 1758. Avec application, il décrit le berceau Empire en bois doré garni de soie qui fut le sien et dans lequel sera couché le bébé avant qu'il gagne la nursery.

Il est 9 h 27, le 23 janvier 1957, lorsque Caroline pousse son premier cri. Malgré une intense fatigue, Grace a réalisé son vœu le plus cher : être mère.

« C'était un beau bébé, magnifique, en pleine santé. Et nous étions très fiers [4] », confiera-t-elle plus tard.

Caroline Louise Marguerite mesure cinquante et un centimètres et pèse près de quatre kilos. Elle a déjà beaucoup de cheveux châtains et les yeux bleus. Grace s'inquiète pendant quelques heures d'une petite tache rouge qui apparaît sur le nez du bébé. Mais celle-ci a disparu le lendemain. Grace est heureuse de pouvoir nourrir elle-même l'enfant qui porte alors sa première brassière en laine bleu turquoise.

Le deuxième jour, Rainier rejoint la chambre crème où se repose Grace. Dans le sombre mais élégant décor de la pièce, il lui demande de se lever quelques minutes afin de poser auprès de la nouvelle vedette de Monaco. C'est avec un déclencheur automatique que le Prince peut se photographier en père encore timide. Plusieurs membres de la famille princière, parmi lesquels Christian Noghès, en seront pour leurs frais lorsqu'ils tentent à leur tour de saisir sur pellicule les premiers sourires du bambin. À peine ressortis de la chambre de la maternité, Georges Lukomski, le policier chargé de la sécurité, leur réclame aimablement les négatifs. Le Prince tient à contrôler personnellement les photos qui seront publiées dans la presse. Dans la foulée, il en profite pour imprimer une bobine de trente mètres de film en seize millimètres qu'il fera aussitôt diffuser le soir même sur les antennes de Télé-Monte-Carlo.

Le Prince a-t-il conscience de participer activement à l'instauration d'un système dont il aura beau jeu, avec ses enfants, de dénoncer plus tard la perversité ? Selon le docteur Michel-Yves Mourou, auteur d'une hagiographie consacrée aux princesses

Grimaldi, il ne fait guère de doute que Rainier « avait pressenti l'importance croissante de l'image de la femme et de son rôle dans nos sociétés[5] ». De son côté, Roger Thérond, le patron de *Paris-Match*, attendra les années 1980 pour dévoiler le pot aux roses en évoquant la mise aux enchères des photos princières dans les salons de l'*Hôtel de Paris*, dans les heures qui ont suivi la naissance de Caroline. « Nous devions donner un prix et le mettre sous enveloppe, raconte-t-il. *Match* a proposé six millions de francs, ce qui était beaucoup pour l'époque. Mais c'est finalement *France-Soir* qui l'emportera, avec un chèque d'environ sept millions de francs[6]. »

Le lendemain de cette singulière adjudication, l'existence du bébé princier est enregistrée sur les livres officiels du Palais. L'omniprésent père Tucker appose, comme témoin, sa signature sur l'acte de naissance de Caroline, après celle de Rainier. Comme l'exige la tradition, le suisse du palais doit proclamer la bonne nouvelle en affichant un texte manuscrit rédigé par le Souverain sur parchemin à la porte du château. Il est alors midi. La pluie a cessé de tomber et les sirènes des bateaux du port entament un concert. Au même instant, le maire de Monaco fait afficher un édit engageant ses concitoyens à « manifester leur joie ». Il confirme que les contraventions seront amnistiées et le seul occupant de la prison gracié. Le soir, la ville comme la rade sont illuminées. Le *Deo Juvante* brille de mille lumières. Sur la place du palais, les Monégasques se retrouvent autour d'un feu de joie. Certains se mettent à danser avec gaieté au son d'un orgue de barbarie.

La fête aurait-elle été complète sans le père Tucker ? Selon ses confidences distillées à la presse américaine, Caroline lui aurait fait passer deux nuits blanches. L'aumônier déclare ainsi avoir prié dans sa chapelle jusqu'à l'aube mardi et mercredi pour l'enfant à naître. Puis avoir célébré une messe d'action de grâces une heure après le premier vagissement. Mais il a toutefois sablé le champagne dans la sacristie à l'annonce du premier cri de l'enfant, tout en déclarant : « Maintenant, il nous faut un garçon[7] ! »

En attendant l'arrivée d'un héritier mâle, le couple princier se montre particulièrement attentif au bien-être de sa progéniture. Une nursery est installée dans son appartement privé où les jouets offerts par le monde entier s'accumulent. À la demande de Grace, le dessinateur Philippe Barberousse poursuit sans relâche la décoration du grand panneau de quatre mètres sur trois qui sera bientôt placé sur la porte donnant accès à la chambre du nouveau-né. Dans un ensemble blanc et jaune paille, couleurs préférées de la Princesse, l'artiste dessine ses animaux familiers.

Lorsque le bruit des canons, des cloches et des fanfares s'est tu, un calme familial remplit enfin le palais des Grimaldi. Quelques téléobjectifs indiscrets réussissent à surprendre une maman poussant un landau anglais dans les allées du parc du palais princier. C'est Grace faisant faire à Caroline sa cure d'air quotidienne dans son domaine verdoyant. Comme tous les bébés, la petite princesse suce son pouce sous les yeux attendris de sa mère.

Le premier enfant de Rainier et Grace n'a pas quarante jours lorsqu'elle est amenée sur les fonts baptismaux. Pour son baptême, célébré en la cathédrale de Monaco, on l'a revêtue de la robe en organdi et dentelle qu'avait portée Rainier trente-quatre ans plus tôt. Monseigneur Barthe officie. Il humecte le nez et les oreilles d'un peu de salive de sa nouvelle brebis. Puis c'est au tour de sa nurse de lui découvrir le dos pour l'onction. L'évêque, en mitre, déclare : « Caroline, Louise, Marguerite, je te baptise. » Devant lui, la marraine du bébé, la petite-fille préférée du grand-père Kelly, Margaret Davis, une des cinq nièces de Grace. À sa droite, le parrain, le prince Georges Festetics, âgé de dix-sept ans, petit-cousin de Rainier, est arrivé de Vienne. Pour la circonstance, il a revêtu l'uniforme autrichien, pantalon noir et tunique rouge.

Est-ce la venue de l'héritière de la dynastie des Grimaldi qui explique la fronde dont Rainier est la cible au printemps 1957 ? L'opposition à peine voilée du Conseil national est menée par Jean-Charles Rey. Le prétexte officiel au contentieux qui survient est le contrôle du budget de l'État monégasque. Faut-il voir derrière Rey les intrigues d'Antoinette, la sœur de Rainier, qui n'a jamais dissimulé ses prétentions au trône ? C'est la thèse que développe Christian Noghès, le cadet d'Antoinette, dans un ouvrage publié au milieu des années 1980, aux États-Unis. « Ma mère avait l'intention de destituer Rainier, de se faire nommer régente, puisqu'elle avait un fils qu'elle pouvait mettre sur le trône[8]. » Quelles que soient les intentions réelles de « Tiny » – le surnom d'Antoinette parce que de petite taille –, Rainier réaffirme son autorité auprès du Conseil en renvoyant pour un temps sa bête noire, Jean-Charles Rey, à sa chère étude notariale de Monaco-ville et avant qu'il épouse en 1961... Antoinette. Un événement mondain qui ne trouvera pas davantage grâce aux yeux du jeune rebelle Noghès, qui continue à stigmatiser les membres d'une singulière dynastie dont les héros n'ont à rien à envier ceux du célèbre feuilleton *Dallas*. Seule Grace trouve à ses yeux respect et admiration : « Elle était totalement authentique et digne de confiance, des qualités que certains membres de notre famille ne possèdent pas[9]. »

Aujourd'hui réfugiée dans sa villa d'Èze-Village, non loin de Monaco, la princesse Antoinette n'a pas souhaité s'exprimer sur les conflits familiaux qui ont régulièrement émaillé le règne de son frère. À des rares confidents, elle affirme aimer vivre loin des fastes du palais princier et que sa villa, baptisée *Le Bout du monde*, suffit à son bonheur : « Regardez ce paysage, cette falaise face à la mer, ces rochers frappés par les vagues, cette eau émeraude... Auparavant, je vivais, tout à côté, dans une immense villa masquée par les fleurs. J'y ai vécu avec mon premier mari, Alexandre Noghès, et nos trois enfants ont grandi ici[10]. »

Le couple princier ne fait pas trop attendre ses sujets. Le 14 mars 1958, le vœu de l'ineffable père Tucker est exaucé : Grace donne le jour à Albert. La joie est une nouvelle fois immense dans la Principauté. Le garçon est le premier héritier du trône. Grace et Rainier se déclarent des parents comblés. « Vous vous doutez de mon émotion et de ma très grande joie en vous annonçant que la Princesse, mon épouse bien-aimée, a donné le jour à un petit prince », déclame Rainier sur les ondes de RMC.

Quelques heures plus tôt, pour saluer la naissance d'Albert, les vieux canons du fort Antoine avaient une nouvelle fois tonné, et les cloches des quinze églises de la Principauté avaient sonné à toute volée. Ce joyeux vacarme n'apprenait pourtant rien. Depuis plus d'une heure, tous les Monégasques connaissaient déjà l'heureux événement. Au mépris de tout protocole, une femme de chambre avait ouvert une fenêtre des appartements princiers et avait crié : « C'est un garçon ! » La nouvelle s'était alors répandue comme une traînée de poudre.

Grace est pleinement heureuse. Elle a donné un héritier à la dynastie des Grimaldi. Un gros bébé que les astrologues s'accordent à parer d'excellents « signes » pour l'avenir.

Couché dans le berceau qui fut celui de son père et de sa sœur, Albert partagera désormais sa nursery avec Caroline. Autant sa sœur est brune, autant le nouveau-né est blond. L'une, dit-on, ressemble à son père, l'autre à sa mère. La première photo du prince héritier est réalisée le quatrième jour après sa naissance. Grace, encore alitée, admire la magnifique rivière de diamants que Rainier vient de lui offrir. Photos et légendes baignées à l'eau de rose font le tour du monde. La naissance d'un garçon, comme le fut celle de Caroline, est d'abord saluée comme l'apothéose d'une romance exceptionnelle. Elle fascine d'autant plus qu'elle offre toutes les apparences de la vérité. C'est en tout cas la démonstration que le couple princier s'attache à faire en participant la même année à un documentaire de quarante-six minutes également destiné à la promotion de la Principauté. *Invitation to Monte-Carlo,* réalisé en technicolor par Euan Lloyd, raconte l'édifiante histoire d'une jeune orpheline britannique, Lindy, choisie parmi de nombreux enfants de son âge pour être présentée aux souverains monégasques. Afin de les remercier pour leur accueil, Lindy leur offrira une magnifique chatte baptisée Tosca...

Pour cette promotion publicitaire, Rainier et Grace acceptent de se laisser mettre en scène. C'est ainsi que l'on voit le Prince tour à tour dans son zoo privé, à sa table de travail et dans sa piscine. C'est lui encore qui introduit le spectateur auprès de la princesse Grace et de ses enfants.

Trois jours plus tard, la famille de Monaco pose dans le grand salon à dorures du palais pour la première photo officielle. Celle-ci est signée Howell Conant. Avec l'accord de ses hôtes, le nouveau photographe de la cour fait publier dans le monde entier des clichés officieux moins sophistiqués. Ils représentent une joyeuse intimité princière loin du protocole, les images toutes simples d'une famille heureuse.

Comme sa sœur, Albert n'a même pas attendu un mois pour commencer son expérience de futur souverain. À un rythme accéléré, cérémonies et honneurs officiels s'abattent sur ses frêles épaules. Le fracas des cent un coups de canon oublié, l'héritier du trône doit recevoir sur les lèvres le sel du baptême. Cachée par les prélats, la cérémonie de l'imposition se déroule presque à huis clos. Dans l'église décorée de dix mille fleurs blanches, seules Victoria d'Espagne, la veuve du roi Alphonse XIII, marraine du dauphin, et la nurse d'Albert, Marguerite Stahl, savent qu'à l'instant solennel le héros de la journée sourit et suce son pouce comme tous les petits enfants du monde.

Pour acclamer celui qui deviendra un jour leur souverain, les Monégasques sont venus nombreux dans la cour du palais. Parmi eux, un vieux monsieur à barbe blanche, François Crovetto. À quatre-vingt-onze ans, il est le doyen de la Principauté. Il a vu le règne de quatre princes et on l'appelle « grand-papa Monaco ». À quelques mètres de là, un autre bébé porte lui aussi sa robe de baptême : Daniel Joniaux. Il est venu au monde en même temps qu'Albert. Informé par son service de presse, Rainier décide de devenir son parrain. Louis Joniaux, le père du nouveau-né, est flatté et embarrassé. Il explique dans un courrier révérencieux adressé au souverain qu'il s'était déjà engagé auprès d'un ami. En guise de réponse, on fait comprendre à Louis, qui occupe un poste important au conseil municipal de Monaco, qu'il est difficile de contrarier l'offre du Palais. Après quelques tergiversations, Joniaux accepte finalement la proposition, mais sans revenir sur la parole donnée. Une aubaine pour son fils qui va ainsi se retrouver avec deux parrains. Comme il s'y était engagé Rainier fait déposer un pécule sur un livret épargne au nom de Daniel. « Un geste qu'il avait apprécié à sa juste valeur[11] », me confie l'ex-épouse de ce dernier malheureusement décédé en mars 2002, à la suite d'une longue maladie. Quant à Louis, d'autres proches de la famille me laissent entendre qu'il a probablement payé son entêtement. Quelques années après la naissance de son fils, il tentera sa chance pour se faire élire à comme citoyen de la ville. En vain.

Alors que son frère n'est encore qu'un bébé dans ses langes, Caroline est l'objet de toutes les attentions médiatiques. Cheveux châtains, teint mat, yeux noisette, malgré son allure très méridionale, on souligne sa ressemblance avec sa mère. On affirme qu'elle a hérité de sa beauté et de son élégance naturelle. On passe complaisamment sur son entêtement et ses violentes colères d'enfant. Afin de maîtriser ce tempérament bouillonnant, Grace tient à veiller de près à son éducation, comme à celle d'Albert. Ses principes : discipline et amour. Les mêmes règles dont s'était inspirée sa propre mère. « J'ai toujours essayé de traiter les enfants comme des individus et non comme des êtres inférieurs, expliquera-t-elle dans les années 1970. Ils doivent être respectés pour ce qu'ils sont, mais en même temps, ils doivent apprendre à se conformer à certaines règles [12]. »

Si c'était à refaire ? Grace admet qu'il y a certaines erreurs qu'elle ne renouvellerait pas, à commencer par une trop précoce scolarité : « On veut imposer une discipline aux enfants beaucoup trop vite, ce qui peut provoquer des troubles de dyslexie, des troubles de la vue et de l'ouïe. Ils ont surtout besoin de l'attention de leur mère. Albert aurait dû jouer plus longtemps avec ses jouets dans sa nursery, ou taper sur des boîtes [13]. » C'est pour empêcher d'en faire des têtes bien pleines que Grace tient à léguer à ses enfants ses passions artistiques. Caroline a six ans lorsqu'elle prend sa première leçon de piano.

Afin de les socialiser comme elle le souhaite, Grace sollicite les enfants de ses amies. Parmi eux, Kate et Michael Powers, dont la mère, Jeanne Kelly, avait fréquenté les mêmes cours de l'Academy of Dramatic Arts à New York. L'ancienne actrice – sans aucun lien de parenté avec Grace – ne se retrouve toutefois pas à Monaco par hasard. Depuis quelques mois, elle file le parfait amour avec Édouard van Remoortel, le chef d'orchestre du Monte-Carlo Philharmonic Orchestra, qu'elle finira par épouser en 1962. Sa fille et son garçon sont devenus depuis les meilleurs amis de Caroline et d'Albert.

Dans la vie quotidienne, Grace a l'œil sur tout, comme peut le constater un jour l'un des visiteurs et hagiographe de la famille princière. « Et voilà la princesse Grace souriante, commence ce dernier. Elle porte une robe noire très simple. Ses cheveux blonds sont relevés en arrière et cela fait ressortir son joli front. On la dit hautaine, distante. Pourtant c'est elle qui me parle de Caroline "plus nerveuse", d'Albert "plus calme", de leurs jeux. Tout à l'heure, lorsque le prince Albert s'amusera sur le tapis, elle dira à la nurse qui accompagne les enfants : "Vous lui avez mis une culotte trop étroite[14] !" »

Contrairement à ce que Rainier avait espéré, l'arrivée d'un héritier n'a pas calmé ses opposants. Le souverain n'est pas homme cependant à se laisser impressionner. Il attend le début de l'année 1959 pour taper du poing sur la table. Il le fait en prenant les Monégasques à témoin à travers une déclaration sur les ondes de RMC : « Depuis un an, par un abus de ses prérogatives, le Conseil national n'a eu d'autres préoccupations dans ses rapports avec moi-même que d'empiéter dans les domaines qui relèvent exclusivement, depuis tout temps, de la compétence du prince souverain. »

Dans les heures qui suivent cette véritable déclaration de guerre, la Constitution est suspendue et le Conseil national dissous. Pendant deux ans, Rainier va diriger son pays en monarque absolu avant de mettre sur pied une apparente démocratie avec son assemblée nationale et un conseil exécutif dont il tiendra à désigner lui-même les membres. Ces derniers adopteront sans broncher, en 1962, une nouvelle constitution dont le texte n'a rien laissé au hasard. Son article 9 institue ainsi le catholicisme comme religion d'État tandis que le paragraphe suivant, régissant la dévolution du trône, stipule que la couronne se transmet par voie héréditaire. En clair : priorité est donnée aux garçons, et, à défaut, aux descendants légitimes, voire à l'enfant adoptif du souverain.

D'autres nuages vont bientôt s'amonceler dans le ciel monégasque. Des réalités plus sévères que la carte postale qu'on veut imposer au monde et dont la crise ultime ne va pas tarder à éclater.

DEUXIÈME PARTIE

Une famille exemplaire

CHAPITRE 6

Un protectorat français

Que s'est-il passé dans la soirée du 24 janvier 1962 entre le prince Rainier et le ministre d'État français Émile Pelletier ? Selon d'anciens diplomates, la scène n'est pas sans rappeler celle qui devait conduire à sa perte le bey d'Alger en 1830. À Paris, il est trois heures du matin lorsque la nouvelle parvient au Quai d'Orsay. Un télégramme en urgence évoque une altercation particulièrement violente au cours de laquelle le Prince a chassé de son palais le représentant français. Ce dernier a-t-il insulté Rainier en le traitant d'« anti-français [1] », comme celui-ci l'affirme avec indignation ? Les versions, bien entendu, divergent. Selon le Quai d'Orsay, le petit-fils de Louis II, aurait dit dans un accès de colère au ministre d'État français : « Je regrette d'avoir servi dans l'armée française pendant la guerre [2]. » A-t-il ajouté le geste à la parole en souffletant son interlocuteur ? Certains l'affirment, mais aucun des témoins directs ne le reconnaîtra officiellement. Selon *Le Monde*, « le Prince a exprimé sa déconvenue en des termes peu compatibles avec l'étiquette des cours [3]. » De son côté, Émile Pelletier admet que le ton monta rapidement lorsque fut abordé le dossier de Radio Monte-Carlo. Depuis plusieurs années, la France voit d'un mauvais œil l'influence des radios privées – RMC et Europe nº 1 – dont l'audience mord chaque jour davantage celle de la radio publique. Seul moyen de contrôler les gêneurs : acquérir la majorité des parts de leur capital réunies à travers la société Images et Sons. Pour Rainier, il n'est pas question que la république-sœur prenne le contrôle de sa radio ni, *a fortiori,* de céder aux pressions puis aux injonctions de Paris.

Le lendemain de sa vive altercation avec Rainier, Émile Pelletier boucle sa ceinture dans le premier avion partant de Nice. Dès son arrivée à Paris, il rend compte au général de Gaulle et au Premier ministre Michel Debré de ce « drame monégasque ». Ce nouveau coup de chasse-mouches est durement ressenti à l'Élysée. Pour son locataire, l'affaire va au-delà d'un simple incident de personne. Il ne fait aucun doute qu'il s'agit encore d'« une histoire d'Américains. Ils se foutent partout[4]... », confie-t-il à son interlocuteur. À Matignon, la situation est jugée d'une exceptionnelle gravité. Pendant quelques heures, on envisage sérieusement, au cas où le Prince ne se raviserait pas, d'intervenir militairement sur le territoire de la Principauté. On évoque de la même façon la mise en place d'un blocus économique. Enclavé dans le département des Alpes-Martimes, le mini-État est en réalité complètement soumis à la bonne volonté française pour ses chemins de fer, son approvisionnement en eau, en gaz, en vin, en électricité, etc.

L'épreuve de force ? Le Palais y songe lui aussi. Et se prépare même à un ravitaillement par mer : « Si la France nous coupe les vivres en automne, comme elle a menacé de le faire, nous boirons de l'eau de mer transformée en eau douce, et nous ferons venir le ravitaillement par bateau [5] », déclare ainsi un Rainier un tantinet provocateur à un journaliste anglo-saxon. Il feint d'ignorer que la proximité de la puissante base navale de Toulon rend douteuse l'entreprise de forcer un blocus des côtes monégasques. D'autant que la flotte princière a été depuis peu réduite à sa plus simple expression. Le Prince a vendu la *Costa del Sol*, un spacieux trois-mâts bananier transformé en yacht de plaisance. Impossible également de réquisitionner la *Calypso*, le célèbre navire du commandant Cousteau, certes basé en permanence au pied du Rocher, mais qui appartient au Musée océanographique. Homme pratique, Rainier avait compris tous les avantages que pouvait tirer Monte-Carlo de la présence d'un professionnel comme Cousteau qu'il avait nommé, en 1957, à la direction de la prestigieuse institution. Mais il avait oublié que le gigantesque bâtiment voulu au début du siècle par Albert Ier n'appartenait pas non plus à la Principauté, mais à la France qui l'administre. En outre, le loyalisme de l'officier de la marine nationale française ne pouvait un instant être mis en doute.

Le Prince peut-il en revanche compter sur un appui militaire américain ? La 6e flotte est basée au large de Villefranche, à quelques encablures de là, mais l'Amérique est-elle d'humeur à envoyer l'un de ses porte-avions, comme le *Saratoga*, pour défendre le Rocher ? À Washington, on laisse discrètement entendre à l'époux de Grace Kelly que le président John Kennedy ne peut se permettre de mécontenter son allié le général de Gaulle, qui est déjà un partenaire assez difficile au sein de l'OTAN.

Pris à son propre piège, Rainer ne peut que négocier. Le 13 mars 1962, il demande à son conseiller Bianchi de répondre favorablement à la convocation des hauts fonctionnaires français. Le ministre plénipotentiaire est reçu dans une salle solennelle du Quai d'Orsay par plusieurs diplomates et inspecteurs des Finances, vêtus de complets sombres et croisés, cravates sobres, visages graves, qui lui expliquent les exigences de la France. Et elles sont nombreuses. Au-delà de la guerre des ondes, Paris veut, en effet, en profiter pour forcer les Monégasques à renoncer au merveilleux privilège de ne pas payer d'impôt sur le revenu. Selon les chiffres de l'administration, ce sont environ six cents millions de francs (90 millions d'euros) qui échappent ainsi légalement chaque année au fisc hexagonal.

Tenu heure par heure au courant des discussions, le Prince se raidit à plusieurs reprises. Il ne peut accepter le principe d'imposition directe. Dans un premier temps, il se déclare prêt à refuser jusqu'au bout, et quoi qu'il advienne, d'entamer sa souveraineté. Pour les membres de son Conseil national, il ne fait aucun doute que le gouvernement français veut signer l'arrêt de mort de la Principauté. Certains experts imaginent déjà les procès gigantesques que cette décision ne manquerait pas de déclencher. Un Monaco coupé de la France aurait-il ses chances ? Rainier n'exclut pas cette hypothèse qu'il fait étudier par des experts. Ces derniers lui font comprendre que cette indépendance transformerait le Rocher en état étranger et qu'une telle situation pourrait s'avérer plus dangereuse que l'alignement fiscal. L'aspect financier n'est pas négligeable non plus. Le gouvernement princier devrait rémunérer les fonctionnaires mis à sa disposition par la France. Et devrait trouver ailleurs son eau, son gaz et son électricité. Le Prince peut-il imaginer son territoire, à peine plus grand que le Champ-de-Mars, encadré par une centaine de CRS contrôlant toutes les entrées et sorties ?

À Paris, certains observateurs s'interrogent également. L'intransigeance française est-elle la simple conséquence de l'affront infligé au ministre Pelletier ? Et de répondre qu'il s'agit plutôt d'un prétexte qui manquait à un gouvernement surtout préoccupé par la gestion de la crise algérienne.

Jusque-là confidentiel, le conflit s'étale bientôt au grand jour. La presse en fait ses choux gras. Le Rocher devient la cible d'investigations journalistiques. Des centaines d'articles sont consacrés aux ambitions du Prince. On rappelle comment, en 1950, alors que, jeune homme timide, il venait de succéder à son grand-père, Rainier tenta par tous les moyens de créer la richesse autour de lui.

À ce moment-là, le Souverain n'est pas seul à imaginer le développement économique de son État. Jacques Rueff, expert de la finance internationale, lui fait remarquer qu'il existe à Monaco deux impôts pratiquement inexploités : l'un de 7,5 % sur les transactions immobilières, l'autre de 0,75 à 2 % frappant tous les produits fabriqués sur place. Mais, sur le Rocher, on ne construit et on ne fabrique pratiquement pas. Le Grimaldi comprend vite. À l'époque, les agences immobilières se comptent sur les doigts de la main. Un an plus tard, elles sont déjà vingt-neuf, puis plus de soixante-dix au moment du conflit avec la France. Près d'une cinquantaine d'entreprises de construction vont bientôt travailler en permanence et modifier chaque jour la physionomie du pays. Comme il fallait s'y attendre, les prix montent encore plus vite que les immeubles. Les nouveaux gratte-ciel sont vendus sur plan. Pour un trois-pièces situé au premier étage, il faut débourser trente millions de francs ; pour un appartement au vingt-troisième, le prix est multiplié par quatre.

Conscient que la prospérité de la Principauté est limitée par sa superficie, Rainier prend des décisions énergiques. Afin de récupérer davantage du précieux terrain et ainsi agrandir son État, il décide d'enterrer la voie ferrée Paris-Vintimille. C'est ce tunnel souterrain de près de trois kilomètres qu'empruntent encore aujourd'hui les trains de la SNCF. La terre arrachée n'est pas perdue. Elle va servir à combler les bords de mer sur plus de quatre-vingts hectares. Sur ces terres gagnées vont bientôt naître les quartiers du Larvotto et de Fontvieille, un quartier industriel, un port de plaisance de six hectares, cinq cents mètres de quai et des parkings pour six mille voitures. L'ouest n'est pas oublié. On projette d'y construire autour d'une plage de sable fin, des villas, des hôtels, un palais pour des congrès et des espaces verts. Aussitôt construits, les bâtiments neufs sont pris d'assaut. Rares sont les voix à s'élever contre ces immeubles modernes qui défigurent l'un des plus beaux sites du monde. La spéculation commence à régner en maître. « Les promoteurs, surtout s'ils étaient monégasques ou italiens, tentaient d'obtenir des autorisations de construire en marge des règlements d'urbanisme dont j'avais le devoir d'assurer l'application, reconnaît Émile Pelletier dans ses mémoires. Ils y réussissaient parfois pour des raisons et en des cas que je ne définirai point[6]. »

L'éditeur parisien René Julliard est l'une des victimes de ces autorisations délivrées avec la bénédiction du palais. Son appartement, pourtant situé en hauteur, se trouve un jour obscurci par la construction d'une nouvelle tour. Particulièrement contrarié, il demande à son avocat Edgar Faure de porter l'affaire en justice. Son choix s'avère judicieux puisque l'ancien président du Conseil lui obtient gain de cause. Afin d'éviter le spectacle de constructions inachevées ou de chantiers interrompus, une ordonnance princière impose dans la foulée aux promoteurs, avant toute autorisation de construire, le dépôt d'une garantie bancaire assurant le financement pour le cinquième de la valeur du projet. Cette précaution ne ralentit par pour autant l'engouement pour la place monégasque.

En moins de dix ans deux mille sociétés, dont le quart anonymes, s'installent à Monaco : plus de trente sociétés à l'hectare. Une densité encore jamais atteinte à la belle époque de Tanger, Shanghai ou Macao. Il faut être juste : ces sociétés ne sont pas toutes uniquement des boîtes à lettres. Certaines y fabriquent leurs produits : des bulldozers avec des pièces venues de Chicago, des postes à transistors d'origine allemande, des stylos à bille suédois, des appareils électroménagers, des parfums, des vitamines avec du foie de veau argentin. En pleine expansion, les industries textiles, chimiques et mécaniques réalisent bientôt des milliards de chiffre d'affaires. Curieusement, la culture ne s'oublie pas. Au début des années 1960, trente-neuf éditeurs figurent dans l'annuaire monégasque. Pour tous, le statut de société monégasque permet, grâce à la franchise fiscale, de vendre des produits dix à vingt fois moins cher que les concurrents français.

Jusqu'au coup de sang de Paris, il est extrêmement facile de devenir citoyen monégasque. Il suffit d'acheter un appartement ou de louer un studio et d'attendre cinq ans. Passé ce délai, la carte de résidence est automatiquement accordée. À une seule condition cependant : le postulant doit prouver qu'il a résidé au moins vingt-quatre heures par mois dans la Principauté. Valéry Giscard d'Estaing citera ainsi un jour en privé quatre multimillionnaires de sa connaissance, officiellement domiciliés à Monaco, mais qui passaient tout leur temps à Paris [7].

Dans ces conditions les candidats à l'exonération fiscale ne tardent pas à se bousculer au portillon. Ils sont bientôt dix mille à souhaiter obtenir la carte d'identité monégasque. Parmi ces derniers, de nombreux et riches réfugiés pieds-noirs. Ces derniers espèrent ainsi trouver un abri pour ne pas, comme ils disent, « payer des impôts à la grande Zorah [8] ». Lorsque, par hasard, le projet d'un entrepreneur se fait recaler, rien ne l'empêche de choisir un prête-nom monégasque. Une telle situation, tolérée au plus haut niveau, ne pouvait qu'entraîner des abus.

Afin de faciliter les démarches administratives des firmes étrangères désireuses d'échapper à l'impôt, une société – la Monaco Economic Developpement Corporation (MEDEC) – a spécialement été créée en 1960 sous le patronage du Prince. Sa direction a été confiée à Martin Dale, un jeune fonctionnaire du Secrétariat d'État américain et ancien vice-consul des USA installé à Nice. Sec et intelligent, Dale, à peine trente ans, ami du père Tucker, porte le titre de conseiller personnel de Rainier. Sa nomination est une désagréable surprise pour Paris qui rédigera une note à l'intention du Rocher. « La nomination à ce poste d'un citoyen américain, ancien fonctionnaire ou fonctionnaire en service détaché du State Department, appelé, d'après les indications de la presse, à jouer un rôle économique de premier plan, est, de l'avis du Quai d'Orsay, peu compatible avec la lettre et avec l'esprit des traités en vigueur entre la principauté et la France[9]. » En fait, la cause profonde de cet éclat est tout autre : de Gaulle redoute de voir Monaco servir de tête de pont à une invasion des compagnies américaines. À la missive, Rainier décide d'opposer une fin de non-recevoir méprisante.

Afin d'épauler – ou d'avoir un œil – sur Dale, ce « Richelieu de poche », comme le surnomment rapidement ses détracteurs, le Palais désigne un avocat pied-noir, Yves Laye. Pour mieux vendre la Principauté, les duettistes font éditer une luxueuse plaquette à l'intention des investisseurs potentiels. Son slogan a le mérite de la clarté : « Au-delà des frontières de Monaco, ce sont les impôts. À l'intérieur de la frontière, c'est le paradis. » Ils n'imaginent pas un instant que le rêve peut tourner au cauchemar. Et pourtant, aussitôt connue, la décision française d'imposer une fiscalité crée une panique générale. Les capitaux commencent à fuir. Plusieurs dizaines de milliards prennent sans attendre le chemin des banques étrangères, principalement suisses. Des rumeurs commencent à courir : « La France veut la peau de Rainier... »

Après dix-huit mois de bras de fer, le « patron » de Monaco finit par accepter la principale exigence de Paris : les Français résidant à Monaco seront soumis au même impôt sur le revenu que dans l'Hexagone. Exception faite toutefois pour les nationaux tricolores, et leurs enfants, résidents dans la Principauté depuis plus de cinq ans.

Pour tous les autres, le Rocher continue à présenter un autre avantage fiscal en matière successorale. En clair : les biens immobiliers situés dans la Principauté seront soumis aux seuls droits de succession monégasques, soit 0 % en ligne directe et entre époux, et 8 % entre frères et sœurs... Pour ses citoyens et autres résidents étrangers, Monaco continue à disposer d'un régime fiscal permettant de ne payer ni impôt sur le revenu, ni impôt sur la fortune et pas davantage d'impôts locaux.

Contrairement à ce qu'on écrit à l'époque, la crise est loin d'être une défaite pour Rainier. Elle va même se révéler particulièrement salutaire pour l'avenir économique de la Principauté, comme nous le verrons plus loin.

En attendant, Monte-Carlo fête, en 1966, le centenaire de sa création. Pour l'occasion, de nombreuses fêtes sont organisées. Grace en assure le bon déroulement. Elle sollicite Cecil Beaton, l'un des plus grands photographes anglais contemporains, pour concevoir l'affiche du centenaire. Pour le lancement des festivités, l'ancienne comédienne réussit à attirer de nombreuses stars de la musique et du théâtre : Joan Sutherland, Birgit Nilsson et la pianiste Van Cliburn. Elle sait pouvoir compter de la même façon sur ses amis de toujours : Sammy Davis Jr, Frank Sinatra, Cary Grant et David Niven avec lequel on lui prêta une liaison. Selon certains biographes la romance des deux comédiens fut à l'origine d'un quiproquo plutôt drôle lorsqu'un jour, bien plus tard, le prince Rainier demanda à Niven laquelle de ses conquêtes hollywoodiennes était la meilleure au lit. Sans trop réfléchir, l'acteur répondit : « Grace ». Puis, découvrant une expression contrariée sur le visage de son interlocuteur, il se reprit habilement : « Euh, Gracie... Gracie Fields [10]. »

C'est au cours de cette même année 1966 que Rainier frappe son grand coup : il annonce la création et l'acquisition de six cent mille actions nouvelles pour la Société des Bains de mer qui en comptait jusqu'alors un million. Pour les spécialistes des affaires c'est plus qu'un coup de force : c'est une nationalisation. En tout cas, une très mauvaise nouvelle pour Aristote Onassis, l'actionnaire majoritaire de la SBM, dont les récentes querelles avec le Prince ont abondamment fourni les colonnes des gazettes. Amère conclusion pour celui en qui le souverain avait pourtant placé depuis de nombreuses années toute sa confiance.

Lorsque le richissime Onassis débarque sur le Rocher, les Monégasques se frottent les mains. L'armateur grec ne vient pas pour jouer, mais pour acheter le casino. Voilà des années que l'établissement de jeu n'est plus une affaire rentable. La plupart des aristocrates qui avaient fait ses beaux soirs ont disparu avec la révolution d'Octobre et les autres se sont retrouvés chauffeurs de taxis. Les têtes couronnées d'Europe centrale ? La Seconde Guerre mondiale s'était chargée de les liquider de la même façon. Constatation amère pour Rainier lorsqu'il prend en main les affaires de la Principauté : non seulement les jeux ne rapportent plus, mais ils coûtent de l'argent. Les charges des divers établissements hôteliers, balnéaires et touristiques dont l'ensemble constitue la Société des Bains de mer, pèsent lourdement sur le budget. Dans ces conditions, comment ne pas faire confiance à ce magicien d'« Ari », comme l'appellent ses amis, qui transforme en or, dit-on, tout ce qu'il touche. Pour Rainier, une association en bonne et due forme pourrait enfin permettre de sortir la Principauté de sa léthargie en même temps que de faire oublier le souvenir du sulfureux Zaharoff, marchand d'armes, dont le nom reste pour beaucoup associé à la principauté et à la banque de Monte-Carlo et dont les différends avec les Grimaldi ont fait autant de bruit que la future querelle Onassis-Rainier au cours des années 1960.

L'homme d'affaire grec voit d'un bon œil ces appels du pied du jeune prince. Il aime ce coin de la Méditerranée au climat exceptionnel, où le soleil brille plus de trois cents jours par an. Au plaisir du cadre s'ajoute également l'avantage non négligeable de travailler non loin de deux ports méditerranéens, Marseille et Gênes, situés sur le passage de ses propres et gigantesques pétroliers.

Les projets d'Onassis pour réveiller Monte-Carlo de son sommeil léthargique ? Tout d'abord la création d'un nouveau port, suffisamment vaste pour y accueillir des paquebots tels que le *Queen Mary*. Un moyen comme un autre d'attirer une clientèle internationale disposant de ressources financières importantes. Selon les premiers calculs de Rainier, ce port international pourrait attirer dans la Principauté deux mille visiteurs étrangers par jour. En homme habitué à concrétiser ses projets, il pense que même si ces touristes ne dépensent guère plus que vingt-cinq dollars, leur présence représenterait un revenu de cinquante mille dollars quotidiens. Tourisme de luxe ou de masse ? Un dilemme entre les deux hommes que l'habile Aristote exprimera un jour en ces termes à Rainier : « Monseigneur, il faut choisir entre la roulette et le saucisson [11]. »

Renée Le Roux se souvient de cette repartie qui fit florès sur le Rocher. Ainsi que du personnage haut en couleur que son mari et elle côtoient alors quotidiennement : « Mon mari a quitté la SBM lorsque Onassis est arrivé. Pour des raisons professionnelles, celui-ci venait tous les jours déjeuner ou dîner chez nous, c'est-à-dire dans notre logement de fonction du Sporting. Il était d'une intelligence assez étonnante. Pour lui Monaco représentait la notoriété. En même temps, il ne semblait pas tellement connaître le métier. Mon mari lui a souvent répété : "Augmentez le capital, mais n'achetez pas d'actions. Ainsi cela vous donnera une majorité et vous pourrez faire ce que voulez." Il a fait le contraire. Il n'a pas saisi [12]. »

Avec leur portefeuille de plus de cinq cent mille actions de la SBM, les compagnies d'Onassis en ont le total contrôle. Pour diriger la société, on suppose que le Grec va nommer l'un de ses hommes de confiance. À la surprise générale, il désigne Pierre Rey, l'administrateur des biens privés de Rainier. Signe de bonne volonté de la part d'Onassis ? L'homme d'affaires le laisse croire. En réalité, il n'ignore pas que le Prince possède un pouvoir de veto sur la nomination des responsables de la SBM (présidents, directeurs, administrateurs). Et, quelles que fussent les volontés des actionnaires, aucune nomination n'est valable si le Palais s'y oppose. Alors à quoi bon déplaire à Son Altesse.

Conciliant, mais prudent, Onassis désigne en même temps l'un de ses hommes, Charles Simon, aux côtés de Rey. À la nouvelle direction de s'efforcer de moderniser la gestion de la société, d'en accroître l'efficacité, de se débarrasser des poids morts. Les choix d'Onassis s'avèrent judicieux. Bientôt, et pour la première fois depuis des années, la SBM commence à faire des bénéfices.

La présence d'Onassis sur le Rocher n'est pas sans conséquence sur sa vie privée. Connu uniquement dans les milieux financiers, il devient du jour au lendemain un personnage recherché de la jet-set. Pour la première fois, son nom apparaît dans le *Who's Who*, la presse s'intéresse de près à ses affaires et à ses loisirs. *Time Magazine* publie, en 1952, un large portrait de la future légende de la Grèce moderne qui fait du ski en compagnie de personnalités appartenant à la haute société. Le célèbre éditorialiste new-yorkais Art Buchwald s'y met à son tour pour décrire le nouveau nabab. Surpris, Onassis ne sait trop comment se comporter à l'égard de cette soudaine notoriété. L'un de ses avantages est de faire monter les actions de la SBM. Mais les inconvénients sont de troubler sa vie personnelle, comme il l'expliquera plus tard à l'un de ses biographes : « Au temps jadis, je pouvais travailler en paix. Personne ne m'accordait la moindre attention, les journalistes m'ignoraient, j'étais libre d'aller et de venir à ma guise. Me voilà devenu une espèce de vedette de cinéma. Les gens viennent me demander des autographes, des inconnus m'envoient des lettres farfelues... Si j'avais su quelles allaient être les conséquences de l'affaire de Monte-Carlo, je me serais bien gardé d'y toucher, même si l'on m'avait offert pour cela un million de dollars[13]. »

En devenant la coqueluche des médias, Onassis ne peut empêcher de nombreuses allusions désagréables concernant ses affaires. Quelques procédures judiciaires déclenchées au Pérou, en Arabie saoudite et à New York lui valent des articles au vitriol. Leurs auteurs n'hésitant pas à le dépeindre sous les traits d'un redoutable corsaire, d'un véritable requin cherchant à faire de l'argent par tous les moyens, prêt à fouler aux pieds les droits les plus élémentaires. En Allemagne, le *Spiegel* se déchaîne un jour contre lui en le désignant comme l'âme d'un réseau de corruption, de double jeu, de secrètes intrigues à travers le monde. Vraies ou fausses, ces informations ont du mal à démonter le futur mari de Jacqueline Kennedy dont l'une des formules préférées est alors : « Il n'y a rien qui vieillisse plus vite que le journal de la veille[14]. »

Malgré ses gémissements, le milliardaire grec assiste régulièrement aux nombreuses mondanités monégasques, donnant ainsi le ton à un Rocher renaissant. Chaque semaine, plus ou moins inspiré d'ailleurs, il propose une idée nouvelle au Prince. C'est lui ainsi qui lancera l'idée saugrenue de cimenter le fond de la mer pour protéger les pieds des fragiles naïades.

L'entente entre les deux P-DG du Rocher est-elle aussi cordiale qu'on le dit ? Elle ne tarde pas à se dégrader après l'entretien que le souverain monégasque accorde à *Look* au cours duquel il associe le nom d'Onassis à des critiques sévères, voire insultantes. Selon le Prince, Monte-Carlo est en train de devenir

« Monte-Greco[15] ». Selon Rainier encore : « Onassis promet tout et ne tient rien[16] ». Comme si cela ne suffisait pas, c'est bientôt au tour de Grace de critiquer ouvertement le futur amant de la Callas. Pour planter ses banderilles, la Princesse a choisi *Playboy* dans lequel elle affirme que le Grec a choisi Monaco « davantage pour son propre amusement que pour faire du travail sérieux[17] ».

« Cher Ari » ne peut rester sans réagir, mais il refuse de déclarer la guerre à son associé princier. Il convoque des journalistes à l'*Hôtel de Paris* et leur confirme qu'il poursuit son travail correctement. Il laisse entendre implicitement que, quel que fût le nombre imposant de ses parts, Rainier était le souverain absolu, qu'il n'avait aucune envie de lui disputer son autorité. Et, pour prouver sa bonne foi, il déclare avoir donné à la SBM des instructions pour mener à bien les projets chers au cœur du Prince : un club maritime, le *Sea Club*, doté d'un cabaret luxueux pour l'agrément des visiteurs, une nouvelle piscine couverte et un bowling.

Cette humilité ne satisfait pas Rainier qui continue à se plaindre de la lenteur avec laquelle la SBM met en œuvre certains programmes d'amélioration touristique. Il souhaite le changement des administrateurs. Simon et Rey sont priés de quitter leur poste, remplacés par Jacques Raymond et Charles Audibert. Mais, en 1963, ces deux derniers perdent, à leur tour, la confiance du Palais qui demande le retour de leurs prédécesseurs. Une fois de plus, Onassis s'incline devant l'inévitable. Trois ans plus tard, à la requête du Prince, il se sépare de Simon, une fois encore. Ces volte-face ne sont pas sans conséquence. « La situation était très gênante, expliquera plus tard

Onassis. Elle portait grand préjudice à la Société[18]. » Une situation compliquée par la politique monégasque. Sur les deux mille électeurs de Monaco, mille deux cents sont employés à la SBM et, malgré un sureffectif, Rainier est contraint de conserver son emploi à chacun. À la limite ce contresens économique ne gêne guère le milliardaire grec, bien davantage contrarié lorsqu'il doit affronter les projets grandioses du Prince concernant la SBM. « Rasez le vieux Sporting Club d'hiver ! Rasez le vieux Sporting Club d'été ! Bâtissez de nouveaux Sporting Clubs d'hiver et d'été ! Bâtissez un nouvel hôtel ! Et un parc de stationnement[19] ! » Onassis ne refuse pas de bâtir, mais rappelle que les investissements requis sont de l'ordre de dix millions de dollars. « Augmentez le capital de cinquante millions de francs en émettant de nouvelles actions pour cinq ou dix millions ! » lance, péremptoire, le Prince à l'homme d'affaires. « Je me tuais à lui répéter que le problème n'était pas de trouver tous ces millions pour le développement lui-même. Mais que c'était une question de confiance. De tels investissements et des nouveaux capitaux ne pouvaient rester à la merci d'un droit de veto d'une seule personne. C'était une proposition commerciale absurde[20]. »

Mais c'est mal connaître Rainier qui ne veut pas entendre ce type d'argument. Et qui continue à s'impatienter. Pour ajouter à la tension, il évoque une éventuelle nationalisation. La querelle est désormais de notoriété publique. Onassis résumera la situation en ces termes : « Tout comme Pénélope, Rainier a beaucoup de soupirants qui réclament ses faveurs. Leur argument principal : "Pourquoi n'envoyez-vous pas cet Onassis au diable[21] ?" ! »

La bataille se poursuit avec l'aide de spécialistes des affaires. Onassis fait appel à Nico Cokkinis, qui vit à Monte-Carlo au début des années 1960. Et le prince Rainier sollicite un expert français, Claude de Kemoularia, de mère française et de père géorgien, « prêté » par Paris au Prince de Monaco.

Rainier craignait-il réellement la puissance financière d'Onassis ? C'est probable à relire le discours qu'il prononce, le 31 décembre de la même année, à l'occasion des traditionnels vœux : « La SBM, riche d'un passé prestigieux semble ne plus survivre que dans ce souvenir nostalgique d'une suprématie à laquelle elle paraît avoir renoncé, pour ne plus se cantonner que dans une exploitation de caractère strictement commercial. » Quelques mois plus tard, la rupture est consommée. Poussé par le Prince, le Conseil national de Monaco promulgue une loi obligeant la Société des Bains de Mer d'émettre six cent mille nouvelles actions représentant un capital de quarante millions et autorisant la Société à acheter les actions anciennes, c'est-à-dire celles d'Onassis, au taux fixé arbitrairement à quatre-vingts francs. « Ces actions valent deux cent cinquante francs[22] ! » proteste le Grec qui juge l'évaluation honteuse. Mais Rainier reste intraitable. Se battre avec le souverain ? Cela conviendrait bien à l'armateur qui aime se heurter aux puissants de la planète. Mais il sait aussi que Rainier aime le pouvoir et qu'il déteste la contradiction. Le célèbre capitaine du *Christina* va donc accepter de vendre ses actions, non sans en avoir âprement discuté le montant. Après un ultime recours devant la Cour Suprême de Monaco, Onassis est obligé de s'incliner. Lorsqu'il recevra du Trésor monégasque son chèque, l'homme d'affaires ne pourra s'empêcher de soupirer : « On nous a filoutés[23] ! »

Enfin maître chez lui, Rainier poursuit la modernisation de la Principauté. Pour faire aboutir ses projets, « le patron » – ou « le boss », comme l'appellent avec respect les Monégasques – s'entoure de plusieurs technocrates : Arthur Crovetto, César Solamito, Pierre Rey et Raoul Pez, son ancien condisciple au lycée Albert-Ier. Il les reçoit régulièrement dans son bureau. Le décor est moderne. Les meubles sont tendus de cuir beige. Des vitrines contenant des collections de petites voitures anciennes, une table de travail couverte de plans. Parmi les objets d'art disposés sur une bibliothèque, un modèle réduit de la Coupe de France remportée par l'équipe de football de Monaco en 1960. Sur les murs, une seule toile de maître : un de Vlaminck.

Ses projets ? Le Prince et son équipe en ont plein la tête : « La Principauté fait une poussée de croissance. En dix années, elle a beaucoup changé. Elle se modernise, gagne de l'espace en hauteur, gagne du terrain sur la mer. Nous sommes en plein développement et j'aime cela. Notre plan d'urbanisme me passionne. En quelques mots : deux tunnels de déviation actuellement en construction vont reporter vers l'intérieur la voie ferrée qui coupe la Principauté, libérant des emplacements. La gare de Monaco subsistera seule, celle de Monte-Carlo étant supprimée. Les décharges provenant du percement des tunnels sont jetées à la mer, constituant les terre-pleins où l'on pourra bientôt construire. Le bord de mer sera profondément remanié, les voies à grande circulation élargies toujours en prenant sur l'eau. Un nouveau Sporting va naître. Dans le port, une piscine olympique et l'installation d'une nouvelle digue abritant des vents d'est. Que sais-je encore, un héliport... Je pensais, il y a un instant, la principauté de Monaco est un nouveau petit monde qui se bâtit fiévreusement. Et puis cet autre projet : un Palais des Congrès de deux mille places, élevé sur un des terre-pleins, dont le fond escamotable s'ouvrirait sur la mer[24]. » L'hôtellerie n'est pas oubliée. Deux nouveaux établissements luxueux voient bientôt le jour : le *Hollyday's Inn* et le *Loews* dont les pilotis s'avancent dans la mer.

Avant de pouvoir réaliser le projet du *Loews*, Rainier se déplace personnellement aux États-Unis où il rencontre les richissimes frères Tisch, Larry et Bob. Leur fortune ? Les hommes d'affaires américains l'ont bâtie sur une suite d'opérations financières et immobilières tous azimuts : hôtels, casinos, centres de congrès s'étendant de la côte est – notamment à Atlantic City – à la Californie. En 1971, le projet d'un immense casino populaire est signé entre le *Loews*, la SBM, le gouvernement monégasque et un groupement financier franco-allemand.

À l'intérieur de l'immense complexe : restaurants, piscines, boutiques, cabarets et salles de jeux attirent des centaines de milliers de touristes chaque année. De nouveaux jeux sont introduits. Parmi eux : le craps et le black-jack. Grace y fait venir ses amis, les vedettes du show-business américain. Ses actions portent leurs fruits : une clientèle américaine commence à débarquer par jumbos entiers. Puis c'est l'arrivée des machines à sous installées à tous les points de passage des caravanes de visiteurs. Des dizaines de millions de pièces glissent dans les fentes fatales. De l'avis d'experts financiers, c'est sans conteste avec le complexe du *Loews* que le Rocher commence à faire sérieusement de l'argent.

Tout semble tourner pour le mieux pour les affaires monégasques lorsqu'une affaire scabreuse vient secouer la douce torpeur du palais princier. Elle concerne le père Tucker, soupçonné d'actes pédophiles sur un jeune garçon. Certains membres de la famille princière, dont Christian Noghès, avaient bien remarqué l'absence du religieux lors de récentes festivités, mais à toutes leurs questions on opposait un silence contrit. Le fils d'Antoinette devra patienter plusieurs années avant de comprendre les raisons de cette gêne. Il ose à peine alors imaginer la terrible stupéfaction de son oncle Rainier en apprenant les turpitudes de son plus proche confident. Ni celle de Grace dont Tucker était le conseiller spirituel. Face à l'événement inattendu et scandaleux, le Palais prend la seule décision qu'on attendait de lui : le départ immédiat et discret du prêtre pour les États-Unis. De retour dans son pays, Tucker se réfugiera dans sa communauté religieuse avant de mourir quelques années plus tard [25].

Grace était devenue princesse avant d'avoir eu le temps d'imaginer ce que serait son avenir. Avait-elle gardé dans l'esprit de redevenir comédienne ? L'une de ses anciennes amies d'Hollywood, Rita Gam, l'affirmera quelques années après la disparition de l'héroïne de *High Society* [26]. C'est au moment où Paris se fâche que Grace choisit d'annoncer à Rainier son désir de réapparaître à l'écran. Alfred Hitchcock vient de lui proposer le rôle principal de son prochain film *Pas de printemps pour Marnie*, dont l'interprète masculin serait Sean Connery.

À Rainier, l'annonce fait l'effet d'une douche froide. Il estime que cette année 1962 va décidément rester comme une *annus horribilis* personnelle. Diplomate, il demande un temps de réflexion à son épouse. Pendant plusieurs mois, il s'interroge : une princesse régnante peut-elle raisonnablement redevenir la star Grace Kelly ? Il n'est pas franchement enthousiaste, mais, après tout, il ne serait pas le premier Grimaldi à laisser la bride sur le cou à son épouse. La princesse Ghislaine Dommanget n'était-elle pas remontée sur les planches en 1958 pour interpréter *L'Aiglon* au théâtre municipal de Nice ? C'est peut-être cette évocation désagréable qui freine, malgré ce qu'il en laisse entendre, l'enthousiasme du Prince.

Le projet ne ressemble pourtant pas à un coup de tête. Il a vu le jour au cours de l'hiver précédent. Grace et Rainier se trouvent à Paris en voyage privé. Hitchcock est là lui aussi. C'est au cours d'un dîner qu'est décidé le retour de Grace à l'écran. Mais, à la demande du Prince, le secret doit être encore gardé quelque temps. Lorsqu'il est officiellement annoncé, tous les regards se tournent vers le Rocher mais également en direction d'Hitchcock qui bénéficie ainsi d'un sacré coup de publicité. L'Amérique n'a plus de grande star, en dehors de la talentueuse mais coûteuse Liz Taylor. Grace s'était retirée en pleine gloire, au moment où elle valait plus de cent millions par film et où elle incarnait presque parfaitement le mythe de la femme américaine.

Les spécialistes le savent pertinemment : le marché du cinéma n'exige pas seulement qu'une production soit réalisée avec un capital de plusieurs milliards. Il veut qu'un film devienne un événement en soi, seule astuce pour que tout le monde aille le voir. Le retour à l'écran de Grace Kelly, « oscarisée » en 1955, princesse régnante d'un petit royaume, n'en représente-t-il pas un ? Lorsqu'il est interrogé à San Francisco, le maître américain du suspense explique son choix : « La Princesse et moi sommes de bons amis. On ne s'écrit pas, on ne se téléphone pas. La dernière fois que je suis allé à Paris – c'était en octobre – nous avons dîné ensemble, avec le Prince. Mais jamais je n'aurais eu la présomption de proposer à la Princesse de Monaco de tourner à nouveau un film [27]... » Et de préciser : « Des représentants de la M.C.A., chargée des intérêts artistiques de Grace, m'ont fait dire qu'elle pourrait s'intéresser de nouveau à un bon rôle. Mais je n'avais pas de bon rôle. Jusqu'à ce que j'aie eu entre les mains le scénario de *Marnie*. Quand je l'ai eu, je l'ai envoyé à la Princesse. Elle a trouvé le rôle à son goût. Il lui va comme un gant. Et voilà [28]... » Son personnage ? « Une énigme vivante, une femme à la fois attirante et intimidante, une personnalité à facettes multiples, intelligente, chaleureuse, mais également craintive et terriblement renfermée [29] », explique encore Hitchcock. Faut-il y rechercher une ressemblance avec Grace ? Le réalisateur des *Oiseaux* ne le dit pas.

Au printemps suivant, Rainier donne sa bénédiction à son épouse. Le tournage pourra commencer lors des grandes vacances d'été. Un communiqué officiel est publié pour annoncer l'événement. « J'estime, confie le Prince à l'un de ses amis, qu'il serait injuste de ma part de continuer plus longtemps à l'empêcher d'exercer son métier. Elle est si douée, elle y prend tellement de plaisir... Pourquoi un tel talent devrait-il demeurer inemployé ? »

Sur le Rocher, la nouvelle suscite un vif émoi. La bonne société monégasque réprouve, en termes à peine voilés, l'initiative de la Princesse. Le petit peuple est incrédule. Il ne veut pas y croire et pourtant ce projet de retour à Hollywood est véridique et de taille. L'événement est jugé suffisamment important pour venir en première page des quotidiens. Interrogé, le Vatican juge sévèrement le comportement de la Princesse. Il estime indécent qu'elle puisse interpréter le rôle d'une kleptomane névrosée. Devant une telle levée de boucliers, l'affaire est entendue : Grace finit par jeter l'éponge.

L'affaire est certes classée, mais elle laisse des traces. Des âmes charitables s'interrogent. Grace s'ennuie-t-elle au sein du foyer qu'elle a fondé avec le prince Rainier ? « Où en était exactement le couple ? » s'interroge avec une audace inaccoutumée *Jours de France*, l'hebdomadaire de l'avionneur Marcel Dassault. Dans un long entretien, Rainier se défend de n'avoir pas dépeint à Grace avant leur mariage le genre de vie qu'elle allait devoir mener dans la Principauté, avec ses contraintes, ses obligations. « Oui, très franchement, déclare-t-il. Je lui ai même brossé un tableau plus noir. Je ne voulais pas d'équivoques. Grace Kelly étant américaine, son entrée à la cour d'un État d'origine latine attaché profondément à la tradition, n'aurait pas manqué au départ de lui être pénible[30]. » Les débuts de son métier de *First Lady* ? Le souverain assure qu'ils furent moins contraignants qu'il ne l'avait redouté. Selon lui, la grande gentillesse de la population à son égard l'aida beaucoup. Mais de reconnaître toutefois que la Princesse dut faire un effort lorsqu'elle se heurta aux règles sévères du protocole : « Jeune Américaine. libre, elle ne comprenait pas pourquoi, par exemple, il lui fallait porter un chapeau lorsqu'elle n'en avait pas envie et vice versa. La différence de langue également ne lui rendait pas la tâche aisée. Le français de la Princesse était alors celui des collèges américains. Elle avait peu de pratique et cela la gênait. La Princesse en rit aujourd'hui. Vous l'irriteriez en lui adressant maintenant la parole dans un anglais de collège français. Elle parle couramment le français. La voilà bilingue tout comme moi et... comme mes enfants [31]. » Le *Boss* évoque-t-il en privé devant son épouse des problèmes qui le préoccupent en tant que chef d'État ? « Je pense que bien des gens me ressemblent ; lorsque je quitte ce bureau, j'y laisse mes soucis, concède Rainier. Pourquoi ennuyer la Princesse qui, elle aussi, a ses problèmes ? Elle n'a pas – comme on le croit sans doute – beaucoup de loisirs. Obligations, réceptions, toutes les œuvres qu'elle dirige. La Princesse prend cela très à cœur. La présidence de la Croix-Rouge monégasque l'accapare énormément. Et puis aussi, pourquoi ne pas le dire, l'éducation de la petite fille et du petit garçon prend une partie importante de son temps [32]... »

Malgré les propos rassurants du Prince, rien n'empêche les rumeurs d'aller bon train en ce qui concerne le montant du cachet exigé par l'agent de Grace. On parle de cinq à sept millions de francs de l'époque et d'un pourcentage sur les recettes. Interrogée, l'ancienne actrice se refuse de révéler le montant exact de ses exigences, mais affirme que ses gains auraient servi à créer une fondation culturelle et sportive pour la jeunesse de Monaco.

À la lumière des chiffres, il n'apparaît pas que la famille princière soit vraiment dans le besoin. La liste civile du Prince, pour 1961, s'est élevée à près de deux millions de francs auxquels sont ajoutés trois autres millions destinés à la maison princière, au cabinet princier, et aux frais d'entretien du palais. En aurait-il ressenti le besoin que jamais la nation monégasque n'aurait refusé à son Prince une augmentation de ses dépenses. Par ailleurs, il est connu que Grace n'est pas dépensière. Le couple ne passe pas pour « jeter l'argent par les fenêtres ». Le palais organise certes de somptueuses réceptions, mais la *gentry* monégasque souffrirait plutôt qu'on ne reçoive pas assez. Peu de réceptions privées, ou alors seulement pour des amis, surtout ceux de Grace.

L'épouse princière ne semble pas faire davantage de grands frais pour ses toilettes. Bien sûr, elle s'est constitué une prestigieuse garde-robe, ainsi qu'une belle collection de fourrures – même si on ne lui connaît qu'un vison d'une très grande beauté –, mais rien d'excessif pour une femme de son rang. Elle est toujours très sobrement parée de bijoux.

En résumé, le train de vie du palais respecte l'étiquette, mais sans excès. Si le garage compte quinze voitures, plus de la moitié sont destinées aux services administratifs. Les véhicules couramment utilisés par le couple princier sont une Jaguar blanche, une Porsche, et une Renault Floride offerte à Grace. Pour ses sorties officielles : une Rolls gris argent et une Cadillac noire, en général conduites par Paul Raimondo, le chauffeur préféré de Grace. Le reste du personnel comprend un chef de garage, deux mécaniciens, quatre aides-mécaniciens, et deux laveurs de voitures.

Le ranch de *Roc Agel*, dans le haut pays niçois, près de La Turbie ? Il ne paraît pas avoir coûté très cher à Rainier. La ferme aménagée est située sur un vaste terrain d'arbres fruitiers. Le domaine, dépendant d'une zone militaire, lui a été concédé par la France en 1956 pour quatre-vingt-dix-neuf ans. Ironie de l'histoire, l'un de ses ancêtres, Honoré III, avait imaginé au XVIIIe siècle y installer des usines de bonneterie et d'horlogerie.

À Monaco, Grace et Rainier n'occupent qu'une petite partie de la forteresse : six à sept pièces. Deux cents personnes sont chargées de l'entretien des lieux dont certaines s'occupent exclusivement de la famille princière. Rainier a ainsi à sa disposition un valet de chambre, Pierre Ozenda, dont la femme est caméiste de la Princesse. Le personnel comprend encore deux valets de pied dont l'Africain Kety Bamba, et, sous la houlette du majordome Gasperotti, une douzaine de personnes, plus quatre ou cinq dans les cuisines.

Si les fins de mois de la famille princière ne sont en fin de compte pas si difficiles qu'on le dit, faut-il chercher ailleurs les raisons de ce retour de Grace vers sa vie passée ? Le couple princier traverse-t-il une crise conjugale ? La porte est-elle maintenant ouverte à une rupture ? Des échotiers ne se privent pas d'évoquer un des premiers films de Marilyn Monroe, intitulé *Sept ans de réflexion*. Et de laisser entendre qu'après ce laps de temps de vie commune, les ménages arrivent à un tournant dangereux. Ce serait, selon eux, le cas de Grace et Rainier. Des journalistes américains affirment que leur mésentente atteint un point critique au moment où Grace revient des États-Unis après les obsèques de son père.

Aux questions indiscrètes des journalistes, le service de presse du palais se veut rassurant : il ne saurait être question de séparation entre les parents du petit Albert et de la petite Caroline. Pour le prouver, le Prince et sa célèbre épouse partent ensemble aux sports d'hiver avec leur progéniture, dans un petit chalet près de Gstaad, dans les Alpes suisses. Ce tableau idyllique, abondamment et complaisamment photographié, ne leurre pas les amis de Grace pour lesquels certains signes ne trompent pas. « Ce n'était pas le conte de fées attendu [33] », confie un photographe américain venu au Monaco pour travailler sur un documentaire CBS. « Elle vivait dans une cage dorée [34] », écrira plus tard son ancien fiancé Oleg Cassini. Certaines confidences de la Princesse semblent lui donner raison. « Je ne recherche pas le bonheur à tout prix. Aussi, je suis satisfaite de ma vie, en un sens. Mais je dois avouer que je suis en conflit permanent avec moi-même [35]... » Cette singulière confession de Grace est publiée en janvier 1966 dans *Playboy*. Quelques mois seulement après la naissance de Stéphanie.

CHAPITRE 7

L'art d'être parents

Huit ans après Caroline, Grace accouche d'une petite Stéphanie Marie Élisabeth dans une bibliothèque transformée en maternité. Comme pour ses autres enfants, Grace avait refusé l'anesthésie que lui ont proposée ses médecins avant l'accouchement. Lorsqu'elle la contemple pour la première fois, Caroline s'écrie mélodramatiquement : « C'est le plus beau jour de ma vie [1]... », tandis qu'Albert se contente de la regarder distraitement, en demandant : « La prochaine fois, est-ce que ça pourrait être un garçon [2] ? »

Quarante et un jours plus tard, plusieurs dizaines de milliers de roses et d'œillets illuminent la cathédrale de Monaco lors de la cérémonie de baptême dirigée par le cardinal Tisserand, venu spécialement de Rome en tant que doyen du Sacré Collège. Pour être le parrain de sa fille, Grace sollicite son frère Kell qui accepte avec une joie non dissimulée.

Malgré ses tâches de mère de famille, qui tient à surveiller elle-même l'éducation de ses enfants, Grace ne néglige pas son rôle de princesse. Elle est ainsi de toutes les fêtes de charité et autres manifestations culturelles.

À l'occasion du dixième anniversaire de son mariage avec Rainier, elle se prête au jeu, en avril 1966, des magazines célébrant « l'actualité des gens célèbres ». Le couple princier, entouré de ses héritiers, se laisse photographier dans son palais, ses appartements, et sur son yacht. Un hebdomadaire parisien décroche l'exclusivité mondiale des premiers clichés. On y montre le jeune Albert qui vit chaque jour, affirme-t-on, le rêve de tous les enfants de son âge : jouer dans un vrai château, avec de vrais soldats et de vrais canons. N'est-il pas conscient du futur rôle qui lui est dévolu ? Rainier aime à raconter l'anecdote : à six ans, lors d'un goûter d'enfants, comme une dame lui demandait : « Et toi, mon petit, que feras-tu plus tard ? » Albert répondit : « Moi, madame, je n'ai pas le choix[3]. » Il est vrai également que, quelques mois auparavant, le jeune prince avait accompagné son père lors de l'inauguration de la nouvelle gare de Monaco et qu'il avait lui-même coupé le ruban inaugural. Une façon pour Rainier d'initier le futur monarque aux rigueurs protocolaires des cérémonies officielles.

Les cent vingt carabiniers du palais s'amusent-ils, comme on l'affirme encore, à remplacer les soldats de plomb ? Rien n'est moins sûr. Comme tous les enfants du monde le petit Prince adore se déguiser. Le voilà en cow-boy dans le jardin exotique, en homme-grenouille dans la piscine ou en pillard du Far West attaquant en guise de diligence les carrosses remisés dans la cour d'honneur. Il arrive aussi que l'héritier du trône reçoive la visite d'autres enfants. Ce sont parfois ceux d'anciens amis de Hollywood de la Princesse, ou ceux de l'acteur Gregory Peck qui loue chaque été la villa *Les Rochers* à Saint-Jean-Cap-Ferrat ; c'est leur voisin, David Niven, qui présentera Grace au héros de *Duel au soleil*. Devenus amis, Gregory Peck et son épouse Véronique sont souvent invités à Monaco à des cocktails, des dîners, ainsi qu'aux galas de la Croix-Rouge. Pour les chères têtes blondes du couple, Grace organise parfois des cours de danse à Monte-Carlo. « Ma fille, Cecilia, et Anthony y allaient régulièrement, se souvient l'acteur qui se rappelle également être venu les chercher un jour. Grace et Rainier étaient assis sur un banc, l'un à côté de l'autre et regardaient les enfants danser un fox-trot. Cela donnait une grande impression de tendresse[4]. »

Un autre après-midi, en revanche, sa femme revient du palais particulièrement contrariée : leur Anthony avait donné un coup de poing sur le nez d'Albert. « Quelques jours plus tard, je retrouvai Rainier chez des amis communs qui possédaient une superbe villa à flanc de falaise, dominant Monte-Carlo, poursuit Gregory Peck. Je m'excusai immédiatement auprès du Prince. "Ne vous inquiétez pas, me dit-il, cela fait beaucoup de bien à mon fils[5] !" » En réalité, Albert n'en tiendra pas rigueur à son bagarreur de copain qu'il retrouvera quelques années plus tard sur le campus d'une université américaine.

Comme sa sœur aînée, l'éducation du prétendant au trône est d'abord confiée à une institutrice française, Mlle Vermorel. Une salle de classe est aménagée dans le palais. « Albie », comme l'appelle affectueusement Grace, y apprend en même temps le français et l'anglais. Sa mère tient à le transformer en parfait bilingue avant qu'il rejoigne l'école communale et le lycée Albert-Ier. Le dimanche matin, le jeune prince sert la messe devant ses parents dans la chapelle Palatine. Il joue au football chaque semaine au stade Louis-II. Quelques années plus tard, il développera une passion de la mer, comme son père. Son rêve sera dès lors de faire un voyage à bord de la *Calypso* avec le célèbre commandant Cousteau, patron depuis peu du Musée océanographique. « Grace a toujours aimé les enfants, se souvient Rita Gam, l'amie du temps des vaches maigres à Hollywood. Les siens un peu trop peut-être. Elle était le type même de la mère aimante. Quelquefois sévère, mais toujours généreuse[6]. »

La progéniture princière passe ses vacances d'hiver près de Gstaad. La famille d'Amérique n'est pas oubliée. Albert rejoint souvent ses cousins Kelly l'été à Ocean City dans le New Hampshire. Avec eux, il participe parfois à des camps de jeunesse. Les filles, elles, retrouvent le Camp Omeka, dans les montagnes Pocono. À la fin de l'été, toute la famille se réunit dans l'ancienne bergerie de *Roc Agel*. Là, Grace profite du calme de la campagne pour répondre au volumineux courrier qu'elle reçoit quotidiennement. Des lettres expédiées des quatre coins du monde : Indonésie, Angleterre, Finlande, Australie. Leurs intitulés varient : « À la Princesse Kelly », « À Son Altesse la Princesse de Grimaldi », « À Grace Kelly de Monaco », « À la Princesse de Monaco ». On y réclame des voitures, des aides financières, mais aussi beaucoup d'autographes.

Une fois sa correspondance achevée, Grace va cueillir des fleurs et les fait sécher entre des pages de livres ou d'annuaires. Ainsi, elle compose des tableaux en assemblant de multiples variétés. De sa passion, elle inspirera un ouvrage intitulé *Mon Livre de fleurs* dont le texte, rédigé par l'une de ses biographes, sera publié à titre posthume au milieu des années 1980 par Jean-Claude Marsan, le fils de « Loulou[7] ».

Rainier aime *Roc Agel*, un refuge qui lui permet de se libérer des contraintes de sa fonction et du protocole. « Je ne suis pas maître au palais, explique-t-il. Si, par fantaisie, je voulais qu'à mon dîner, la fourchette soit placée à droite, je ne l'obtiendrais pas. Le personnel qui y sert – certains valets de chambre ont cinquante ans de service – ne saurait le supporter, aussi la fourchette restera comme il se doit, éternellement à gauche. Par bonheur, j'ai mon terrain de récréation qui domine la principauté, au *Roc Agel*. Trente-cinq minutes de voiture et nous y sommes. Une maison de campagne, deux domestiques, c'est le grand repos le week-end. La princesse Grace s'occupe elle-même de la cuisine. Je suis en bras de chemise. Je conduis mon tracteur. Nous montons à cheval. La Princesse jardine. La petite fille et le petit garçon font ce qu'ils veulent[8]... » La petite fille et le petit garçon ? C'est de cette curieuse façon qu'à l'époque Rainier désigne ses aînés Caroline et Albert, alors respectivement âgés de quatre et trois ans.

Un ancien fonctionnaire de police chargé, pendant de nombreuses années, de la protection de plusieurs membres de la famille princière, me rapporte la lourdeur de la tâche qui incombe quotidiennement au Prince : « Son planning est établi longtemps à l'avance. En fonction notamment de ses très nombreux rendez-vous quotidiens. Il faut savoir qu'il reçoit plusieurs dizaines de personnes par jour. Il lui faut régler toutes les affaires du pays. Cette situation explique que tout lui remonte. Un carrelage de trottoir à changer : c'est son choix ; la couleur d'un parking, de vitraux d'immeubles : cela relève encore de sa décision. Il délègue beaucoup, mais il vérifie tout. Autour de lui : un pool de collaborateurs, des hommes du premier cercle qui l'accompagnent depuis le début de son règne, et dans lesquels il a une confiance absolue. Il s'agit, pour la plupart, de personnalités de sa génération [9]. »

Le souverain a également à ses côtés l'incontournable Francine Siri. Une femme de petite taille, apparemment inoffensive, mais, dans la réalité, un personnage redoutable et redouté par la majorité des décideurs monégasques. Depuis la mort de « Loulou » Marsan, elle est devenue l'éminence grise de Rainier, dont elle est l'amie d'enfance. « Ils ont été élevés ensemble au château de Marchais, me confie un proche du palais. Son père en était le gardien. Tous les matins, à six heures, elle est présente à son bureau. Elle seule est au courant des petits et grands secrets de la Principauté. Mais c'est une tombe. Une chienne de garde qui ne dira jamais rien [10]. »

Si Grace essaie de tout faire pour que les petits Princes vivent comme les autres enfants, elle sait aussi qu'elle doit tenir compte de leurs tempéraments ô combien différents.

Autant Albert apparaît souple et d'une gentillesse à toute épreuve, autant son aînée se montre indisciplinée. « Je n'ai pas arrêté de donner des fessées à Caroline pour qu'elle obéisse, confiera plus tard Grace. Quant à Stéphanie, c'est simple, j'ai renoncé à la punir : j'aurais pu la battre comme un gong sans la faire céder. Quant à « Albie », ce fut un rêve. Je n'avais même pas à élever la voix [11]. » Grace essaie toujours d'équilibrer ces différences d'attitudes entre les deux aînés, allant jusqu'à soutenir Albert que sa nature docile pousse parfois à devenir le souffre-douleur de ses deux sœurs qu'il adore, tout comme sa mère à laquelle il voue une profonde admiration.

Au contraire de son frère et de sa sœur, Stéphanie accompagne très jeune ses parents en voyage, participe à des manifestations officielles et a droit à mille indulgences. Selon l'amie et biographe de la Princesse, Gwen Robyns, Grace portait une véritable adoration pour sa seconde fille. « Elle ne cessait de répéter : "Mon bébé Stéphanie sera le plus intéressant de mes enfants. Vous verrez [12] !" » Une grande tendresse unit Grace à sa cadette, en qui elle se retrouve peut-être. Stéphanie répond au doux nom de « lamb » – « agneau » – et son bien le plus précieux est encore aujourd'hui un tapis que sa mère lui broda avec des dessins de héros enfantins

Stéphanie est une enfant apparemment très sage, réservée. Les traits de son visage rappellent ceux de Rainier. Au contraire de Caroline, elle est plus américaine que méditerranéenne. Ce qui ne l'empêche pas de nourrir envers sa sœur une profonde admiration. Parfois, elle tente de la copier, essayant d'emprunter ses vêtements et de se maquiller comme elle. Une de ses amies confie : « Stéphanie parle toujours de sa sœur Caroline, de sa beauté, de ses études. Mais elle ne parle jamais d'elle. Elle est trop modeste [13]. » Plus introvertie qu'extravertie, elle ne se fait pas remarquer. Ce qui ne signifie pas qu'elle n'ait pas une opinion très définie sur tout. Albert est son grand copain, et aussi son souffre-douleur, qui cède un peu à tous ses caprices.

Elle possède la vivacité d'intelligence de Caroline, mais se montre moins studieuse qu'elle à son âge. Elle est beaucoup plus timide, réservée, et fait preuve d'une extrême sensibilité. Une autre amie se souvient de la crainte que lui inspirent les animaux « alors que sa sœur aînée aimait à se rendre au zoo de son père et avait apprivoisé un lion ». Étonnante réticence pour celle qui deviendra, un temps, la compagne d'un dompteur de cirque ! Comme à sa sœur aînée, sa mère lui a appris à lire à quatre ans et demi. En 1970, à cinq ans, à la piscine du *Monte-Carlo Beach*, elle obtient un premier succès sportif : une traversée dans le sens de la largeur avec sa bouée. Deux de ses premiers souvenirs : son troisième anniversaire, on lui fait cadeau d'un teckel en peluche, d'une robe de poupée en organdi blanc et d'une coupe de cheveux au carré ; la première du film *La Belle et le Clochard* à laquelle Caroline l'a accompagnée et le défilé de mode enfantine qui a suivi la projection.

En dehors de ces doux moments, Grace assume la vie d'une mère de famille lambda. « Il y a tous les jours une crise ou un problème à régler [14] », se plaint-elle dans les colonnes d'un journal de Philadelphie. Comme pour mieux prouver l'attention qu'elle porte à l'éducation de la jeunesse, Grace inspire, en 1968, la création du premier collège américain sur le Rocher. Sa façon à elle de nouer un lien supplémentaire « entre la principauté et les États-Unis », ainsi qu'elle l'écrit dans le *book year* de l'établissement.

Afin de mettre sur pied l'American College of Monaco, l'ancienne actrice confie à son frère Kell la

tâche de solliciter plusieurs hautes personnalités américaines et françaises pour faire partie de son *Board of Academy,* l'équivalent d'un conseil de surveillance. Parmi ces dernières, le commandant Jacques-Yves Cousteau.

Pour des raisons de commodité et de prestige, plusieurs chambres du fastueux hôtel *L'Hermitage* sont transformées en salles de cours. L'établissement accueille bientôt une quinzaine d'étudiants. La plupart sont originaires de la grande bourgeoisie de Pennsylvanie où ils ont terminé leur *High School,* l'équivalent des études secondaires européennes. « Des personnalités intéressantes, même si leurs références étaient essentiellement cinématographiques ou télévisuelles. *"I saw that on the TV...",* me répétaient-ils lorsque j'évoquais un roman [15] », se souvient Mireille Coutrix, l'un des enseignants français, triés sur le volet et pour la plupart recrutés dans la région. « Des étudiants aux itinéraires très particuliers », complète de son côté Nelly Cristin, professeur de langue française, pour désigner ces jeunes gens argentés très portés sur la fête. Le plus remuant se prénommait Reginald Hebert. Il était l'héritier troisième du nom d'une riche famille d'industriels du Connecticut. « Il débarquait tous les matins en salle de classe avec des yeux qui partaient dans toutes les directions, poursuit-elle encore avec humour. Une fois réveillé et lucide, c'était un jeune homme super intelligent [16]. » Sa collègue, Coutrix, qui enseignait la littérature anglaise, se souvient elle aussi parfaitement de cet étudiant « attachant » qui lui piquait régulièrement ses gauloises. Et qui ne détestait pas non plus se défoncer au LSD. Selon les deux enseignantes niçoises, l'usage de ce stupéfiant à la mode qui correspondait à l'éclosion du mouvement hippie alors en vogue en Californie.

Est-ce pour cette raison que le collège est contraint de fermer ses portes deux années après sa création ? Vraisemblablement, mais ce ne fut pas la seule. Les membres du *Board of Academy* tombent de haut et accusent l'un des dirigeants de s'être enfui un beau jour avec la caisse. Non rémunérés pendant un semestre, les enseignants enchaînent des réunions et entament quelques actions. Certains, comme Mireille Coutrix, préfèrent donner leur démission. La nouvelle administration s'engage à garantir le règlement des salaires jusqu'au printemps 1970. Selon une enseignante, il est probable que le couple princier a versé son obole afin de combler les trous. Entre-temps, les étudiants ont été priés de déménager dans un autre hôtel moins luxueux. Quelques mois plus tard, l'American College of Monaco fermera ses portes.

Cette déplaisante expérience pour la Principauté pousse Grace à redoubler de vigilance à l'égard de l'usage des stupéfiants par la jeunesse. « Elle était effrayée par l'idée que des adolescents puissent se procurer sans grande difficulté toute espèce de drogue [17] », raconte Judith Balaban Quine, demoiselle d'honneur lors du mariage de sa copine, la Princesse.

Malgré son attachement au pays qui l'a vue naître, Grace se montre très sentimentale dès qu'il est question de l'Irlande. Elle retourne fréquemment au pays de ses ancêtres, où elle retrouve de nombreux amis. « À l'inverse de ces “Return Yanks” qui prennent le pays pour une bergerie et chantent *When Irish Eyes Are Smiling* en pleurnichant dans leur bière, elle connaissait l'envers des tapageuses publicités touristiques[18] », explique Pierre Joannon, consul honoraire d'Irlande sur la Côte d'Azur, qui a côtoyé durant de longues années le couple princier.

« Grace Kelly considérait que son premier voyage en Irlande, en 1961, sur les traces de ses aïeux, fut le moment le plus intense de sa vie, à part la naissance de ses enfants, enchaîne un autre passionné français de l'Irlande. On était alors dans la campagne des frontières de l'IRA (1956-1962) qui visait essentiellement, par des attaques contre les postes frontières de la Royal Ulster Constabulary, à provoquer un soulèvement anti-anglais. De nombreux Républicains sont alors internés au Sud et l'IRA enterrera les armes jusqu'au mouvement des droits civiques en 1968-1969[19]. » Il est vrai que l'accueil des Irlandais est à la hauteur de l'émotion de l'héritière Kelly. La journaliste écrivain Cathal O'Shannon se souviendra plus tard de l'événement en affirmant que seul John Fitzgerald Kennedy avait soulevé une telle ferveur populaire. « Cela a même frôlé l'hystérie, précisera-t-elle, lorsque Grace vint visiter les environs de Westport, de l'endroit même d'où étaient partis ses aïeux[20]. » Ce jour-là, le couple princier est accompagné par Caroline et Albert, alors en bas âges. Avant de repartir pour Shannon, Rainier est invité à une partie de pêche dans le Lough Corrib. Pendant que Grace accepte l'invitation d'un *tea time* chez la veuve Mulcrone. Un personnage pittoresque et incontournable dans la région dont la Princesse admire la force de caractère et le franc-parler. L'un des policiers qui l'accompagne en sera pour ses frais lorsque l'ineffable matrone l'interpelle vertement en lui ordonnant de rajouter de l'eau chaude dans la théière[21].

En 1975, Pierre Joannon se retrouve aux côtés du couple monégasque lors des funérailles nationales célébrées en l'honneur du président Eamon De Valera, ami de la famille Kelly et l'un des artisans de la guerre de libération contre les Britanniques. « La Princesse venait souvent à Dublin, poursuit le président du Jameson Irish Club de la Côte d'Azur. Elle y faisait des récitals de poésie et participait à des manifestations charitables[22]. » Ses habitudes dans la capitale irlandaise ? Le consul honoraire azuréen se souvient que la souveraine donnait sa préférence au luxueux et ancestral *Gresham Hotel* alors dirigé par Teddy O'Sullivan. Parfois, pour des raisons pratiques, l'ancienne actrice descendait au *Shelbourne Palace*. Un autre choix qui n'était pas dû au hasard. C'est dans l'une des salles de cet immeuble de style géorgien – la célèbre *Constitution Room* – que fut en effet signée l'indépendance de l'Irlande. « À deux pas de Grafton Steet, les jardins de St-Stephens accueillaient de temps à autre les rêveries de la Princesse », se rappelle encore Joannon.

Au cours de l'été 1976, Grace est de retour au pays de ses ancêtres. Rainier l'accompagne. Elle lui confie son vieux rêve d'acheter un lopin de terre. Son vœu est bientôt réalisé. Une trentaine d'acres de terrain sont acquis par le couple princier pour la somme de huit mille livres. Selon Joannon, c'est pour ses enfants que Grace a acheté des terres longeant le *Leg of Mutton Lake*, près de Newport. Elle est convaincue que ses filles et son fils, qui ne sont pas retournés dans l'Île Verte depuis leur plus tendre enfance, apprécieront cette côte ouest qu'avait quittée leur arrière-grand-père au moment de la grande famine.

L'attachement de la Princesse au pays de ses ancêtres n'a rien d'étonnant, explique de son côté Michel Fuchs, ancien professeur à la faculté de Nice, passionné par la lutte anticoloniale. Selon ce spécialiste d'Edmund Burke (parlementaire anglais du XVIIIe siècle), auditeur fidèle des manifestations organisées par la Librairie irlandaise dans les locaux de la Fondation princesse Grace, « l'Irlande est la plus vieille colonie européenne du monde. Même devenu américain, comme l'était Grace, on n'oublie jamais ses origines irlandaises [23]. »

Les multiples voyages de la Princesse au pays « des Saints et des Docteurs » ont-ils pour unique but la recherche des traces de ses ancêtres paternels et la création à Monaco d'une bibliothèque spécialisée dans la culture celtique ? Pas seulement, me laisse entendre au cours de mes recherches une source proche des services de renseignement français, mais qui tient avant tout à préserver sa tranquillité. Selon elle, la Princesse aurait noué au début des années 1970 des relations privilégiées avec des responsables de la résistance irlandaise. L'information n'est pas à proprement parler une révélation. Quelques semaines après la disparition tragique de l'ancienne actrice, *Le Canard enchaîné* a consacré cinq lignes à cette nouvelle plutôt surprenante [24].

Curieusement, cette information peu banale ne sera jamais reprise par la presse française ou étrangère. Et pourtant, au cours de mes investigations, j'apprends que quelques rares spécialistes français de la question irlandaise sont parfaitement « au parfum » pour avoir reçu eux-mêmes cette confidence de responsables du Sinn Féin (en gaélique « nous-mêmes »). D'autres, comme Pierre Abramovici ou Roger Faligot, ne se montrent pas davantage surpris par ce demi-secret. Le second fait allusion dans un de ses récents ouvrages consacrés à la résistance irlandaise[25] à la sympathie active que Grace Kelly portait précisément au mouvement républicain. Il ignore en revanche les tenants et les aboutissants de l'aide matérielle qu'aurait pu apporter la Princesse à la cause.

Un écrivain militant proche du mouvement républicain, qui paiera par quelques semaines d'emprisonnement son engagement politique dans une geôle britannique, se montre en revanche plus précis sur l'implication de l'ancienne actrice. Sous le sceau de l'anonymat, il me confirme que c'est bien au début des années 1970 que se situe l'engouement de Grace Kelly pour la cause de l'Irlande libre. Après m'avoir rappelé qu'en 1972, la princesse monégasque avait accepté de prendre la présidence internationale de l'Irish American Cultural Institute de Saint-Paul, dans l'État du Minnesota, il m'affirme que, l'année suivante, Grace est sollicitée par un émissaire d'Eamonn O'Doherty, le chef d'État-major de l'IRA. Vérification faite, cet ancien parachutiste de l'armée britannique, décédé en 1999, occupait effectivement ce poste important au sein de l'Irish Republican Army[26]. La démarche de ce dirigeant du mouvement indépendantiste n'est pas extraordinaire. « D'autres célébrités du show-business de souche irlandaise sont de la même façon sollicitées pour venir en aide à la cause, poursuit mon témoin privilégié. La plupart d'entre elles mettent d'autant plus volontiers la main à la poche qu'il s'agit de fonds destinés aux prisonniers politiques. Cela étant, la plupart des membres bienfaiteurs exigent la plus grande discrétion. D'autres ne feront pas mystère de leur solidarité. C'est le cas ainsi d'un des Beatles, John Lennon, de l'acteur Mickey Rourke ou encore de Peter O'Toole[27]. »

L'émissaire auprès de Grace de Monaco ? Mon interlocuteur m'affirme qu'il s'agirait d'un prêtre itinérant que l'IRA avait affublé du pseudonyme de « Rodgers ». Est-ce en apprenant ses activités clandestines que le Vatican lui a cherché des poux ? Seule certitude : le « p'tit curé », qui travaillait directement pour le GHQ – General Headquarters – de l'IRA, aurait fini par être « logé » par des agents du MI 6, le contre-espionnage britannique. Arrêté à la frontière franco-suisse, il aurait finalement été relâché par les autorités douanières helvétiques qui n'auraient rien eu à lui reprocher.

Grace approuvait-elle sans réserve le soutien au terrorisme de l'IRA ? Rien n'est moins sûr.

C'est au large de Mullaghmore, petit port de pêche irlandais, que Lord Louis Mountbatten affectionnait tout particulièrement, qu'une bombe, dissimulée dans son bateau de pêche, met fin, le 27 août 1979, à la carrière glorieuse du dernier vice-roi des Indes. L'attentat, organisé par un commando terroriste irlandais, soulève une vive émotion dans le monde entier. De nombreux chefs d'État et têtes couronnées assistent aux funérailles à Romsey Abbey de l'oncle du duc d'Édimbourg, époux de la reine Élisabeth II. Rainier et Grace ont tenu à faire le déplacement. Était-ce pour la Princesse une façon de contrebalancer son engagement auprès de ses frères irlandais ? « Le soutien de Grace Kelly à l'IRA ne signifiait pas qu'elle approuvait toutes ses opérations, analyse un spécialiste des questions irlandaises. Mountbatten a certes été tué dans une opération approuvée par le QG, mais organisée essentiellement par la Brigade de South Armagh au Nord. Sa personnalité était contrastée : d'un côté les Républicains le considéraient comme l'un des responsables de la politique anglaise, dans la mesure où il avait participé au conseil de guerre anglais, et avait un passé militaire important comme chef du théâtre aux opérations en Asie, les Américains avaient exigé son approbation pour les bombes atomiques sur le Japon. D'un autre côté, on le considérait aussi comme un excentrique et un original à Westminster. Il avait par exemple inoculé à Charles une bonne dose de pacifisme. Son homosexualité, certes légendaire, déplaisait à Élisabeth qui l'avait relativement écarté de la Cour. Un personnage sulfureux qu'on a tenté d'impliquer dans un projet de putsch de droite avec le MI 5 pour renverser le gouvernement travailliste de Harold Wilson. Bref, un personnage contrasté qui pouvait aussi séduire quelqu'un comme Grace douée d'une vive intelligence et d'une grande indépendance d'esprit. »

D'une façon générale, l'engagement de Grace au côté du Sinn Féin paraît crédible pour la majorité des spécialistes sollicités. « Cela ne m'étonne pas, me déclare Michel Fuchs. Après les sanglantes répressions britanniques, la population irlandaise a été divisée par deux. Deux millions d'Irlandais sont morts et deux autres se sont réfugiés aux États-Unis. Cela a donné les Kennedy, etc. Des gens au loyalisme sans faille à l'égard des mouvements qui se sont érigés pour l'indépendance de l'Irlande. Pratiquement tous les Américains d'origine irlandaise sont des activistes de la cause irlandaise[28]. »

Du côté du Sinn Féin, on préfère la discrétion. Sollicitée à plusieurs reprises, la responsable de l'International Department n'a pas souhaité confirmer ni démentir mes informations [29]. Il est vrai aussi que l'aile politique de l'IRA mène depuis quelques années campagne en quête de respectabilité.

Décembre 1972. Dans les châteaux princiers, les Pères Noël sont, dit-on, les plus beaux du monde. Devant la cheminée du palais des Grimaldi cinq cents cadeaux attendent les enfants de la principauté. Revenue juste à temps de Londres où elle poursuit ses études, Caroline est sollicitée par sa mère afin de participer à la distribution. Rainier est en revanche absent. Invité par le président Pompidou, il chasse à Rambouillet. Un passe-temps que n'apprécie guère Grace. Elle en fait d'ailleurs régulièrement le reproche à son époux dont la passion pour la gente animale n'est plus à démontrer et qui affirme exécrer les safaris. Rainier admet sa contradiction contrairement à son épouse qui ne tolère pas que l'on puisse tuer quoi que ce soit, surtout pas pour le plaisir. « Lorsque je tire un faisan – je ne suis pas un bon fusil –, j'ai l'impression que le faisan était là pour ça, alors que si je m'amusais à tuer un zèbre, une gazelle ou une antilope, je ne me trouverais pas la moindre excuse [30] », tente de se justifier le patron du Festival international du cirque.

À quatorze ans, Caroline est une jeune fille accomplie. Comme sa mère à son âge, elle pratique le tennis autant que la natation. Son charme, sa jeunesse et sa beauté l'ont fait surnommer par les Monégasques

« Caroline chérie », un clin d'œil au célèbre film interprété par Martine Carol.

L'été 1973 va marquer un tournant dans sa vie. Durant les après-midi de vacances passés à la piscine du Monte-Carlo Beach vêtue d'un bikini à pois, un paparazzi prend des clichés de la Princesse. Lorsque les photos sont publiées, les Monégasques s'aperçoivent que la superbe jeune fille s'est muée en femme. Grace n'en porte pas ombrage. Quand on l'interroge sur ces années qui passent, elle répète qu'il faut accepter les premières rides. Sa mère ne lui répétait-elle pas que « s'obstiner à être jeune, c'est vieillir avec pessimisme, c'est être comme un vin qui, peu à peu, se transforme en vinaigre[31] ».

Pendant ce temps-là, Albert, devenu adolescent, poursuit ses études tant bien que mal. Après ses premières classes, l'élève se retrouve au lycée Albert-Ier situé place de la Visitation à Monaco. « C'était un ancien hôpital religieux. Les salles de cours, situées au dernier étage, avaient des plafonds très hauts. Les couloirs étaient voûtés », me décrit Pierre-Paul Battesti, qui a treize ans lorsque son père vient s'installer dans une commune limitrophe de la Principauté. Nous sommes alors en 1970. Élève guère studieux, le jeune Corse est ainsi contraint de redoubler plusieurs de ses classes. C'est en 1975 qu'il se retrouve à partager sa terminale avec le prince Albert. Responsable aujourd'hui dans l'île de Beauté d'un centre de formation et d'initiation à l'informatique, Pierre-Paul Battesti me dit avoir gardé les images d'un garçon calme et discret, « à la limite de l'introversion ». Il se rappelle ensuite de la présence quotidienne de Grace : « Sa mère l'accompagnait tous les matins et l'attendait le soir discrètement dans un endroit proche de la sortie de l'établissement. Un garde du corps se trouvait en permanence à ses côtés : un type avec une carrure imposante et une mine patibulaire. Il portait de lourds sourcils blond-roux. Je ne l'ai jamais vu esquisser même un sourire[32]. »

Son premier échange avec « Bébert », comme Battesti et ses camarades surnommaient alors sans méchanceté le prince héritier ? L'actuel président du Comité pour les droits de l'enfant se souvient qu'il s'est déroulé au cours d'une séance de lecture. « Le professeur de français lui avait demandé de lire à voix haute l'extrait d'un bouquin, me raconte Battesti. Sa difficulté d'élocution était terrible et je m'en suis voulu par la suite de m'en être à l'époque copieusement moqué. C'était d'autant plus injuste que Bébert était un garçon très simple. Il n'a jamais exigé le vouvoiement entre nous. En même temps, son humilité détonnait au regard de l'arrogance de certains Monégasques à l'égard des Français, dont je faisais partie. On nous faisait comprendre que nous étions redevables du bon vouloir princier. Une ambiance d'autant plus détestable que la plupart des élèves étaient des fils de bourgeois. Je les subissais comme tous mes amis qui n'avaient pas les moyens de résider sur le territoire monégasque[33]. »

Le frère de l'un de ces derniers fera parler de lui quelques années plus tard. Son nom ? Alain Ducruet, le frère cadet du futur mari de la princesse Stéphanie. « Nous habitions le même quartier où nous faisions partie de la même bande de voyous, admet l'espiègle Battesti. Nous avons participé à de nombreuses bagarres avec des bandes rivales. Si jamais nos mères l'avaient su, cela aurait bardé ! Cela dit, je me suis également fait de bons copains monégasques. Pas mal de potes que je retrouverai plusieurs années plus tard comme chauffeurs de cars, agents d'entretien au palais ou caissier à l'entrée du Musée océanographique. Ce dernier tournera mal : il sera impliqué dans une affaire de double billetterie. J'ai enfin compris ce jour-là pourquoi il roulait régulièrement en Porsche[34] ! »

De l'aveu de plusieurs anciens élèves de l'institution scolaire, l'ambiance des cours était des plus monotone. Les classes étaient loin d'être surchargées. Le principal, M. Connederat, faisait régner une stricte discipline. « C'était le moyen pour doper les résultats au bachot et au concours général, commente Battesti. La plupart des enseignants étaient des agrégés français. Certains se croyaient obligés de se montrer révérencieux lorsqu'ils s'adressaient à Albert. Ils en rajoutaient alors que je n'ai jamais eu connaissance de directives imposant un protocole particulier à son égard. D'autres étaient loin d'être complaisants à l'égard de la famille princière. Je me souviens notamment de deux frères, des professeurs de mathématiques et de français. De véritables révolutionnaires. L'un des deux – le prof de maths je crois – s'est un jour retrouvé dans un commissariat interpellé pour excès de vitesse. En apercevant le portrait de Rainier accroché à l'un des murs, il n'a pas pu s'empêcher de lancer : "Il est toujours là ce guignol ?" Le policier présent lui a demandé de présenter immédiatement ses excuses. Mais le gauchiste de prof a refusé. Dans les jours suivants, il était convoqué devant la justice monégasque pour y être condamné à une forte amende et une peine de prison avec sursis. Inutile de dire qu'il a aussitôt été viré de son poste[35]. »

À en croire encore l'ex-condisciple du Prince, Bébert n'a jamais été un élève studieux et brillant. Sa timidité naturelle l'empêchait-elle de participer activement aux cours ? De toute évidence, le jeune homme souffrait de son élocution. Une difficulté dont il n'usa toutefois jamais pour se défiler lors des interrogations improvisées. Pendant les pauses, le futur souverain avait l'habitude de se retrouver en compagnie de ses meilleurs copains. Parmi eux, il y avait notamment le fils du cuisinier de son père, et Christophe Steiner, devenu aujourd'hui député de la Principauté. Son père, médecin, était un grand amateur de golf. « Comme nous, il lui arrivait de buller ou de recopier des devoirs des forts en thème », reconnaît également le formateur corse.

En dehors des cours, les élèves ne se fréquentent pas vraiment. Même s'ils partagent la même passion sportive. Albert participe activement à un club monégasque de football, alors que Pierre-Paul défend les couleurs de l'équipe de Roquebrune-Cap-Martin. « Nous participions bien entendu à des boums qu'organisaient parfois certains fils de famille, se souvient encore Battesti. J'y étais invité grâce à une petite amie italienne prénommée Françoise. Son père était chirurgien à l'hôpital de Monaco. Albert participait à certaines soirées dansantes. À l'époque il flirtait avec une jeune fille de son âge prénommée Pascale[36]... »

Malgré son apparent dilettantisme, l'héritier du trône décroche son bachot avec la mention « assez bien ». Après un bref séjour en Angleterre, il quitte l'Europe pour les États-Unis. En septembre 1977, il franchit les portes de l'université Amherst dans le Massachusetts.

Pour son installation sur le campus, Grace tient à accompagner son grand fils de dix-neuf ans. Elle se charge elle-même des achats du matelas et des oreillers de son rejeton. Elle rencontre les professeurs à qui elle donne la consigne de réserver à son fils un traitement identique à celui dont ils useront à l'égard des autres étudiants. L'un de ses camarades, Dee Brown, se souviendra plus tard que son condisciple s'est toujours montré amical et ouvert à tout le monde. « D'autant plus facilement que ses interlocuteurs se montraient à leur tour aimables [37] », conclut-il. Au cours des premiers week-ends de liberté, Albert rend visite à la famille Kelly à Philadelphie. Il y retrouve notamment son cousin Christian Le Vine avec lequel il passe de nombreuses soirées animées. Parfois, il rejoint Manhattan en compagnie d'amis. À en croire ces derniers, le fils de Rainier se serait toujours refusé à fréquenter les endroits chauds de la mégapole new-yorkaise, night-clubs et autres boîtes à effeuilleuses. « Il ne voulait pas que son nom soit associé à ce genre d'endroits [38] », se rappelle son ami Anton Katz.

Le Prince a raison d'être méfiant. Peu de temps après son arrivée à Amherst, la presse lui prête une romance avec une belle jeune femme, puis avec Louise Rambo, la fille d'une des meilleures amies de sa mère. Selon sa tante Lizanne, Albert est encore trop jeune pour s'impliquer totalement dans une relation sentimentale.

Pourquoi des études aux USA et non la France ? « D'après ce que ma sœur Caroline m'avait dit de son année préparatoire aux Sciences politiques de Paris, ça paraissait… comment dire ?… un peu trop politisé[39]… » Mais ne réalise-t-il pas également quelque part le rêve de son père qui n'a jamais caché son exaltation pour les immensités américaines. Il est vrai que l'UMass comme l'appellent les initiés – University of Massachusetts – est située dans un cadre particulièrement enchanteur. Les chambres du campus donnent sur la Connecticut River et une vieille chapelle construite en 1867 en pleine campagne. Rien d'anormal : l'université avait au départ une vocation agricole. Ce qui explique cette « combinaison peu commune et spectaculaire de beauté rurale et de vitalité urbaine », comme l'affirme sur son site internet son actuel directeur, David K. Scott.

Au collège, Albert occupe dans un premier temps une chambre individuelle. Faute de place, il est obligé de partager un petit appartement au cours de sa deuxième année. D'abord avec deux, puis quatre étudiants. L'appartement en question est constitué d'un salon en commun et de quatre toutes petites chambres. À quelques pâtés de maisons, le prince héritier retrouve un copain d'enfance : Anthony Peck, celui qui lui avait lancé un coup de poing sur le nez lorsqu'il avait quatre ans. Depuis les années ont passé et les deux garçons se sont réconciliés. Le fils de l'acteur, arrivé un an plus tôt, reçoit chaleureusement son ami, s'occupe de lui et l'aide à s'intégrer. Toujours aussi remuant et espiègle, Anthony baptise Albert « Grand Hibou », surnom qui, de l'aveu de Gregory Peck, plut au rejeton de Grace et de Rainier. Les matières étudiées ? Les sciences politiques comme spécialité principale puis diverses disciplines : littératures anglaise et américaine, allemand, géologie, psychologie, anthropologie. Pendant quelques mois, il s'inscrit également à des cours d'histoire de l'art.

« Al », comme l'appellent ses amis, aime la peinture, particulièrement les peintres flamands des XVIe et XVIIe siècles. Son meilleur souvenir américain reste une série de cours sur Rembrandt qui se terminaient à chaque fois par d'interminables discussions. Passionné de l'histoire du cinéma américain, français et italien, le fils de Grace Kelly s'enferme plusieurs fois par mois dans les salles de la ville. Il ne cache pas son admiration pour *Le train sifflera trois fois* et *Fenêtre sur cour*.

L'étudiant ne sort presque jamais du collège tant celui-ci offre de loisirs et de distractions. Albert participe à de nombreuses activités sportives où il excelle : natation, squash, ski, équitation, tennis, et judo où il décroche une ceinture noire. Au football, la plupart du temps, il joue comme ailier et parfois arrière. Le jeu particulièrement viril n'est pas pour déplaire au jeune homme et ses protège-tibias ne lui épargnent pas tous les coups. Quelques années plus tôt, Albert avait participé à un camp sportif du New Hampshire. Il y reviendra à dix-sept ans comme moniteur de natation. Il était alors responsable d'une équipe de garçons de neuf et dix ans. Plus tard, il continuera à se perfectionner dans le sport à un haut niveau et représentera même son pays à cinq reprises dans l'épreuve du bobsleigh à des Jeux olympiques d'hiver. Ceux d'Albertville, de Calgary, en 1988, de Nagano au Japon en 1997, et enfin à ceux de Salt Lake City en 2002. Lors de ces derniers JO d'hiver, le Prince terminera 28e dans l'épreuve de bobsleigh à quatre.

Les quatre années américaines seront, de l'aveu même du jeune homme, une « expérience profitable ». « Cela m'a permis d'entrer plus naturellement dans la société américaine et d'avoir de vrais contacts humains, confie Albert. Il y avait là un échantillonnage assez vaste d'étudiants : des Coréens, des Africains, des Japonais... » Une méfiance de la part de ses camarades de collège ? « Non, pas méfiants, plutôt curieux. Ils ne savaient pas trop comment réagir. Puis, ils se sont aperçus que je n'étais pas si mauvais. Il faut dire que je n'ai pas de problème d'adaptation[40]. »

Ouverts à tous les pays du monde – plus de soixante-dix nations y sont représentées –, les cours sont forcément diversifiés. Les enseignants, qui se vantent de dispenser un enseignement global et rigoureux à travers une douzaine de disciplines, ne sont pas peu fiers de rappeler que plusieurs lauréats du prix Nobel et du fameux prix Pulitzer sont sortis de UMass.

« On n'y entre pas comme ça », me confirme de son côté Jane Marion, qui se souvient de s'être entretenue en 1992 avec Albert de ses années américaines. Une discussion informelle dans le cadre des réunions de l'American Club qu'elle préside à Paris. « Il était d'autant plus *shy* [timide] qu'il était handicapé par un léger bégaiement[41] », se rappelle encore la charmante épouse de l'ancien patron des services secrets français, Pierre Marion.

Grace est de retour en Europe lorsqu'elle est informée de la prochaine parution de sa biographie. Le manuscrit, dont elle prend connaissance, accorde une large place à ses anciennes liaisons amoureuses – *love affairs* – avec Ray Milland, Clark Gable, Gene

Lyons, mieux connu depuis son rôle dans la série télé *Iron side*, Jean-Pierre Aumont et William Holden. Les détails croustillants qu'il comporte peuvent assurer un succès de librairie certain à Gwen Robyns, journaliste néo-zélandaise réputée. Grace est catastrophée. Elle demande à sa biographe de lui rendre visite afin de lui faire part de son tourment. Deux jours plus tard, Robyns franchit le seuil de l'appartement parisien de l'avenue Foch. « Elle était terriblement nerveuse, se souvient l'écrivain-journaliste. Elle ressemblait à une collégienne prise en faute et dont la timidité ajoutait à son anxiété[42]. » Grace ne sait pas franchement par quel bout commencer la conversation. Robyns lui tend la perche en lui demandant son sentiment sur le manuscrit. Grace n'a pas l'intention d'esquiver : « Il est bien. Tout est exact, admet-elle. Je sais que je ne peux vous empêcher de le publier mais je vous avoue qu'il va me causer quelques ennuis[43]. » Gwen Robyns semble touchée par l'intensité et la sincérité des propos de son interlocutrice. Elle joue les incrédules et interroge la Princesse sur la nature des problèmes que son ouvrage risque de créer. « Je suis en train de dissuader Caroline de ne pas s'engager trop vite dans le mariage et votre livre me présente comme une jeune fille également pressée pour se marier[44]. » Et de préciser qu'elle a toujours gardé une grande discrétion sur ses aventures passées. Émue par la franchise de son héroïne, Robyns décide d'épurer le livre de tous les passages sulfureux qui gênent tant Grace. Apparemment sans trop de regrets. Si l'ouvrage ne se transforma pas en best-seller, l'auteur y gagna en effet une amie royale.

Depuis quelques mois, des rumeurs circulent dans le Tout-Paris. Caroline aurait été vue en compagnie de plusieurs chevaliers servants. Les plus célèbres d'entre eux sont Henri Giscard d'Estaing, le fils du président de la République, et le chanteur Philippe Lavil. Ce dernier occupe alors la tête du hit-parade avec un énorme succès intitulé *Avec les filles je ne sais pas*. Ce fils de békés martiniquais – de son vrai nom Philippe de La Ville Jaigu – passe, il est vrai, pour l'un des célibataires les plus convoités de la capitale, mais pour un proche du Palais, qui ne manque pas d'humour, Philippe Lavil n'a jamais voulu séduire les femmes autrement qu'en « tapant sur des bambous », comme dans ses chansons. Un reporter niçois m'affirme de son côté que Rainier voit d'un mauvais œil cette affaire. À toutes fins, le Prince aurait même écrit à la maison de disque du chanteur afin de faire cesser la liaison. « Elle était très jeune et Rainier était responsable[45] », m'explique celui-là.

Officiellement, Grace s'est installée à Paris afin de suivre de plus près les études de ses filles. L'épouse de Rainier ne refuse pas toutefois de participer à toutes les grandes premières : manifestations culturelles et galas officiels comme celle de la réouverture de la Comédie-Française, dans la loge présidentielle, aux côtés du président et d'Anne-Aymone Giscard d'Estaing.

Selon les confidences d'un célèbre chroniqueur mondain, c'est à cette même époque que la Première dame de Monaco noue une relation amicale avec Robert Hossein. « Grace s'est rendue à plusieurs reprises à Reims où Hossein vient de créer son Théâtre populaire[46] », me raconte ce témoin privilégié apparemment informé aux meilleures sources.

« Grace ne pouvait rester indifférente au tempérament fougueux d'Hossein, sans cesse en guerre contre le snobisme et les chasses gardées », me laisse-t-il encore entendre. Sur le plan sentimental, le héros des *Angélique* est divorcé de Caroline Eliacheff et pas encore remarié en troisièmes noces avec la comédienne Candice Patou. Sur ses relations avec l'actrice fétiche d'Hitchcock, le comédien, pour qui « l'intelligence ne peut plus exister qu'en fonction du cœur[47] », admirateur sincère et fervent, se montre jusqu'à aujourd'hui d'une grande discrétion. A-t-il été séduit par l'intelligence, la beauté et l'érotisme discret de Grace ? Ou, comme l'évoquait Hitchcock, par son « élégance sexuelle » ?

Sur les circonstances de leur rencontre, le metteur en scène des grandes épopées historiques varie aimablement dans ses versions. Dans un premier ouvrage, il évoque « l'occasion de pourparlers concernant un ballet de (son) père qui devait être représenté à Monte-Carlo au cours d'une tournée à travers la France et l'étranger[48] ». Dans sa plus récente autobiographie, il affirme qu'ils ont fait connaissance dans les semaines qui ont suivi un tragique accident de voiture, en 1974, dans la Drôme, au cours duquel sa femme Michèle perdra la vie. Transporté dans une clinique de Nice, c'est là qu'il reçoit un jour la visite surprise de la princesse de Monaco. Ce jour-là, elle est accompagnée de ses enfants et elle a apporté au convalescent un pot de confitures fabriquées de ses propres mains et comme il les aime[49]. Dans un cas comme dans l'autre, Grace lui apparaît comme dans un rêve. « Un rêve d'adolescent à l'époque d'Andersen », se souvient encore Hossein. Combien de temps durera leur amitié ? Difficile de l'affirmer. Le metteur en scène et comédien n'est-il pas de son propre aveu un « nomade sans tribu » et aux passions impossibles. Écoutons-le dans un hymne aux femmes de sa vie : « Gloire aux femmes que j'ai aimées. Gloire aux femmes qui ont embelli ma vie. Gloire aux femmes qui ont assumé seules le fruit de nos amours[50]. »

À lire plusieurs biographes américains et britanniques, Grace aurait entretenu différentes liaisons sentimentales après son mariage. Parmi les noms des chevaliers servants les plus souvent cités, celui du restaurateur new-yorkais et ancien modèle Jim McMullen, puis celui du réalisateur de documentaires Robert Dornhelm, d'origine roumaine mais de nationalité autrichienne, qui entre effectivement en 1976 dans la vie de la Princesse. Robyns, l'ancienne journaliste devenue au fil des ans la confidente de Grace, ne croit pas à la première romance mais elle admet en revanche ignorer jusqu'où a été l'amitié de Grace avec Dornhelm. « L'aspect physique n'était pas l'essentiel, dit-elle. Grace adorait le flirt[51]. » Autrement dit, toujours selon elle, c'était pour compenser toute la tendresse et l'amour qui lui manquaient. Dornhelm, pour sa part, s'est toujours refusé au moindre commentaire sur les aspects personnels de sa relation avec l'ancienne actrice. « C'est un souvenir qui ne peut pas être remué, dit-il. Il est mieux là où il repose. Il n'a plus de réalité[52]. »

De son côté, Philippe Junot, le futur mari de Caroline, se montre plus audacieux lorsqu'il affirme : « Dornhelm était souvent là quand je sortais avec Caroline. On ne voyait jamais Rainier. Il menait sa vie à Monaco, pendant que Grace menait la sienne à Paris. Parfois, nous sortions tous les quatre en couples,

Caroline avec moi, et Grace avec Dornhelm. Je ne sais pas s'ils étaient amants, mais disons que je serais très étonné qu'ils ne l'aient pas été [53]. »

La presse dépeint la superbe fille aînée du couple princier comme une forte tête, continuellement en bagarre avec ses parents pour un achat de robe ou le choix d'un mari. Afin d'apporter la contradiction aux auteurs des articles en question, Grace accepte de dévoiler une part de leur intimité. Elle confirme veiller de près aux études, aux vacances et à la vie de ses enfants. Elle reconnaît que Caroline et elle partagent des « choses que les pères ne savent pas » et Grace de préciser avec quelques sous-entendus : « Cela vaut mieux parfois [54]. »

Grace est-elle confrontée comme toutes les mères du monde au traditionnel conflit de générations ? Est-elle la victime – consentante – d'un excès de personnalité de son aînée ? Pour ceux qui la connaissent bien, Caroline a pris à chaque Grimaldi un peu de leur fort tempérament. Elle aurait, en revanche, peu emprunté aux Kelly. Elle est avant tout méditerranéenne.

L'avenir de Caroline, personne n'est évidemment capable de le prévoir. Ses parents eux-mêmes, parfois lassés de certaines extravagances, manifestent moins d'inquiétude qu'il n'y paraît. Avec résignation, Grace reconnaît : « Nous avons nos différences à propos des vêtements et des *boyfriends*. Mais toutes les mères et toutes les adolescentes ne sont-elles pas ainsi [55] ? »

Selon un proche du palais, Caro, comme l'appellent affectueusement ses amis, est une jeune femme de notre temps, particulièrement intelligente, imaginative, plus tentée de s'affirmer que de se soumettre.

Elle aime qu'on l'apprécie pour ce qu'elle est réellement et non pour ce qu'elle représente. À vingt ans, elle efface volontairement l'image de la princesse romantique pour celle d'une jeune fille du XXe siècle, libre de sa destinée.

À en croire un autre confident, il est évident que Caroline supporte mal l'immixtion de sa mère dans sa vie privée. « Elle veut que je sorte avec des amis qu'elle m'a choisis, pas avec les autres. Elle veut que je m'habille d'une certaine manière, qui ne me convient pas. Je ne veux pas porter le poids des ambitions que ma mère n'a pas réalisées [56] », se lamente un jour la sœur d'Albert.

Signe d'indépendance ? Pour fêter ses vingt ans, la jeune fille refuse l'idée d'un grand bal au palais des Grimaldi en présence de toute la jeunesse titrée et dorée d'Europe. Au lieu de cela, deux jours avant son anniversaire, elle passe la soirée chez *Régine* avec son ami, Philippe Junot, fils de diplomate de dix-sept ans son aîné, sportif infatigable doué d'une extraordinaire joie de vivre, assurent ses amis. C'est ce qui semble d'ailleurs avoir séduit Caroline.

Curieuse de la vie comme tous les jeunes gens, Caroline aime fréquenter les gens qui ont quelque chose à dire ou à lui apprendre. Elle cherche un sens à donner à son existence et, contrairement aux apparences, elle vise haut. Après de brillantes études secondaires, l'aînée des Grimaldi, qui parle couramment cinq langues, a un moment souhaité devenir interprète à l'ONU ou entrer dans la Carrière. Puis, passionnée par la politique, elle a entrepris des études à Sciences-Po, à la grande satisfaction de son père. « Caroline aurait fait une excellente princesse régnante [57] », reconnaît un jour Rainier. Mais c'était aussi sa première année à Paris, et les tentations ont peut-être été plus fortes que le goût de l'étude.

Au cours de l'été 1976, les Monaco partent à la conquête de l'Ouest américain. Des vacances au Nouveau Mexique qui doivent permettre à Caroline d'oublier la pression. La jeune fille est devenue depuis quelques mois la princesse préférée de la famille et la plus photographiée d'Europe. Au cœur des montagnes Rocheuses, Grace, Rainier, Caroline, Albert et Stéphanie, vivent sans protocole et presque sans reporters. Avant d'atteindre l'Ouest américain, ils voyagent du New Hampshire en Virginie dans deux voitures. Grace, pour les guider, se sert des cartes de l'Automobile Club. Le photographe américain Howell Conant fait partie du voyage. Il se souvient de l'aînée des Grimaldi comme d'une princesse particulièrement épanouie, le contraire de la jeune fille fantasque que certains journaux présentaient parfois : « Caroline se comportait plus comme une amie avec ses parents et jouait tous les jours au tennis avec sa mère. Elle était aussi à l'aise invitée dans un ranch, dans un village indien ou pendant un dîner officiel donné par le gouverneur Apodara du Nouveau-Mexique. Ce même dîner au cours duquel elle était capable de parler aussi facilement d'art que de politique. Auditrice attentive, elle comprend les plaisanteries les plus subtiles. Elle parle plusieurs langues et s'exprime couramment en anglais avec l'accent américain [58]. »

Comme tous les étudiants de France, Caroline reprend à la rentrée suivante le chemin de ses études. Après son échec à Sciences-Po, la princesse s'est inscrite à la Sorbonne. Là, elle suit un cours de philosophie et de psychologie de l'enfant. Dans la capitale, la jeune fille retrouve Philippe Junot. Ses parents sont au parfum de leur amitié. Lorsque leur fille évoque un projet de mariage, Grace se montre circonspecte. Interrogée sur le sujet par la presse américaine, l'ancienne actrice estime que son aînée peut attendre un peu plus longtemps. À certains membres du premier cercle familial, elle prédit avec tristesse que l'union ne dépasserait pas les deux années[59]. Rainier et elle cherchent-ils à contrarier le projet de mariage de leur fille ? Probablement, même s'ils s'en défendront un peu plus tard. Leur réaction devant la hâte de Caroline à se marier est celle de n'importe quels parents. Respectueux de la volonté de leur aînée, il n'est pas question toutefois pour eux de l'en empêcher. Le pourraient-ils d'ailleurs ? Peut-être se souviennent-ils de leurs propres manifestations d'indépendance au même âge. Il leur faudra du temps pour accepter le prétendant de leur aînée, célèbre pour ses frasques, pour l'abondance de ses conquêtes féminines, et autres vagabondages nocturnes entre amis. Une réputation usurpée ?

CHAPITRE 8

Le premier mariage de « Caro »

Teint hâlé, costume trois pièces parfaitement coupé, c'est un Philippe Junot tiré à quatre épingles qui me reçoit dans son nouvel et luxueux appartement de l'avenue Montaigne à Paris. Un simple pied-à-terre, tient à me préciser l'ancien mari de Caroline qui, depuis quelques années, partage sa vie de *merchant banker*, conseiller financier, entre la France, l'Espagne et les États-Unis. L'Amérique où il doit bientôt rejoindre son épouse et ses trois enfants dont il est fier de montrer la photo posée sur un meuble.

Sur les circonstances de sa rencontre avec l'aînée des Grimaldi, Philippe Junot tient à être précis et à tordre le cou à certaines rumeurs. Il m'affirme ainsi ne l'avoir jamais rencontrée dans l'une des boîtes de nuit son amie Régine. Encore une invention de journalistes qu'il stigmatisera à plusieurs reprises lors de notre entretien. « Il se trouve qu'à cette époque, lorsque ce genre d'endroits était encore fréquentable, on allait chez *Régine* et ailleurs, m'explique-t-il. Mais je l'ai rencontrée dans de tout autres circonstances : un dîner privé chez un avocat parisien connu, Hubert

Michard Pélissier. Ce soir-là on a sympathisé. Mais pas plus que ça[1]... »

Ce soir-là, la jeune fille a-t-elle été séduite par l'assurance, l'ironie et la drôlerie de Philippe, ainsi que le déclarera bientôt Grace Le Vine, la cousine germaine de Caroline ? Le Français ne s'en souvient pas. Il se rappelle en revanche qu'au mois de décembre de la même année, au Palais des Congrès, il rencontre à nouveau, à l'occasion du vernissage d'une exposition de peintres américains, la belle princesse dont il allait s'éprendre. « Notre seconde rencontre est tout à fait due au hasard, poursuit Philippe Junot. Ensuite on a décidé de se revoir et on s'est revus. Il y a notamment eu un dîner donné chez les Lanvin, puis on s'est retrouvés dans un bal. Comme toute relation qui naît, il s'est passé un certain temps avant que quoi ce soit ne se mette en place[2]... »

Le temps passe et les journaux du monde entier commencent à s'interroger sur la nature de leurs relations. Des photographes indiscrets surprennent ainsi le couple en train de déjeuner au bois de Boulogne, ou d'assister aux Internationaux de tennis de Roland-Garros. Pour Rainier et Grace, Philippe n'est encore qu'un copain de leur fille parmi d'autres. Jusqu'à ce jour de juillet 1976 où le garçon vient leur demander la main de Caroline. « Les parents de Caroline ne m'ont pas fait part de leurs réticences, me confie Philippe Junot. Ils m'ont simplement demandé d'attendre une année. Ils voulaient se rendre compte de la qualité de nos relations. C'est une histoire banale d'amour entre un homme et une femme, avec un décalage d'âge, d'accord. Par ailleurs, je n'étais pas totalement inconnu[3]. »

Le garçon a sept ans lorsque ses parents divorcent. Sa mère, Lydia Thykjaer, d'origine danoise, l'inscrit au collège Stanislas de Cannes dont il suivra les cours jusqu'à l'adolescence. Ses premières années ont pour décor une villa à Golfe-Juan où il vit en compagnie de sa sœur et de deux demi-frères. Très jeune, il a déjà la réputation d'un don juan non dépourvu d'humour. Son père, qui s'est remarié entre-temps, reprend le jeune Philippe auprès de lui, à Paris. Le garçon intègre le lycée Carnot, décroche son bac philo puis, après une licence de droit, passe avec succès, aux États-Unis, l'examen du New York Stock Exchange, passeport qui lui permet de devenir agent de change. De retour à Paris, il monte alors un cabinet de conseils financiers avec, pour associé, un Canadien, Peter Miller. De l'aveu de sa famille comme de ses amis, Philippe est un grand travailleur, doté par ailleurs d'une santé de fer.

Malgré ses succès féminins, le jeune homme reste un célibataire endurci. Il est vrai que ses affaires le font voyager régulièrement entre ses bureaux de Paris, Montréal et les États-Unis. En dehors de son travail, Philippe sait être un ami charmant et un sportif accompli. Il joue au tennis, skie aussi bien dans les Rocheuses que dans les Alpes et a pratiqué pendant cinq ans la boxe anglaise et française. Son sport favori reste toutefois le football car il peut jouer avec ses copains. C'est dans cet esprit qu'il fonde une équipe dont il est l'avant-centre : « les Va-nu-pieds », constituée un soir chez *Castel*. Les joueurs vedettes en sont Claude Brasseur et Guy Drut. L'hiver, entre deux descentes de ski, il retrouve d'autres célébrités du show-biz à Megève. Ce sportif est aussi un esthète : il adore la peinture et la danse modernes et ne manque pas une exposition, un ballet de Béjart ou d'Alvin Haley. Une passion qu'il partage avec Caroline, elle-même ancienne élève du cours de Marika Besobrasova, à Monte-Carlo. Chez sa future fiancée, il aime sa façon d'être directe, franche, spontanée. Elle représente la princesse moderne, qui fait fi du protocole. À Philippe, elle fait partager ses goûts pour Randy Newman, Véronique Sanson et France Gall.

Comme ses parents, Philippe habite un appartement au cœur de Paris. À quelques foulées de l'Odéon, son trois-pièces donne sur un jardin planté d'arbres, avec de hauts plafonds, un décor de boiseries Louis XVI et un mobilier de famille, le tout égayé d'objets modernes achetés au fil de ses voyages. C'est là qu'il reçoit ses amis pour des dîners sans contrainte et des parties de backgammon.

Philippe correspond-il réellement à la réputation de fêtard qu'il traîne dans la jet-set ? De cette image de séducteur impénitent, il se défend avec véhémence : « Qu'entendons-nous par play-boy ? Quelqu'un qui s'amuse avec des femmes ? Rainier était mieux placé que les journalistes qui ne me connaissent pas pour conclure sur le type de personnage que j'étais. Je n'ai jamais vécu des femmes. Je me suis beaucoup amusé. J'ai travaillé en même temps beaucoup. Ce qui me permettait probablement de m'amuser. Comme la presse est toujours prête à créer du sensationnalisme, ils ont peut-être considéré, que compte tenu de certains modes de vie que j'avais, j'étais un play-boy. Si cela signifie une certaine façon de vivre et un certain succès à Paris, oui peut-être. J'étais comme j'étais. Avec une conduite irréprochable. Moralement parlant. On a peut-être développé cette image de play-boy parce que j'étais plus âgé qu'elle, d'accord. Mais enfin je ne vois pas ce qui, dans ma vie avant, a pu leur permettre de me coller ce mot facile, mot-clef passe-partout auquel personne ne donne une véritable signification. Je suis convaincu que si on demandait à plusieurs personnes une définition du terme, elles ne donneraient pas forcément la même[4]... »

C'est au cours d'un week-end dans leur maison familiale en Eure-et-Loir que les parents de Philippe rencontrent Caroline. Après un bref moment d'incrédulité, Michel Junot découvre une jeune fille particulièrement intelligente, vive, prompte à la riposte. « J'étais un peu surpris, un peu ennuyé aussi, me raconte-t-il. Elle avait à peine dix-huit ans. J'ai demandé à mon fils si les parents de la princesse étaient au courant. Il m'a rassuré. Je dois dire que Caroline nous a très heureusement surpris, ma femme et moi. Elle s'est montrée d'une simplicité et d'une gentillesse extraordinaire. Elle nous a demandé si elle pouvait se rendre utile. Puis elle a proposé de confectionner un gâteau. "Vous savez je fais très bien les tartes aux pommes", nous a-t-elle assuré. Je peux vous dire que c'était un comportement assez rare. J'ai compris que Caroline avait été élevée comme une jeune Américaine. Sincère et simple. Ce qui ne l'empêchait en rien d'avoir aussi du caractère[5]. »

En retour, et conformément à sa volonté, Caroline obtient que ses parents invitent Philippe à bord du yacht princier lors d'une croisière qui doit se dérouler aux îles Galápagos. Exotisme aidant, le jeune homme en profite pour demander officiellement sa main. « Cela s'est passé à Quito en Équateur, de retour des Galápagos, me précise Junot. La conversation fut fort aimable. Le prince Rainier m'a accordé cette entrevue. Il m'a posé un certain nombre de questions auxquelles j'ai répondu. Cela a semblé lui convenir[6]. »

C'est au retour de ce long voyage, et malgré son manque d'enthousiasme, que le Palais annonce officiellement les fiançailles. La cérémonie est prévue pour le 23 août 1977.

Sur le Rocher, la nouvelle ne fait toutefois pas l'unanimité. Les uns trouvent le Français quelque peu roturier. On lui aurait préféré une tête couronnée – ou même découronnée – dont le blason et les relations mondaines eussent avivé de leur lustre l'image de marque de la Principauté. D'autres pensent que l'union de leur jeune princesse avec un homme d'affaires sera, tout compte fait, d'un meilleur profit pour tous mais se préparent sans grande résignation à la déferlante médiatique qui s'annonce.

« La presse va être dorénavant en permanence à nos basques, se souvient Philippe Junot. Pour moi, c'était une découverte stupéfiante[7]. » Son père n'en revient pas non plus. « La poursuite de la presse et des photographes, j'en ai eu l'expérience dès les fiançailles, me raconte avec bonhomie Michel Junot. Aussitôt la cérémonie achevée, je suis reparti en voiture pour Paris en compagnie de mon second fils, Christian. J'habitais à l'époque rue de Condé. En arrivant devant chez moi, mon fils me signale la présence de photographes. Je les remarque à mon tour faisant le pied de grue devant la porte cochère. Ils se sont soudain précipités sur moi pour recueillir des informations concernant les fiançailles. J'ai refusé de répondre, leur disant juste qu'il y avait eu un communiqué officiel du palais et je n'avais rien à rajouter. Nous avons vu à ce moment-là des choses étonnantes. Au cours des semaines suivantes, j'ai appris, par le concierge de l'immeuble situé de l'autre côté de la rue, qu'on avait loué des chambres de bonnes au dernier étage, d'où on pouvait regarder dans notre appartement. À la campagne, l'un de mes voisins fermier m'a appelé un jour pour me prévenir que des photographes étaient venus prendre possession l'une de ses dépendances. Cela a pris des proportions qui pouvaient sembler amusantes au début, mais qui sont très vite devenues assez contraignantes et désagréables [8]. »

Le jour tant attendu arrive enfin. Le 29 juin 1978, le mariage de Caroline et de Philippe Junot est célébré en grande pompe, devant toutes les têtes couronnées d'Europe, dans la cathédrale de Monaco. Comme il fallait s'y attendre, il devient l'événement mondain et médiatique de l'année. Une curiosité et une fascination qui justifient même un supplément dominical du très sérieux *New York Times*.

Une liste de sept cents invités a été mise au point par Rainier et Grace. À tout seigneur tout honneur, la Princesse n'a pas oublié ses amis artistes d'Hollywood : David Niven, Cary Grant, Gregory Peck, Frank Sinatra, Ava Gardner ou Gloria Swanson. Ou ceux vivant déjà sur la Côte, comme l'écrivain Somerset Maugham et Randolph Churchill.

Du côté français : Louise Weiss, Arthur Conte, l'académicien Edgar Faure, de nombreux ambassadeurs comme Jacques Roux, représentant la Principauté à Berne, mais aussi Didier Aaron, Jean

Demachy, Jacques Chazot, l'avocat Jean-Baptiste Biaggi, Paul-Louis Weiller, avec son grand cordon de Malte. Plusieurs absents de marque : le président Valéry Giscard d'Estaing, le prince Charles d'Angleterre, officiellement retenu par d'autres engagements. Coïncidence troublante : sa mère avait snobé de la même façon le mariage de Rainier et de Grace, vingt-deux ans plus tôt. Il est vrai que la cour d'Angleterre n'a que rarement reçu les princes de Monaco auxquels elle reproche leur goût pour des mariages avec des gens du spectacle...

À la demande de Rainier, certains ont été délibérément rayés de la liste des invités et ne reçurent jamais le précieux carton.

Les fêtes du mariage princier durent trois jours. C'est dans la salle du trône du palais que Caroline dit oui devant le maire de Monaco et le prince Rainier. S'ensuit la cérémonie à l'église. À ce moment-là, la jeune mariée, au bras de son père, descend l'escalier orné de cinq mille œillets blancs qui mène à l'autel. Quarante invités seulement peuvent assister à la cérémonie religieuse célébrée dans la chapelle par Mgr Barthe, qui avait officié naguère pour l'union de Rainier et de Grace. Grincheux, les deux mille reporters, qui ont fondu sur le Rocher, apprécient peu d'être exclus. Malgré les pressions tous azimuts, un seul photographe officiel est présent pour figer le oui traditionnel des époux. Normal que, dans ces conditions, certains observateurs assurent n'avoir jamais lu autant de « vacheries sur un jeune homme et entendu autant de ragots sur une jeune fille[9] ». Un coup de pied de l'âne de la part de gazettes volontairement interdites de cérémonie. La façon de les indisposer et se préparer des articles désagréables.

Les presses allemande et américaine se montrent les plus sévères, ne manquant pas de dire, naturellement, que le Prince profita de l'occasion en assurant à sa propre agence photographique le fructueux monopole du reportage. Certes, les consignes officielles précisaient que ces clichés devaient être distribués gratuitement aux tabloïds, mais elles n'ont pas toujours été respectées. Rainier et Grace voulurent-ils éviter à leur fille un *remake* de l'hystérie de 1956 ? Ont-ils craint un attentat comme la rumeur en courut un moment ? En arrivant dans la Principauté, les invités sont surpris de ne voir aucune maison pavoisée, aucun air de fête, aucune âme dans les rues. Le Palais a-t-il mis sur pied une « opération ville morte [10] » ? ironise un échotier. Le ministre d'État français, André de Saint-Mleux, se veut rassurant. Cette apparente austérité ne cache aucune réticence à l'égard de Philippe Junot. Les flonflons et autres pavoisements sont réservés au futur mariage du prince Albert. Mais personne ne peut révéler ni la date de l'union ni le nom de l'heureuse élue. Toujours est-il que, pendant trois jours, l'actualité heureuse a eu pour capitale Monaco. L'enthousiasme de la foule lorsque le lendemain, après la bénédiction nuptiale, Caroline et Philippe, à pied, allèrent porter le bouquet de la mariée à sainte Dévote, patronne de Monaco, prouve l'amour du peuple pour ses princes. La splendeur de la réception fait à peine oublier la médiocrité du buffet offert aux invités. Certaines mauvaises langues laissent entendre que Michel Junot, qui n'a qu'une fortune républicaine, a refusé de partager les frais du mariage. « Ma fortune républicaine ne m'a pas interdit de les partager, proteste aujourd'hui le père du marié. La cérémonie a été organisée intégralement au palais. On ne m'a rien demandé. J'ai offert un dîner à la famille de Monaco la veille des noces. Un dîner d'une trentaine de personnes au *Café de Paris*. Je crois également que j'ai réglé les faire-part envoyés à tous les invités. Trois ou quatre cents cartons. Le jour du mariage, j'ai fait porter à Caroline une très belle montre avec des brillants. Cela dit on ne m'a pas demandé de participer au lunch du palais [11]. » Et de rappeler enfin que le fiancé avait aussi offert une très belle bague à sa promise.

Pour le voyage de noces, Philippe a opté pour les lagons bleus de Moorea près de Tahiti. Une surprise qu'il réserve à Caroline. Un avion les attend à Nice, destination Roissy. Afin d'éviter la meute des reporters photographes, un hélicoptère vient chercher les nouveaux mariés dans la cour du palais. Une scène émouvante que me raconte Michel Junot : « Nous étions une douzaine de personnes à accompagner le couple – la mère de Philippe, mon épouse, mes deux autres enfants, Grace, Rainier, Albert et Stéphanie. Au moment où Philippe et Caroline sont montés dans l'hélicoptère, Rainier tout d'un coup a éclaté en sanglots et est parti. Grace s'est tournée vers moi et m'a dit : "Il ne faut pas en vouloir au Prince, il est très émotif. Il a l'impression qu'on lui arrache sa fille." Pour le voir dans cet état, j'ai compris que cela était beaucoup plus grave que je ne le pensais [12]. »

Aux antipodes, les nouveaux mariés sont accueillis par un ami, le docteur Jonville, surnommé « le médecin volant des îles ». L'un de ses clients et prestigieux voisins s'appelle Marlon Brando. Espère-t-il pouvoir protéger ses hôtes des paparazzi déjà alertés par de mystérieuses filières ? Tout a pourtant été fait pour leur échapper. Le couple s'était éclipsé sitôt la cérémonie religieuse. Il avait rejoint Paris à bord d'un jet privé. Puis avait embarqué à Roissy pour le Pacifique. Leurs billets avaient été réservés en première classe sous les noms de M. et Mme Rollin. À quelques sièges de là le député de Polynésie française, Gaston Flosse, ne manqua toutefois pas de reconnaître le célèbre couple et, comme il se doit, vint lui présenter ses félicitations.

À la demande de Philippe, un photographe de *Paris-Match* fait partie du voyage. Dans son esprit, c'est le seul moyen d'endiguer le harcèlement des paparazzi. « De façon à éviter d'être assailli, d'avoir des photos volées au téléobjectif, je l'ai prévenu de la date et de l'endroit où nous étions, m'explique Philippe Junot. Il a fait un reportage contrôlé, avec des photos de bonne qualité. C'était la seule façon d'avoir la paix [13]. »

De retour en métropole, Philippe et Caroline ont l'intention d'emménager au sixième étage d'un immeuble parisien, avenue Bosquet. Le Prince insiste-t-il pour que le couple reste à demeure dans l'appartement princier ? C'est ce qu'affirme Michel Junot : « Rainier avait souhaité qu'ils s'installent dans un appartement qu'il possédait du côté de l'avenue du Bois, mais Philippe, non. Il m'a dit : “Il n'en est pas question, ma femme habitera chez moi [14].” » De son côté, Philippe explique avoir finalement accepté l'hospitalité de son beau-père, mais en attendant que le nouvel appartement soit prêt à les accueillir.

De ce séjour dans le logement parisien de ses beaux-parents, l'ex-époux de Caroline garde le souvenir attendri de beaux moments partagés avec la princesse Grace. « C'était une femme exceptionnelle, me confie-t-il. Charmante, cultivée, s'intéressant à des tas de choses. Nous prenions fréquemment notre petit déjeuner ensemble. Dans la plus grande simplicité. Elle me demandait parfois de l'accompagner à des tas de manifestations officielles. Peut-être que sa fille le lui suggérait, mais n'empêche que tout cela se déroulait aimablement. J'ai toujours eu l'impression d'avoir en face de moi une femme de devoir qui accomplissait ce qu'elle devait faire à Monaco avec sérieux, avec beaucoup de dévouement [15]. »

De son beau-père, l'homme d'affaires français dessine un portrait plus nuancé mais pas franchement hostile : « Le prince Rainier a toujours été ce qu'il est. Une personnalité pas facile, qui a beaucoup de charme. Il peut se montrer versatile, avoir ses humeurs. Il est comme ça. Quelqu'un avec lequel le dialogue peut être soit très facile, soit inexistant [16]. »

Dans les mois qui suivent leur union, les jeunes mariés voyagent beaucoup. On les voit partout la main dans la main et leur bonheur ne semble jamais connaître d'ombre. Ils passent ainsi l'hiver suivant sous le soleil des Antilles. Ils sont présents à la Guadeloupe à l'arrivée de la Route du Rhum et sont montés à bord de *Kriter IV*. Ils vivent une deuxième lune de miel à bord du yacht *Sincerity*. Ils n'y sont pas seuls : Maria Niarchos, fille du milliardaire grec, et son fiancé, Alix Chevassus, les accompagnent. Au programme, détente, bronzage et bains de mer. Caroline a toujours beaucoup aimé nager et plonger. Elle n'y renonce pas, ce qui semble infirmer la rumeur selon laquelle elle attendrait un heureux événement. Elle continue pourtant à déclarer que son mari et elle aiment les enfants et qu'ils veulent créer une famille nombreuse. Grace l'encourage à profiter de la vie à deux. Elle estime qu'une descendance enchaîne une femme et que Caroline est encore trop jeune pour renoncer à sa liberté. « J'ai eu mon premier enfant à vingt-sept ans, c'est un bon âge pour être mère. Mais Caroline et son mari doivent faire ce qui leur convient et c'est ce qu'ils feront en définitive[17]. » De son côté, Philippe Junot estime qu'une naissance aurait probablement modifié les comportements et les états d'esprit, mais que l'occasion ne s'est finalement pas présentée. Le fait est que, plus tard, ils auront l'un et l'autre des enfants superbes.

Malgré ses réserves, Grace est consciente que les temps ont changé et qu'elle doit désormais se préparer à devenir un jour la plus belle grand-mère d'Europe. Elle doit aussi ne pas perdre de vue sa cadette Stéphanie, dont le caractère s'affirme chaque jour davantage.

CHAPITRE 9

Turbulences sur le Rocher

En février 1980, Stéphanie fête ses quinze ans. Pour la presse *people*, c'est la plus jeune des trois enfants du couple princier et la moins connue. « Elle est plutôt timide, dit sa mère, mais elle a une très forte personnalité. Elle est aussi affectueuse et terriblement loyale. Un délice [1]. » La jeune fille aime les sports athlétiques. Elle suit des cours de gymnastique à Monaco et à Paris. Avenue Foch, elle vit au premier étage de l'hôtel particulier des Grimaldi. Son domaine : une chambre, un petit salon, une cuisine indépendante, une salle de bains. Dans le petit salon, un canapé beige et une table basse, font face à une grande bibliothèque de part et d'autre de la cheminée, avec récepteur de télévision encastré dans les rayonnages. La fenêtre donne sur un petit jardin à la française. Dans sa chambre tendue de tissu bleu entre les moulures blanches, un grand lit, une chaîne stéréo, un magnétophone à cassettes et partout des disques.

À la sortie de l'école, Stéphanie aime à se retrouver avec des amis de son âge. Son caractère et son look de garçon manqué l'ont rapidement transformée en chef de bande. Elle déteste les entendre l'appeler « Princesse ». Comme eux, elle porte jean-baskets, boit du Coca-Cola, déjeune dans les fast-foods, dévale les jardins du Trocadéro sur des patins à roulettes et les pistes de ski avec un walkman sur les oreilles. Moderne et anticonformiste, elle représente pour la presse du cœur une nouvelle génération d'altesses faite de fous rires, d'élégance et de décontraction.

Depuis le mariage de sa sœur, d'aucuns voient déjà à travers cette jeune fleur de quinze ans le plus joli parti d'Europe. Il est vrai aussi que Stéphanie envie parfois son aînée, sa manière de s'habiller et de se maquiller. Souffre-t-elle de vivre dans son ombre ? La jalouse-t-elle inconsciemment pour les innombrables couvertures de magazines qui lui sont consacrées chaque mois ? Les relations entre les deux sœurs furent difficiles pendant une époque, mais elles se sont améliorées avec le temps. Stéphanie sait toutefois qu'elles restent teintées d'incompréhension. Avec Albert, c'est différent : une très grande complicité unit Stéphanie à son frère, obligé en revanche de s'accommoder du caractère de sa sœur aînée. « Tout en revendiquant une relative simplicité, Caroline se fait une haute idée de son rang. Elle n'hésite pas ainsi à reprocher à sa cadette et à son frère une trop grande familiarité avec n'importe quel quidam [2] », confie un proche de la famille princière.

Pour le second anniversaire de leur mariage, en juin 1980, Philippe et Caroline ont décidé de ne pas faire d'annonce officielle. Ce jour-là, le mari de la

Princesse est retenu par des obligations professionnelles à Dallas. Le couple modèle et heureux ne serait-il qu'une image fragile constituée de faux-semblants ? Des clichés publiés dans plusieurs magazines internationaux font jaser : peu après le départ de Caroline en Grande-Bretagne, où elle doit participer à un séminaire sur la psychologie, un photographe surprend Philippe sortant de chez lui en compagnie d'une jeune Scandinave avec laquelle on le verra souper à la *Maison du Danemark*, sur les Champs-Élysées. Philippe redevient-il volage comme sa réputation le laissait entendre ? La presse exploite-t-elle des situations, transformant les apparences en réalité ? Quelque temps plus tard, une autre photo indiscrète montre une pulpeuse Sud-Américaine embrassant Philippe alors que le couple naviguait en compagnie d'amis dans les eaux grecques[3]. La rumeur enfle. Les tabloïds anglais le répètent bientôt sur tous les tons : Caroline et Philippe Junot sont sur le point de se séparer. « Hubert Michard Pélissier, ami et avocat du couple, annonce le divorce[4] », écrit le *Daily Mail*. « Caroline a changé toutes les serrures de sa maison de Monaco pour en interdire l'entrée à son mari[5] », avance même le *Sun*...

Sur le Rocher, le palais fait grise mine. Il fait vigoureusement démentir par l'intermédiaire de son service de presse. Comme souvent dans le passé, le clan de Monaco se reforme à la moindre turbulence. Toute la famille est réunie autour de Grace et Rainier à *Roc Agel* devant les objectifs de photographes triés sur le volet. Pour clore la discussion et recouvrer la paix qu'il exige dans sa vie, Philippe Junot accepte, en juillet 1980, d'être interviewé par un ami journaliste. « Si j'accepte de faire le point aujourd'hui, c'est uniquement parce que j'en ai assez de tous ces ragots[6]. » Le mari de Caroline dément avec véhémence tout projet de divorce. Il assure que seules des raisons professionnelles expliquent sa séparation physique d'avec la Princesse. « Je suis parti trois semaines aux États-Unis et je m'apprête à repartir d'ici la fin de la semaine pour mes affaires. Caroline était soit à Monte-Carlo avec ses parents, soit à Paris avec moi, lors de mon retour. Elle se trouve actuellement à la campagne pour des raisons de santé. » Sur l'origine des rumeurs qui circulent dans toutes les rédactions des chroniqueurs de chic, Philippe apporte ses explications : « Nous refusons depuis près de deux mois maintenant tous les cartons d'invitation pour les soirées mondaines et dîners que nous aimions. Nous en avons "ras le bol" de cette vie artificielle. Alors évidemment, lorsqu'on n'entend plus parler de nous, les journaux s'inquiètent. Si je divorçais, je ne vous parlerais pas ainsi aujourd'hui ; je serais triste et déprimé. Ce n'est pas le cas, Dieu merci[7]... »

Malgré ses déclarations, l'avenir ne tarde pas à révéler que son histoire d'amour avec Caroline est sur le point de s'achever. Mais ni l'un ni l'autre ne dévoile pour le moment ses intentions. La jeune femme est retournée à Monte-Carlo vers ses parents. Là, elle passe beaucoup de temps en compagnie de son ami d'enfance Robertino Rosselini, le fils de l'actrice Ingrid Bergman et du metteur en scène italien. Philippe réagit mal et voyage plus que jamais. Le conte de fées est-il en passe de tourner au drame ? En mai, Caroline décide de disparaître pour faire le point. Philippe apprend bientôt qu'elle s'est réfugiée dans la ferme familiale de *Roc Agel*. Quand il téléphone, on lui répond qu'elle est sortie. Pour Caroline, le temps des illusions s'achève.

Au début du mois d'août 1980, le couple se retrouve de nouveau. Ce sera la dernière fois avant leur rencontre devant les magistrats du tribunal de conciliation. L'idée d'une séparation ? Elle surgit presque naturellement, explique l'ancien mari de la princesse Caroline : « Pendant un certain temps, les choses se sont passées très très bien, puis elles se sont dégradées au bout d'un certain moment, et puis on est arrivés à la conclusion qu'il fallait peut-être mieux se séparer. Et c'est ce qui s'est produit[8]. » Un échec ? Une évidence que Philippe admet bien volontiers avec le recul du temps : « Il y a toujours un certain nombre d'ingrédients qui viennent s'accumuler, et dont le poids conduit à la rupture[9]. » Rainier et Grace auraient-ils pu constituer en quelque sorte l'un de ces ingrédients ? « La famille princière, à un moment donné, a effectivement pris fait et cause pour sa fille, concède Junot. Ce qui est totalement normal. Toute famille au monde aurait fait la même chose. C'est tout. Caroline, ayant eu probablement une autre idée que celle de continuer dans le mariage, a dû se confier à son père. Il y a un protocole monégasque qui exige qu'on demande par une lettre officielle l'autorisation de divorcer. On ne peut pas lui en vouloir, mais Rainier s'est mis totalement du côté de sa fille. Ce qui est normal. Peut-être aussi que la presse a joué un effet loupe sur ces circonstances et ne m'a pas donné forcément le beau rôle. D'ailleurs, il était peut-être un peu mérité. Mais dans ces cas-là, les responsabilités sont partagées. Elles sont peut-être plus de mon côté parce que j'avais plus d'expérience, que j'étais plus âgé. Que c'était plus difficile à contrôler de l'autre côté, parce qu'elle était plus jeune, plus spontanée[10]. »

Philippe est à Paris dans son appartement de l'avenue Bosquet lorsqu'il apprend la nouvelle : le Palais vient d'annoncer officiellement la rupture de son couple. Consciente que les malheurs prêtés à la Princesse ternissent les couleurs nationales, Nadia Lacoste, la porte-parole monégasque, enfonce le clou durant les heures qui suivent en stigmatisant Philippe dans les colonnes d'un grand magazine américain. « À l'évidence Philippe Junot n'est pas capable, à son âge, de se stabiliser avec une femme. Il est clair qu'il ne peut pas changer même s'il le désire. Ces photos permanentes de Philippe dans les discothèques étaient douloureuses et humiliantes pour Caroline. Il est seulement étonnant qu'elle ait supporté cela si longtemps[11]. » Avant de préciser aussi de façon singulière : « Si au moins ces infidélités avaient été un peu plus discrètes[12] ! »

La surmédiatisation dans laquelle a baigné en permanence le couple a-t-elle joué un rôle dans la dégradation de l'union ? Le père de Philippe Junot le pense. Il me raconte : « Philippe avait un chien. Lorsqu'il le sortait le soir, Caroline ne pouvait pas l'accompagner. Il y avait trois photographes présents en permanence devant leur immeuble. Ce comportement a, à mon sens, eu une influence sur leur vie personnelle. Deux ans après, Philippe allait déjà beaucoup aux États-Unis. Un soir, je dînais chez eux, avenue Bosquet. Philippe se rendait le lendemain matin, à New York. Caroline ne l'accompagnait pas. Je lui ai posé la question : "Mais pourquoi ne pars-tu pas avec Philippe ?" Et j'ai engueulé mon fils : "Pourquoi n'emmènes-tu pas ta femme ?" Il m'a dit :

“Mais non. Voilà son billet. C’est elle qui ne veut pas venir.” Lorsque j’interroge avec tact Caroline, elle me répond : “Quand j’accompagne Philippe qui va voir un client à Phoenix, en Arizona, ou un autre au Texas, nous sommes à l’hôtel. Si je sors pour aller faire des courses, je me retrouve avec une meute de photographes autour de moi. Je ne peux pas faire un geste. Alors je reste enfermée à regarder la télévision. Philippe a souvent un déjeuner d’affaires et moi je mange dans ma chambre. Tant qu’à faire, je préfère rester à Paris.” Je lui dis : “Je comprends, mais ce n’est pas bon puisque Philippe est appelé à beaucoup voyager.” Depuis quarante ans, Philippe voyage. À chaque fois que je l’ai au téléphone – c’est un fils très attentif et il me téléphone au moins deux fois par semaine –, “Où es-tu ?” est la première question que je lui pose. C’est son métier. Donc, Caroline était coincée. Si elle l’accompagnait, elle n’était pas tranquille et ne pouvait même pas aller visiter un musée. C’est une contrainte que je découvrais. Au début, je trouvais ça amusant, mais, à la longue, c’était très contraignant. Philippe, qui a un caractère assez ferme, n’aimait pas ça. Cela s’est d’ailleurs traduit à deux reprises par des bagarres avec des photographes auxquels il a arraché les appareils. Il y avait donc un mauvais climat dans le couple à cause de ça. S’en doutait-il avant le mariage ? Sans doute mais il n’imaginait pas que cela se traduirait à ce point-là[13]. »

S’il est indéniable qu’une certaine presse n’a pas joué son meilleur rôle dans la vie du couple, Michel Junot admet également que Rainier n’a pas non plus forcément mis que du sien. L’ancien adjoint de Jacques Chirac à la mairie de Paris juge en effet avec sévérité le comportement du père de son ex-belle-fille : « Lorsque les choses ont mal tourné, deux ans après le mariage, il est manifeste que Rainier a tout fait pour que les choses cassent et que Grace a tout fait, elle, pour arranger les choses... Un exemple assez étonnant. Caroline était partie chez son ancienne gouvernante en Angleterre. Philippe, après un court séjour à New York, est rentré à Monaco. Ils habitaient alors *Clos Saint-Pierre*. Il croyait que Caroline était présente. Il l'a appelée en Angleterre en lui demandant de le rejoindre. Il lui a envoyé un avion à Londres pour qu'elle rentre directement. Il est allé la chercher à Nice. À son retour au *Clos Saint-Pierre*, il m'a dit qu'ils avaient été très heureux de se retrouver... Rainier a appelé. Il séjournait alors à *Roc Agel* et a demandé à sa fille de le rejoindre sur-le-champ. C'était le soir. Caroline a proposé d'y monter le lendemain matin. "Non, je t'envoie une voiture. Tu viens immédiatement !" Philippe ne la reverra jamais. Seule. Au bout d'une semaine mon fils s'est demandé ce qu'il se passait. Nous sommes alors au mois d'août. Les premiers jours de septembre, je déjeune à la brasserie *Lipp*, boulevard Saint-Germain. J'apprends que Grace s'y trouve également en compagnie de Stéphanie. C'est vraiment le hasard, contrairement à ce qu'on affirmera plus tard. Je suis allé la saluer. Elle m'a proposé de la rejoindre au café. Elle a éloigné Stéphanie. Elle m'a dit : "Je suis désolée de ce qu'il se passe. Vous connaissiez mes réticences, mais maintenant que c'est fait, quel dommage qu'ils n'aient pas d'enfants [14]." »

Après l'officialisation de la séparation du couple, Caroline doit désormais introduire une requête auprès du Vatican afin d'obtenir la déclaration de nullité du mariage religieux. La décision finale appartient au tribunal de la Rote. Ce n'est pas une mince affaire. Jean-Paul II vient encore de le répéter publiquement : « Les liens qui unissent les couples catholiques doivent demeurer sacrés, inviolables et indissolubles, selon la volonté de Dieu. » Afin de solliciter la bienveillance du pape en faveur du recours déposé par leur fille, Rainier et Grace demandent à être reçus en audience officielle. Une rencontre pour rien. Rome connaît le dossier transmis quelque temps auparavant par l'évêque de Monaco, Mgr Edmond Abelé, lequel avait fort mal pris la déclaration du palais annonçant *urbi et orbi* que le mariage n'existait plus. Il est vrai que Rome n'a guère prisé la publicité et le tapage organisés autour de l'union brisée de l'aînée des Grimaldi. Les juges de Rome ne veulent pas davantage attirer un quelconque soupçon de partialité en faveur des puissants de ce monde. L'aînée des Grimaldi devra s'armer dès lors de patience.

Printemps 1981. Afin de célébrer leur union d'un quart de siècle, Rainier et Grace décident d'organiser une nouvelle fête loin du Rocher. À Palm Springs, dans la propriété de leur ami Frank Sinatra. Le couple arrive à Los Angeles, en provenance du Japon. Voyage officiel. Un avion privé les conduit directement à *Rancho Mirage*, dans la propriété du crooner. Le lendemain, Caroline et Albert rejoignent leurs parents. L'amitié des Grimaldi et des Sinatra remonte à de longues années. C'est en Afrique, pendant le tournage de *Mogambo* avec Clark Gable et Ava Gardner, que Grace et le chanteur se sont rencontrés pour la première fois. Sinatra est alors marié à la belle et sculpturale interprète de *La Comtesse aux pieds nus* qui lui tient la dragée haute. Son élégance de souteneur, ses liens avec les mafieux Lucky Luciano, Joseph Fishetti (un cousin d'Al Capone), Carlo Gambino, Gaetano Luchese, ou Salvatore Giancana, la famille princière n'en a cure. Contrairement à l'*establishment* qui a pris ses distances avec le sulfureux chanteur, Grace et Rainier ne renieront jamais leur amitié pour l'interprète de *Stranger in the Night*. Pour la photo officielle, Caroline, Albert et Stéphanie entourent leurs parents au cours de la grande soirée offerte par les Sinatra. Pour ses hôtes princiers, Frank et Barbara ont déployé un faste digne d'un milliardaire italien attaché aux traditions : le gâteau à la banane fait un mètre de long. De nombreux artistes ont répondu à l'invitation : Cary Grant avec sa compagne Barbara Harris, Ruppert Allan, l'ancien patron de *Look* devenu consul de Monaco à Los Angeles, et Gregory Peck qui se souvient d'une coutume familiale : « Sitôt le gâteau d'anniversaire découpé, Grace ou Rainier – je ne me souviens plus – s'empara d'un morceau dégoulinant de crème et le jeta à la figure de l'autre[15] ! »

Rainier et Grace profitent de leur séjour américain pour assister, au printemps 1981, au couronnement universitaire de leur fils revêtu pour la circonstance d'une toge et d'une toque noires. La présence de ses parents est un plaisir pour Albert qui aurait toutefois préféré être à Monte-Carlo afin d'assister au Grand Prix de Formule 1 qui s'y déroule précisément ce jour-là. « On l'a tout de même suivi à la télévision qui l'a diffusé à 5 heures de l'après-midi », se souviendra plus tard le jeune homme.

Son avenir ? L'héritier du trône le sait tout tracé. Désormais, il devra étudier sous la conduite de son père qui l'initiera aux affaires de l'État. En participant par exemple à certaines réunions et à des séances de travail. En 1977, il avait déjà accompagné Rainier dans un voyage officiel à Split, en Yougoslavie. À quelle date pense-t-il succéder à son père ? Peut-être d'ici sept à huit ans, mais, en même temps, il s'effraie d'imaginer qu'il gouvernera un jour. « Quand je vois le travail et les responsabilités que cela représente, j'essaie de ne pas trop y penser pour ne pas perdre courage [16] », explique-t-il en 1981. Il sait pertinemment que, contrairement à la reine d'Angleterre, le Prince de Monaco gouverne réellement. Chef de l'exécutif, c'est lui qui nomme un gouvernement responsable devant lui seul, qui est à l'initiative des lois. La méthode de Rainier ? Celui-ci la définit à la fois « carrée et subtile ». Et d'expliquer : « À Monaco, les distances n'existent pas, les contacts sont très rapides. Le gouvernement n'est responsable que devant le Prince. Le conseil de gouvernement est composé de trois conseillers responsables – Finances, Travaux publics et Intérieur – et présidé par un ministre d'État. Je choisis ce dernier sur une liste de noms soumis par le gouvernement français. [...] Je soigne la présentation des projets afin de les faire passer au meilleur moment. Cependant, il ne s'agit pas d'intrigues byzantines ou de subtilités florentines mais d'une simple question d'opportunité. Je fais connaître mes opinions par le truchement de mon cabinet mais je suis en faveur de la concertation et de l'information la plus large possible. Le seul domaine où, depuis le début de mon règne, je me suis fait une règle de ne jamais intervenir, c'est la justice rendue "au nom du Prince[17]". »

Ses relations avec son fils ? Rainier affirme qu'il a instauré un dialogue constructif avec son héritier. Il rappelle qu'il lui a, dès son enfance, inculqué tous les grands principes politiques et économiques nécessaires pour diriger un État. Se sent-il prêt pour autant à abdiquer le plus tôt possible en sa faveur ? Il ne dit pas non. Il abdiquera le jour où Albert sera prêt, c'est-à-dire aura fondé une famille. Songe-t-il pour lui à une authentique princesse ou le laissera-t-il choisir à sa guise ? Le Prince laisse la porte ouverte et prévient : « Aujourd'hui, finis les mariages d'alliance ou politiques. Je dis souvent à Albert : "Fais d'abord un mariage d'amour et pense aussi que tu épouses une belle-famille." Je lui souhaite de trouver une fille avec de la personnalité, une fille qui comprenne qu'elle ne va pas se dorer au soleil toute la journée, faire des bons repas et assister à des soirées amusantes. Il y a le devoir de défendre les intérêts de ce merveilleux endroit béni des dieux et Albert saura, j'en suis certain, fort bien le mettre en valeur[18]. » De grande cérémonie de passation de pouvoir, Rainier ne veut entendre parler. « Cela serait assez lugubre[19] », soupire-t-il. En revanche, il se targue de transmettre au fur et à mesure des responsabilités à son fils afin d'assurer une transition en douceur.

Le service militaire obligatoire n'existe pas à Monaco. Mais Albert ne refuserait pas d'effectuer un stage dans l'armée. Et pourquoi pas dans la marine ? Il reconnaît lui-même avoir toujours été intrigué par la vie militaire. Il pense qu'elle peut lui donner une ligne de conduite, une discipline. Il réalisera son vœu quelques mois plus tard en accomplissant un tour du monde sur la *Jeanne d'Arc*, le célèbre navire-école français. Il en reviendra même avec le grade de lieutenant.

Comme le fut son père, le jeune homme est un navigateur accompli. Alain Georgeault, journaliste de la télévision spécialisé dans les courses nautiques, se souvient : « Je suis sorti une fois avec lui sur un bateau qui s'appelait *Munegu* (*Monaco*). Un formule 40 qui allait faire le tour d'Europe des catamarans. Il n'a pas arrêté de déconner. Il jouait au trampoline, comme un gamin. Avant de l'interviewer, je lui ai demandé de quelle façon il me fallait l'appeler. Il m'a répondu avec une grande simplicité : "Mes interlocuteurs m'appellent généralement Monseigneur, mais mes amis m'appellent Albert." Je lui ai fait remarquer que nous ne nous connaissions pas suffisamment et que je l'appellerais donc Monseigneur. Je me souviens de sa difficulté d'élocution. J'ai commencé mon interview par "Mon-mon..." et je n'ai pu poursuivre car mon reporter d'images a commencé à pouffer. On a terminé l'interview comme ça en s'excusant. Il ne s'est pas formalisé. Bien au contraire, c'est un garçon plutôt moderne et cool [20]. »

Après le divorce de leur aînée, Rainier et Grace, on l'a compris, reportent tous leurs espoirs sur son frère. Ils aimeraient bien voir Albert épouser une princesse royale. Selon Grace, Albert, qu'elle a surnommé « Albie le Philosophe [21] », est un garçon gentil et doux de nature. Elle lui souhaite la meilleure femme au monde, sachant que la vie ne sera pas facile pour elle. « Elle devra avoir les pieds sur terre, s'adapter et être intelligente[22] », imagine la mère du prince héritier. Pour l'instant, aucun projet ne se dessine mais on évoque, parmi les prestigieux partis, une aristocrate française. Conscient de représenter un beau parti, Albert refuse de trop penser au mariage. Il estime avoir le temps et qu'il est pour lui hors de question de se marier avant trente ans. La remarque ne manque pas de sel lorsqu'on sait qu'il ne le sera toujours pas à quarante...

L'été 1981 n'a pas commencé lorsque *L'Aventure*, gros yacht battant pavillon américain, accoste dans le port de Saint-Tropez, à une encablure des fameux et très fréquentés *Gorille* et *Sénéquier*. Trois couples sont à bord et bronzent sur le pont. En fin de journée, Caroline et Robertino Rossellini en sortent pour faire quelques courses dans le vieux village. Personne, ou presque, ne les reconnaît ni ne fait attention à eux. Après s'être changé, le couple va dîner en tête-à-tête à la *Plaza Romana*, derrière la place des Lices. Deux heures plus tard, on le voit danser aux *Caves du Roy*, la boîte de nuit du luxueux hôtel *Byblos*. Robertino est en jeans et tee-shirt. Caroline porte une jupe en lamé or. Elle sourit. Elle a enfin perdu son visage de « princesse triste », comme se lamente la presse du cœur.

Le week-end est terminé. On dit que les jeunes gens ont choisi de le passer loin des Monégasques trop bavards. Ne murmure-t-on pas déjà que Caroline et Robertino annonceraient leurs fiançailles le 29 juillet suivant ? Une date qui ne doit rien au hasard, choisie délibérément pour faire le moins de bruit possible. Ce jour-là, un autre événement mondain devant retenir l'attention : le mariage du prince Charles et de Diana Spencer.

Afin de couper court à toutes rumeurs, le Palais se fend d'un communiqué officiel : aucune cérémonie n'est prévue et les relations entre la princesse Caroline et Robertino sont purement amicales. « Ce ne sont que des amis d'enfance. Rien de plus [23] », tient-on encore à préciser.

L'encre est à peine séchée que c'est au tour de Bobby Schriver d'entrer dans la ronde des sentiments prêtée à l'aînée des Grimaldi. Les jeunes gens ont été photographiés le temps d'un dîner en tête à tête. Pour le secrétariat de la Principauté, cette « hystérie médiatique » permanente n'est guère étonnante. Chaque matin, il refuse les demandes d'entretiens par dizaines. Et, malgré ces refus, pas un jour ne s'écoule sans qu'une photo de la Princesse ne paraisse à la une des journaux du monde entier, des États-Unis jusqu'au Japon. Au début, Caroline s'en est amusée. Puis, peu à peu, cet amusement s'est transformé en agacement. « J'en ai assez d'être sollicitée pour n'importe quoi ! s'emporte la jeune femme. Je ne veux pas qu'on répande de moi l'image d'une personne futile [...]. C'est comme toutes ces photos de moi à bord d'un yacht. Franchement, ma vie a d'autres horizons. Je m'intéresse à des tas de choses, à la littérature par exemple. J'écris des articles sur Monaco pour des journaux américains. Et aussi des poèmes. J'ai la chance d'écrire assez facilement. D'ailleurs, ce sont des choses qui commencent à se savoir. Je ne compte pas les éditeurs qui me proposent un contrat. Seulement, c'est toujours la même chose. Ils ne veulent que des récits sur ma vie privée. Je n'accepterai jamais ça [24]. »

Malgré ses bonnes résolutions, Caroline ne refuse pas curieusement de répondre aux questions indiscrètes des journalistes. Sollicitée par la célèbre journaliste Barbara Walters, elle confie ainsi ses sentiments sur son mariage raté avec Philippe Junot. Une confession qui ressemble parfois à des coups de fouet : « Je l'ai épousé, par naïveté, et peut-être par esprit de contradiction. Et lui, je crois qu'il s'est marié solennellement pour faire une fête de plus. C'est aussi simple et bête que ça. Nous n'étions faits ni l'un ni l'autre pour le mariage. Une autre aurait vécu en union libre, moi je me sentais obligée d'officialiser notre couple. Je croyais pouvoir changer mon mari. Les êtres restent ce qu'ils sont [25]. »

On l'a compris : Caroline ne tient pas à se remarier pour le moment. À vingt-quatre ans, n'a-t-elle pas toute la vie devant elle ?

Au cours de l'été 1982, un nouveau chevalier servant apparaît en public à ses côtés. Il n'est autre que le champion de tennis Guillermo Vilas, l'une des rares célébrités à avoir obtenu la précieuse nationalité monégasque. Le 11 avril précédent, Caroline assiste au tournoi Open de Monte-Carlo dont Guillermo est l'un des challengers. Mais ce n'est qu'au mois de juillet suivant qu'on les montrera ensemble au grand jour. Les jeunes gens sont photographiés sur une île lointaine du Pacifique. Pendant ce temps-là, on se bat aux Malouines, à quinze mille kilomètres de là. Mais l'Argentin Vilas a évité le tournoi de Wimbledon, précisément à cause de la guerre qui oppose son pays à la Grande-Bretagne.

À Monaco, la « révélation » de l'idylle fait l'effet d'une douche froide. Grace et Rainier paraissent peu enchantés de cette escapade exotique. Guillermo Vilas étant officiellement fiancé, des commérages commencent à agiter la Principauté. Quelque temps plus tard, à Saint-Cyprien, petite commune proche de Perpignan, Caroline se montre à nouveau en public avec Guillermo. Le prétexte au déplacement est l'inauguration du Grand Stade, où Ion Tiriac, l'entraîneur de l'Argentin, donnera des leçons de tennis, pendant que Platini entraînera les jeunes footballeurs. Le lendemain, les jeunes gens se retrouvent à Zurich, d'où Guillermo repart pour aller disputer l'Open de Gstaad. Dans la huppée station helvétique, le champion se fait malheureusement battre par son compatriote Jose Luis Clerc. Le feu qui semble brûler en lui nuit-il à ses performances sportives ? À en croire la presse, les poèmes qu'il écrit alors pour Caroline et qu'il fait publier dans un hebdomadaire à grand tirage sont empreints, en tout cas, d'une grande sensualité.

Au début du mois de septembre 1982, un sondage semble confirmer le bon goût du soupirant de Caroline. La Princesse y est présentée comme l'un des symboles de l'élégance européenne. Sa concurrente est Lady Diana, l'épouse de Charles d'Angleterre à laquelle l'opinion publique prête une plus grande intelligence et plus de force de caractère. Laquelle des deux le Français moyen aimerait inviter à sa table ? C'est une fois encore la jeune Britannique qui l'emporte sur la fille aînée de Rainier. Mais Caroline obtient sa revanche sur les questions relatives à l'amour…

Pendant ce temps-là, à Paris, Stéphanie planche sur les premières épreuves de son baccalauréat. Le résultat est un succès mitigé. Il est vrai que ses sorties lui laissent peu de temps pour le bachotage. Depuis quelques mois, la cadette des Grimaldi flirte avec Paul Belmondo, le fils du célèbre comédien. Une gentille amourette que Stéphanie définit elle-même comme un « truc sympa[26] ».

Les deux jeunes gens se sont rencontrés lors d'une virée nocturne dans une boîte parisienne en vogue, *L'Élysée-Matignon*. Paul se propose de ramener en voiture sa nouvelle cavalière. Il semble impressionné par la décontraction et le naturel de sa passagère. Dès la semaine suivante, il prend l'habitude de venir la chercher à midi et à cinq heures à Charles-de-Foucault, le cours privé de Neuilly où Stéphanie prépare ses examens. « On s'est plu. On s'est revus. Et ça s'est enchaîné comme ça[27] », confie le jeune Belmondo, alors jusque-là présenté dans la presse spécialisée comme un garçon solitaire et mélancolique. Et dont on connaît une seule passion : la course automobile.

Au volant de son Autobianchi rouge ou de la Panther Lima décapotable bleue que son père a achetée au couturier Francesco Smalto, il l'emmène parfois déjeuner avec des copains dans des brasseries de quartier ou boire un thé chez *Carette*, place du Trocadéro. D'autres fois, il la reconduit chez elle. Un restaurant, le *Piccolo Mondo*, devient rapidement leur quartier général.

À la fin de l'année, leur idylle devient publique lors de l'anniversaire de Karine Hechter, fille du couturier et meilleure amie de Stéphanie. Pour fêter ses dix-huit ans, Karine a réservé pour la soirée *Castel*, la célèbre boîte de nuit parisienne. Deux cents personnes, autant d'adultes que de jeunes, les professeurs du cours Charles-de-Foucault comme les élèves sont présents. Tous peuvent voir Paul et Stéphanie discutant dans un canapé puis se tenant par le cou. Une passion qui apparaît encore plus flagrante un mois plus tard, quand Stéphanie, à son tour, veut célébrer à sa manière ses dix-sept ans. « L'éminence rose », comme la surnomment alors les Monégasques, est vêtue ce jour-là, et comme à l'accoutumée, d'un blue-jean et d'une paire de baskets.

Éprise d'indépendance, volontiers blagueuse, la jeune fille déteste les photographes mais s'amuse beaucoup à les semer sur les rues pavées, à moto ou en voiture. L'un de ses amis d'enfance raconte les jeux de cache-cache auxquels il a parfois été obligé de jouer pour échapper aux objectifs indiscrets : « Je me rappelle que lorsque nous nous promenions à Paris, je partais toujours avec des adresses qui nous permettaient d'échapper aux paparazzi. On entrait par une porte et on s'échappait par une autre[28]. »

Alors que Stéphanie prépare tant bien que mal son examen littéraire, qu'elle décrochera finalement en juin 1982, Paul participe, comme assistant, au tournage de *L'As des as*, un film de Gérard Oury dont son père est la vedette. Il veut gagner sa vie par ses propres moyens, laisse-t-il entendre. Chaque jour, ponctuellement, il appelle son amie. Il lui conseille de ne pas trop sortir le soir. Les deux tourtereaux projettent de passer leurs vacances ensemble.

Grace et Rainier n'ont aucune raison de refuser une faveur à leur cadette. Bien qu'ils aient prévu que la famille au complet effectue une croisière dans le Grand Nord à bord du *Mermoz*, ils acceptent qu'elle parte rejoindre Paul à Antigua, une île des Caraïbes, où les adolescents batifoleront sous la surveillance détendue de l'interprète d'*À bout de souffle*. De mariage, il ne peut être question. Stéphanie n'a que dix-sept ans. De deux ans son aîné, Paul débute dans la vie et dans un métier dangereux. Il n'a pas encore vraiment prouvé son talent sur les circuits automobiles.

Avant de s'embarquer sur le *Mermoz,* Grace et Rainier se déplacent à Bangkok pour un voyage officiel. Lors du voyage retour, la Princesse s'arrête à New York. Elle a accepté de poser pour l'ancienne star de Cinecittà, Gina Lollobrigida, dont l'une des passions est le portrait photographique. Les deux actrices se connaissent depuis de nombreuses années. Leur première rencontre remonte au Festival de Cannes de 1955. Après la séance photos, Grace rejoint Boston où elle préside une soirée donnée en son honneur. Plusieurs de ses amis ont également fait le voyage : Frank Sinatra, James Stewart, Bob Hope et Stewart Granger.

Lorsque la chaîne de télévision américaine *ABC* annonce avec un grand renfort de publicité la projection d'un documentaire consacré à sa vie, l'épouse de Rainier ne dissimule pas sa contrariété : « Je pense que nul n'a le droit d'exploiter ce que je fais, mon nom, ma vie, ma carrière, sans ma permission[29]. » L'ancienne actrice craint-elle des révélations gênantes ? Point. Bien au contraire, le film retrace plutôt sa vie comme une *success story*. Ce traitement n'est pas fait non plus pour rassurer l'ancienne actrice : « Cela me glace un peu. Il est certain que je ne considère pas ma vie comme un conte de fées... J'ai eu une enfance sans histoire et je me vois comme une femme moderne contemporaine, qui a dû affronter tous les problèmes auxquels les femmes d'aujourd'hui sont confrontées. Je fais encore face. En tout cas, j'essaie de faire face [30]. » Sur le temps qui passe, Grace, décidément en veine de franches confidences, refuse d'en faire des montagnes puisque de toute façon c'est inévitable : « On ne se sent pas vieux tant qu'on ne commence pas à ressentir des douleurs ou à avoir des ennuis de santé qui contraignent à réduire ses activités ou à renoncer. Cela ne m'est pas encore arrivé. J'ai de la chance et je suis impatiente de voir ce que l'avenir me réserve. Être grand-mère serait une expérience enthousiasmante [31]. »

La Princesse ignore alors qu'elle ne connaîtra jamais aucun de ses nombreux petits-enfants, puisqu'un destin tragique l'attend au détour d'un virage du haut pays niçois.

TROISIÈME PARTIE

Rien ne va plus

CHAPITRE 10

La tragédie

Comme chaque matin lorsqu'elle est à *Roc Agel*, dès son réveil, Grace ouvre la fenêtre de sa chambre pour admirer le paysage. La ferme familiale est située à près de huit cents mètres d'altitude et le panorama est fantastique : Monaco et, à perte de vue, le bleu de la mer. Malgré ce fabuleux spectacle, la Princesse n'est pas au mieux de sa forme ce lundi 13 septembre 1982. Entre les voyages et les enfants, l'été a été très agité.

À son amie néo-zélandaise Gwen Robyns, qu'elle vient de joindre à Londres par téléphone, Grace s'est plaint d'une grosse fatigue et de maux de tête. Lorsque son interlocutrice lui a proposé de prendre un rendez-vous avec un spécialiste londonien, l'épouse de Rainier lui a répondu que ses malaises provenaient probablement de ces quelques kilos qu'elle a pris récemment ou du traitement qu'elle s'inflige quotidiennement afin d'amoindrir les effets de la ménopause[1]. En mal de confidence, Grace ne peut dissimuler à sa biographe anglo-saxonne la dernière « trouvaille » de Stéphanie : s'inscrire dans une école de pilotage en compagnie de Paul Belmondo ! La mère de famille se dit horrifiée. Elle ne peut imaginer sa fille sur un circuit automobile. Selon un témoin présent, invité pour le week-end par le couple princier, les échanges entre la mère et la fille ont été plutôt rudes, la veille, lorsque fut abordé le sujet [2].

Il est 8 heures passées de quelques minutes quand Stéphanie rejoint Grace pour le petit déjeuner familial. Caroline est en Angleterre et Albert a dormi à Monaco. Il est rentré tard dans la nuit d'Italie où il est allé supporter l'équipe nationale de football.

9 h 40. Grace et Stéphanie montent dans la Rover. La Princesse tient à déposer elle-même sa cadette au train pour Paris. La jeune fille, dont les cheveux sont tressés, doit suivre dans la capitale des cours de stylisme chez le couturier Marc Bohan.

Avant de s'installer au volant, l'ancienne actrice a fait déposer sur le siège arrière de la voiture plusieurs robes et autres vêtements. Les volumineux colis empêchent d'embarquer une troisième personne. Grace s'en excuse auprès de Paul Raimondo, son chauffeur, qui la rassure en lui affirmant qu'il parviendra à rejoindre la Principauté par ses propres moyens : « Je possédais à l'époque une Alfa Romeo personnelle [3] », me confie le Monégasque aujourd'hui âgé de quatre-vingt-huit ans. Grace désire-t-elle profiter du voyage pour s'entretenir avec sa fille de questions sérieuses ? Veut-elle la dissuader de s'inscrire à ces cours de conduite pour voitures de sport ?

L'épouse de Rainier a l'habitude de conduire seule plusieurs véhicules du palais. Elle ne déteste pas utiliser la Rover 3500, élue voiture de l'année en 1977. Comme la plupart des propriétaires, elle apprécie son aspect haut de gamme.

La voiture immatriculée 6359MC sort du ranch, tourne à gauche, passe devant les antennes émettrices de Radio Monte-Carlo avant de rejoindre la route étroite, toute en lacets, qui relie la grande à la moyenne corniche. La conductrice, très myope, a chaussé ses lunettes. Elle connaît la route par cœur, mais elle conduit très lentement et très prudemment, comme à l'accoutumée.

Quelques kilomètres plus tard, la voiture arrive à La Turbie, village situé entre *Roc Agel* et Monte-Carlo. Après avoir prudemment traversé le bourg, la Rover prend sur sa gauche la direction de Cap-d'Ail. À la hauteur de la place Neuve, deux gendarmes s'apprêtent à traverser la rue pour rejoindre leur brigade. La descente se poursuit sur la départementale 37. La Rover avale plusieurs tournants en épingles. La circulation est fluide. Sur l'une des rares lignes droites, le véhicule pousse une pointe de vitesse afin de doubler un semi-remorque Renault conduit par Yves Phily[4]. Suivent encore deux nouveaux virages. Voici enfin une ligne droite, mais, au bout, un virage sec sur la droite l'attend. Le véhicule doit commencer à ralentir. « C'est ce qui le fait se retrouver presque à l'arrêt[5] », raconte Phily. Puis la voiture repart. Elle roule peut-être en première ou seconde, et puis soudain il la voit partir comme une flèche. Rien ne semble alors pouvoir la ralentir. « Je ne peux pas m'arrêter, les freins ne marchent pas. Je ne peux pas m'arrêter[6] ! » s'écrie Grace, prise de panique. Stéphanie comprend-elle ce qui se passe ? Elle saisit immédiatement le frein à main, mais c'est insuffisant pour stopper la berline. La direction ne semble plus répondre face au précipice qui s'avance inéluctablement. La Rover heurte la glissière de sécurité, avant de se jeter dans le vide. « La voiture s'est littéralement envolée[7] », se souvient Phily. En réalité, elle a cassé un pin avant de piquer dans les buissons : une chute de quarante-cinq mètres avant de s'écraser dans le jardin en friche de la villa *Jean-Pierre*.

Grace a perdu connaissance. Projetée à l'arrière du véhicule, elle gît inanimée, le front ensanglanté. Stéphanie a également perdu conscience pendant une poignée de secondes. « Je me souviens qu'on a heurté un arbre et que, lorsque je me suis réveillée, il y avait de la fumée, racontera-t-elle plusieurs années plus tard. J'ai eu peur que la voiture explose. Je savais que je devais sortir et faire sortir ma mère, alors, j'ai ouvert la porte en la poussant du pied. Ce n'était pas difficile car elle était déjà à moitié défoncée. J'ai couru, j'ai vu une dame et je lui ai crié : "Vite, appelez le Palais, je suis la princesse Stéphanie, appelez mon père et trouvez-nous de l'aide[8]." »

La femme est tétanisée. Le visage de Stéphanie est ensanglanté. De toute évidence, elle ne reconnaît pas la jeune fille qui continue à crier avec force : « Maman est dans la voiture, appelez mon père[9] ! »

En entendant le terrible bruit, les occupants de la maison attenante se sont immédiatement précipités vers le véhicule accidenté. Ils sont bientôt cinq témoins présents sur les lieux : Sesto Lequio et sa femme, le couple d'horticulteurs propriétaires de la villa, et leurs trois locataires. Étrange signe du destin, l'un de ces derniers est Jacques Provence, le directeur artistique du casino *Loews*. Les deux hommes, qui réussissent à écarter les tôles avec un madrier pour dégager Stéphanie, se souviendront longtemps, eux aussi, des premières paroles de la jeune fille les exhortant de sauver sa mère et d'appeler le Palais.

Il est 10 h 10 lorsque le véhicule des sapeurs-pompiers de Monaco arrive, suivi d'une estafette de la gendarmerie. Déjà de nombreux curieux se sont arrêtés. Les gendarmes les obligent à s'éloigner. Grace se trouve encore dans la carcasse de la Rover. Elle repose toujours sur le dos à l'arrière du véhicule. Avec précaution les pompiers réussissent à la dégager avant de déposer son corps inanimé dans une ambulance.

Quelques minutes plus tard, les véhicules de secours pénètrent dans l'enceinte – tragique coïncidence – du centre hospitalier Princesse-Grace. Les deux blessées sont immédiatement prises en charge par le service des urgences. Stéphanie souffre de lésions cervicales, mais les médecins se veulent rassurants. La pose d'une minerve doit permettre de maintenir sa tête en bonne position. L'état de sa mère est en revanche très grave. Les premières observations laissent apparaître une série effrayante de blessures à la tête, et de fractures sur tout le corps. Sans parler des multiples contusions superficielles : peau arrachée et égratignures. Plus préoccupante, l'hémorragie interne qui les contraint à drainer et ponctionner le sang, et à ligaturer les vaisseaux pour arrêter les saignements. Un signe d'espoir surgit lorsque le docteur Marin passe un endoscope dans le tube de respiration artificielle sans constater d'hémorragie dans les bronches.

Pour le directeur de l'établissement hospitalier, Charles-Louis Chatelin, un seul homme dans la région peut sauver la situation : le professeur Jean Duplay, patron du service de neurochirurgie de l'hôpital Pasteur de Nice. Aussitôt prévenu, ce dernier se tient à la disposition de l'hélicoptère qui vient le récupérer. Après un rapide examen de Grace, il s'interdit d'opérer sans examen préalable au scanner. Le seul spécialiste monégasque à posséder ce type d'appareil sophistiqué est le docteur Pierre-Yves Mourou. Par chance, son cabinet est situé à un jet de pierres de l'hôpital. Malgré cette proximité, l'examen ne peut être réalisé avant plusieurs heures. Jean Duplay a constaté que la Princesse est alors sous l'effet de « Gamma O.H. », un narcotique que ses confrères lui ont administré en la mettant sous respiration artificielle. Initiative louable certes, puisqu'elle atténue les souffrances, mais rédhibitoire pour un examen radiologique.

Dans l'enceinte de l'hôpital, la nouvelle de l'accident s'est répandue comme une traînée de poudre. Un dispositif policier a été mis en place dans l'heure qui a suivi le rapatriement des victimes. L'un des policiers présents sur place me raconte : « Il est midi environ lorsqu'on me demande de rejoindre sur-le-champ l'hôpital. Plusieurs collègues sont déjà sur place. Une chambre attenante à celle de la Princesse a été transformée en quartier général. Nous avons reçu l'ordre de bloquer l'étage pour empêcher toute intrusion de journalistes et autres paparazzi. Après les premiers examens, Son Altesse a été ramenée dans la chambre 212 et c'est là que j'ai pu apercevoir son crâne, comme scalpé [10]. »

La nuit est tombée depuis longtemps sur le Rocher lorsque les médecins décident de transporter Grace chez le docteur Mourou. L'opération n'est guère aisée. Infirmiers et policiers sont obligés de sangler la blessée sur la civière. L'ascenseur de l'appartement du praticien est particulièrement exigu. Seule solution : l'escalier étroit, en colimaçon, qui mène au deuxième étage.

Les examens reprennent, mais le verdict du scanner est sans appel : le cerveau est beaucoup trop atteint pour tenter une quelconque intervention. Lorsqu'il s'aperçoit que tout est perdu, le professeur Chatelin appelle en catastrophe Jean Maestracci, le patron du service de réanimation de l'hôpital Saint-Roch à Nice. Sur place, le spécialiste maugrée contre son confrère : « Qu'est-ce que tu veux que je fasse ? Tu vois bien que tout est fini [11] ! » Rainier attend dans une pièce au rez-de-chaussée lorsqu'on lui annonce le rapatriement de Grace vers l'hôpital. Albert est déjà sur place. Ses traits sont livides. À ses côtés son oncle, Louis de Polignac est terriblement ému. Caroline, de retour dans la Principauté, ne tarde pas à les rejoindre. À la demande du prince souverain, la plus jeune sœur de Grace, Lizanne Kelly Le Vine, est jointe dans sa propriété du New Jersey. Elle écoute son correspondant qui se veut rassurant. « On m'a dit que tout irait bien, déclarera-t-elle plus tard. Mais c'était un cruel et faux espoir [12]. »

La nuit n'apporte aucune amélioration à l'état de santé de Grace. Au fil des heures de la matinée du mardi, l'électro-encéphalogramme devient de plus en plus plat. Les appareils d'assistance respiratoire fonctionnent toujours, mais il n'y a déjà plus d'espoir. Il est dix-neuf heures lorsque la mort cérébrale est établie. La tragédie semble consommée. Rainier, fatigué et défait, s'entretient avec Caroline et Albert. Ils acceptent le verdict des médecins. L'appareil de maintien artificiel est débranché. « Il était vain, confiera Rainier, de la maintenir artificiellement en vie [13]. »

De l'autre côté de l'Atlantique, Lizanne apprend la terrible nouvelle par la voix d'Albert qui lui demande de prévenir tous les membres de la famille. Dans les heures qui suivent, certains d'entre eux dissimulent à peine leur dépit de ne pas avoir été associés à la décision de laisser mourir leur parente. Au-delà du mouvement d'humeur bien compréhensible, on décide de s'envoler sans tarder vers l'Europe. L'un des cousins de la défunte princesse, John Lehman, accepte de se charger de tout l'aspect matériel des prochaines funérailles.

Dans ses appartements privés, Rainier, près d'un téléphone, est tenu au courant heure par heure de l'état de santé de Stéphanie, à qui il a lui-même annoncé le décès de Grace. « Elle n'arrêtait pas de pleurer et demandait à voir sa mère [14] », se souvient l'infirmière Skovia Grassi qui prendra plus tard le titre de comtesse de Lombardy.

L'annonce officielle du décès est faite tard dans la soirée du mardi 14 septembre. De nombreux Monégasques ne veulent pas y croire. Cela leur paraît impossible, insoutenable, injuste. Dans l'heure qui suit, l'ensemble des établissements de jeux et night-clubs ferment leurs portes en signe de deuil. Tous les drapeaux sont mis en berne pour huit jours. Les émissions de Radio Monte-Carlo sont suspendues et la station diffuse en continu de la musique symphonique. L'ensemble des manifestations prévues pour la journée sont annulées. Le match de football de coupe d'Europe Monaco-CSKA Sofia est déplacé à Nice.

Le 15 septembre, c'est le branle-bas de combat au palais princier. Des funérailles doivent être organisées. Caroline assiste son père afin de régler l'organisation de la cérémonie. Ils travaillent ainsi tous les deux à établir la liste des invités et à choisir les musiques.

Des journalistes du monde entier commencent à affluer vers le Rocher. Le service de presse est débordé. Nadia Lacoste doit gérer des centaines de demandes d'accréditation. Les photographes sont les plus insistants. Ils veulent tous figer pour l'éternité le masque mortuaire de Grace. Rainier donne des consignes strictes : pas de cirque médiatique autour de la dépouille de son épouse. Veillée par les gardes du palais, seuls les Monégasques sont admis dans la chapelle Palatina pour venir lui rendre un ultime et bouleversant hommage.

Quelques reporters, triés sur le volet, seront finalement autorisés à approcher la dépouille de Grace. Le cercueil est alors ouvert et le visage de la princesse serein. Ils peuvent prendre des photos au moment où Rainier, Caroline et Albert viennent se recueillir. « Nous sommes entrés trois par trois, se souvient Raph Gatti, le correspondant de l'AFP. Nous avions trente secondes. On nous avait demandé de débrayer afin de ne pas entendre le bruit du moteur. L'ambiance était terriblement pesante. Nous avions nous-mêmes beaucoup de peine [15]. »

Tous les grands de ce monde, les têtes couronnées ou plus simplement républicaines, tiennent à se déplacer trois jours plus tard afin d'assister aux funérailles officielles : Nancy Reagan, Danielle Mitterrand, Claude Pompidou côtoient Diana d'Angleterre, Paola de Belgique, sa belle-sœur la grande-duchesse

Joséphine-Charlotte de Luxembourg, le prince Bertil de Suède, le roi Baudoin de Belgique et sa femme la reine Fabiola. Absence remarquée, celle de Stéphanie, qui quittera l'hôpital quatorze jours après la disparition de sa mère. Dès l'annonce de la tragédie, Paul Belmondo est arrivé dans la Principauté. Au volant d'une Ferrari rouge. Reçu officiellement au palais, le jeune homme, visiblement bouleversé, obtient le droit de dormir dans la pièce voisine de celle de la jeune princesse.

La cérémonie est d'une émouvante dignité. La main de Rainier cherche celle de sa fille aînée pendant la messe. Derrière eux, la famille princière. Sa sœur Antoinette et ses enfants. Dans les rues de la Principauté l'émotion des Monégasques est intense. La disparition brutale de Grace demeure un drame pour ceux qui l'ont aimée et admirée. Dans les vitrines des commerçants, les portraits de la princesse sont barrés de crêpe. La plupart des résidants portent le deuil : jupe noire pour les femmes, cravate noire pour les hommes.

Dans les jours qui suivent les funérailles, et alors que le deuil officiel vient à peine d'être levé, la presse continue à évoquer abondamment celle qui fut pendant vingt-cinq ans l'héroïne d'un conte de fées. En marge des récits sur l'exceptionnel destin de l'ancienne comédienne, de nombreux reporters se font l'écho de questions, de rumeurs liées aux circonstances de l'accident. Au Palais, consigne est donnée de se taire afin de ne pas alimenter d'éventuelles controverses. Le « *no comment* » opposé systématiquement aux questions des journalistes ne fait qu'amplifier les sous-entendus. Les premières interrogations concernent les soins apportés à la Princesse : Grace a-t-elle été accueillie dans les meilleures conditions à l'hôpital ? Pourquoi n'a-t-on pas immédiatement pratiqué un scanner ? L'hôpital, qui ne possédait pas cet appareil, était-il convenablement équipé ? Le diagnostic a-t-il été d'emblée correct ?

Puis surgit une seconde salve liée aux circonstances matérielles de l'accident. Que s'est-il passé jusqu'au virage fatal ? Le véhicule a-t-il été saboté ? Par qui et pour quelles raisons ? Pourquoi le chauffeur habituel de la Rover, Paul Raimondo, n'a-t-il pas pris le volant ce matin-là ? Qui conduisait vraiment la voiture ? Grace ou Stéphanie ?

Comme pour étayer les impressions de mystère, les responsables monégasques continuent d'adopter le parti pris de se taire obstinément. Il faudra ainsi attendre plusieurs années avant que ne soit révélée la présence de Rainier sur les lieux dans le quart d'heure qui suit l'accident. Pourquoi une telle discrétion ? Pour tenter d'y répondre, je sollicite l'officier de gendarmerie Bencze alors responsable de l'enquête. « Le Prince est arrivé sur les lieux un quart d'heure environ après moi. Il était accompagné de plusieurs personnes [16] », me confirme-t-il. À ses côtés : son secrétaire privé, le chef de la garde du palais et le directeur de la police monégasque.

Cette discrétion princière pouvait-elle être liée au choc profond subi par le souverain ? L'explication est d'autant plus plausible que, quinze jours avant la disparition de Grace, le 25 août, Rainier perdait son meilleur ami : Jean-Louis Marsan.

Sa fortune, ce gros homme jovial et courtois, né en 1922 à Monaco, il l'avait réalisée dans le remorquage et le renflouement. Rainier et lui s'étaient connus sur les bancs du lycée, et leur amitié n'avait jamais eu d'éclipse. « Des amis à la vie à la mort [17] », raconte Alain Lefeuvre, un proche de la famille Marsan. Un autre spécialiste des affaires monégasques confirme : « Rainier a toujours été un solitaire, très secret. "Loulou" a été le seul homme de sa vie qu'il ait aimé comme un frère [18]. »

Devenus adultes, « Loulou » et Rainier font beaucoup de bateau ensemble, échangent leurs voitures, participent à des chasses à Marchais, et se paient des escapades à Marbella « en garçons », sous prétexte de cures d'amaigrissement.

Les Marsan – « Loulou » épouse, en 1952, Yvette Berti, sa secrétaire, qui va lui donner plusieurs enfants – vont rapidement faire partie des trois familles importantes de Monaco. En face : les Rey – Henri et Jean-Charles – qui contrôlent le parlement monégasque et qui tirent une grande partie de leurs revenus des actions qu'ils possèdent dans la gestion de la SBM ; puis les Pastor, une pléiade de frères et sœurs, qui ont la mainmise sur tout ce qui se construit sur le Rocher. Autrement dit l'immobilier et les travaux publics. « Loulou », qui fut un temps surnommé « le petit Prince » en raison de l'influence qu'il avait sur Rainier, a-t-il davantage bénéficié de faveurs ? Roger-Louis Bianchini l'avance en évoquant l'autorisation exceptionnelle dont avait bénéficié Marsan pour gérer des machines à sous. « Une dérogation de la SBM dont il avait été le seul à pouvoir bénéficier à titre personnel [19] », complète le journaliste niçois.

La personnalité de Jean-Louis Marsan détonne par rapport à celles des autres patriarches du Rocher.

Personnage à multiples facettes, « Loulou » a toujours été attiré par le mysticisme et l'ésotérisme. Dans les années 1950, il appartient à l'ordre des Templiers, puis il crée, dix ans plus tard, sa propre organisation : l'Ordre Souverain du Temple Solaire (OSTS), bien avant qu'il soit repris et transformé par Luc Jouret et Joseph Di Mambro, les instigateurs de divers massacres et suicides collectifs entre 1994 et 1997, et ne devienne une secte.

Selon un ancien diplomate français, en poste durant plusieurs années dans la Principauté, c'est Rainier lui-même qui aurait inspiré la création de l'OSTS. « Le Prince lui aurait demandé de créer cet ordre afin de stopper, ou en tout cas freiner, l'influence des francs-maçons en Principauté [20] », avance-t-il. Faut-il le croire pour autant ?

Quoi qu'il en soit l'OSTS apparaît officiellement le 24 juin 1966. Ce jour-là, Jean-Louis Marsan *alias* « Jean » est élu vingt-troisième Grand Maître du Temple. Le siège social de l'organisation est installé dans un premier temps au numéro 20 du boulevard Princesse-Charlotte à Monaco. Mais c'est à Peille, situé à quinze kilomètres au nord de la Principauté, que se tiennent les réunions. Là, dans ce superbe village médiéval accroché à flanc de montagne, cher à Léo Ferré, l'homme d'affaires possède une propriété, *La Vigie*, qu'il a transformée en véritable temple. Autour de lui de nombreux adhérents qui se cooptent les uns les autres.

« L'OSTS rassemblait de nombreux adhérents, me confie un ancien policier en poste à Monaco pendant une quinzaine d'années. Beaucoup de fonctionnaires de police et de la gendarmerie en faisaient partie. Ces derniers sont aujourd'hui à la retraite. La plupart vivent dans la Principauté ou dans les communes environnantes[21]. » Depuis leur QG, « Loulou » et ses amis préparent la neuvième croisade qui annonce Jésus-Christ. Dans ce but, chaque Templier doit subir une période de probation, puis d'adoubement qui « lui permettra d'approcher le Graal[22] », précise l'*Encyclopédie des sectes dans le monde*, publiée en 1980 aux éditions niçoises Lefeuvre.

Rainier et Grace se sont-ils laissé séduire par la dimension philosophique de l'ordre de Marsan ? Rien ne le prouve. Selon plusieurs témoins le couple princier a répondu à plusieurs reprises à l'invitation du propriétaire de *La Vigie*. Mais rien ne permet d'affirmer qu'il ait participé à un moment ou à un autre à une quelconque cérémonie ésotérique. D'autres questions se posent : l'organisation de Marsan était-elle simplement une chevalerie de salon ou exerçait-elle une influence réelle et occulte sur la vie économique, politique et sociale de la Principauté ? A-t-elle pu intervenir à un moment où à un autre dans l'évolution de l'enquête sur la mort tragique de Grace ? Certaines interventions princières et des coïncidences troublantes pourraient le laisser supposer...

CHAPITRE 11

Le « doute raisonnable » du colonel Bencze

La presse locale est rapidement mise au parfum. Interrogé par le correspondant de l'Agence France-Presse, en poste sur le Rocher, le service de la communication du Palais minimise l'accident tragique survenu le lundi matin. Le premier bulletin affirme que l'état de santé de Grace est « satisfaisant », qu'elle ne souffre que « d'une fracture du fémur et sa fille, Stéphanie, de légères contusions[1] ».

Comment s'étonner, dans ces conditions, que les bureaux de FR3 installés à Antibes, s'offrent le luxe de rater l'événement. « Lorsque la dépêche de l'AFP est tombée, explique Alain Georgeault, grand reporter de France Régions 3, nous avons immédiatement interrogé le Palais. On nous a répondu de ne pas nous inquiéter. Qu'il s'agissait d'un banal accident de la route. Deux jours plus tard, les mêmes services princiers annonçaient la mort de Grace. Nous n'avons donc tourné aucune image des lieux de l'accident, de la voiture et du ravin. » Et Georgeault de préciser : « De toute façon, même rapidement rendus sur place, nous n'aurions pas ramené grand-chose. La voiture a été rapidement bâchée et ramenée sur la Principauté. Tout a été immédiatement verrouillé au plus haut niveau [2]. »

Comme le souligne justement le journaliste azuréen, il n'a pas fallu vingt-quatre heures aux autorités monégasques pour faire rapatrier l'épave de la Rover. Singulière prérogative alors que le drame s'est déroulé sur le territoire français. Un magistrat niçois qui a suivi de près l'évolution du dossier reconnaît l'anomalie d'une telle situation : « Rainier a effectivement usé d'un pouvoir exorbitant pour faire ramener la voiture chez lui. Le Palais a argué de la curiosité malsaine qu'allait susciter la présence du véhicule dans un lieu quasi public [3]. »

Dans la réalité, l'épave n'a pas été immédiatement ramenée dans la Principauté, tient à rectifier vingt ans après le drame le colonel Bencze, mais « dans un garage privé situé en territoire français, mais qui était en même temps une propriété monégasque [4] ».

C'est à Miami que je contacte Roger William Bencze. L'ancien directeur de l'enquête participe aujourd'hui comme officier de liaison à la lutte contre le narcotrafic. Avec parfois des succès spectaculaires. En juin 2002, l'observateur français sera ainsi l'homme-clé de l'arraisonnement du navire le *Winner* au large des côtes africaines, soupçonné de transporter deux tonnes de cocaïne. L'Amérique ? Ce brun aux yeux bleus, grand amateur d'aquarelles, la connaît mieux qu'un autre puisqu'il a vu le jour en 1947 dans l'Ohio. Né d'une mère américaine et d'un père français, c'est dans l'Hexagone qu'il fera toutes ses études avant de rejoindre, en 1974, la gendarmerie nationale. Après avoir occupé plusieurs postes en France et à l'étranger – à Berlin et à Beyrouth notamment –, il est affecté à Menton, ville frontière avec l'Italie où il débarque avec le grade de capitaine. Ses responsabilités s'étendent sur de nombreuses communes des Alpes-Maritimes.

Ce jour fatidique de septembre 1982, Roger W. Bencze chasse le trafiquant de drogue dans le haut pays niçois lorsqu'un message volontairement laconique exige sa présence impérative.

Quarante minutes plus tard, l'officier arrive au lieu-dit Quartier Bautugan. Son adjoint l'accueille et lui révèle l'identité des victimes. Il salue Bernard Verrando, le patron de la brigade territoriale de La Turbie dont dépend également la commune de Cap-d'Ail. Malgré leur différence d'âge – une vingtaine d'années – les deux hommes s'apprécient.

Après les premières constatations visuelles, le capitaine décide de rassembler tous les renseignements possibles auprès des témoins. « Il y en avait cinq ou six, me raconte Roger W. Bencze. Nous nous sommes partagé le travail. J'ai entendu le couple Provence, M. Corniveau et le voisin Michel Pierre. Verrando a entendu l'horticulteur Sesto Lequio. Ce dernier était d'origine italienne et l'adjudant parlait parfaitement l'italien[5]. » Les uns et les autres racontent aux enquêteurs comment ils ont réussi à extraire les Princesses. « J'ai d'abord cru qu'un avion s'était écrasé dans mon jardin[6] », déclare notamment Sesto Lequio.

Comme l'exige la procédure, le parquet de Nice a été aussitôt avisé. C'est au procureur niçois Mathieu-Yves Le Baut que revient la responsabilité de superviser le travail des gendarmes. Le magistrat, à trois ans de la retraite, fait confiance à Bencze. Ce dernier s'avoue flatté mais aurait parfois apprécié un peu plus d'élan de sa part. À défaut d'opiniâtreté. « Sans vouloir me montrer désagréable, je dois dire que le procureur de la République ne s'est pas franchement investi dans cette affaire. Pour lui il s'agissait d'un banal accident. J'ai dû ainsi insister afin qu'il se déplace sur les lieux et pour qu'il assiste à l'expertise de la voiture [7] », me confie, avec amertume, l'officier de gendarmerie.

Le magistrat, aujourd'hui décédé, n'a pas forcément tort de laisser toute latitude aux pandores puisque la plupart des éléments que Roger W. Bencze ne tarde pas à lui adresser viennent conforter ses premières impressions.

Les éléments du dossier ? Ce sont d'abord les témoignages des deux gendarmes de La Turbie qui ont vu passer la voiture princière alors qu'ils s'apprêtaient à rejoindre leur brigade. « Il était environ 9 h 45 et j'ai reconnu la princesse Grace au volant », déclare Frédéric Mouniama sur procès-verbal. Son collègue, Robert Raffaelli, regrette de son côté de ne pouvoir être aussi affirmatif sur l'identité de la conductrice. « Pour être très franc, c'était un garçon gentil mais un peu tête en l'air, juge sans aménité son ancien supérieur. Il a été effectivement beaucoup moins catégorique que Mouniama. Il m'a dit que c'était possible, mais qu'il était incapable d'être affirmatif. Cela avait d'ailleurs mis ses collègues de brigade en rogne. À commencer par son adjudant, Bernard Verrando, qui s'est emporté : "Mais bordel essayez de vous souvenir. C'est quand même pas tous les jours que survient un tel événement [8] !" »

C'est ensuite les deux auditions d'Yves Phily, le chauffeur routier qui suivait la puissante Rover. Originaire d'Avignon, le jeune homme, âgé de trente ans, est employé dans une société de bâtiment et de travaux publics installée à La Turbie. « Au moment où je l'ai vue accélérer, explique-t-il le lendemain de l'accident, j'ai su qu'elle raterait le virage. Elle allait trop vite. La voiture a quitté la route juste dans l'angle du virage. Je l'ai littéralement vue décoller[9]. »

La conductrice a-t-elle commis une faute ? A-t-elle été victime d'une défaillance mécanique ? C'est cette explication qu'a donnée Stéphanie à son entourage, bientôt reprise dans le communiqué officiel distribué à la presse du monde entier. Roger W. Bencze est incrédule. Il ne comprend pas pourquoi on essaie de faire passer pour acquis ce qui n'est alors encore que vraisemblable : son expert n'a, pour le moment, relevé aucune défaillance technique ni possibilité d'un acte de malveillance. Et pourtant, c'est à ce moment-là qu'il reçoit un appel de son alter ego monégasque, Albert Dorato, patron de la Sûreté monégasque. « Il m'a dit : "Écoute Roger, un communiqué du Palais va faire savoir que les freins ont lâché. C'est la thèse que nous allons développer." Je lui ai répondu : "Vous développerez la thèse que vous voulez, mais pour moi ce n'est pas la thèse[10]" », grommelle encore aujourd'hui Roger Bencze.

Lorsque la presse reprend abondamment cette version de l'histoire, l'officier est tiraillé entre la volonté de communiquer sur différentes hypothèses et le respect du secret auquel il est soumis. Certains journaux lui reprochent son mutisme forcé. L'un d'entre eux s'interroge sur les « étranges silences du capitaine Bencze[11] ». Vingt ans plus tard, le colonel de gendarmerie estime que le temps écoulé donne un caractère public à l'affaire, autrement dit qu'il peut parler sans retenue et sans crainte. Sa façon à lui aussi de défendre et de valoriser son action à travers une enquête placée dès le début sous haute surveillance.

L'empressement du palais princier à conclure immédiatement en parlant de panne mécanique ? Roger W. Bencze l'explique par la panique qui règne alors au palais et par une grave erreur de communication. Faute d'avoir pu obtenir une réponse officielle de la part des intéressés, une autre hypothèse est alors avancée : celle des risques judiciaires encourus par la princesse Stéphanie dans l'éventualité où elle se serait trouvée au volant du véhicule, comme la rumeur va en courir très vite. Bencze concède : « Dans cette hypothèse et dans un contexte différent, j'aurais alors souligné plusieurs infractions : non-détention du permis, non-détention d'assurance, et homicide par imprudence. Une dernière infraction laissée toutefois à la totale discrétion du procureur de la République [12]. »

Face au scepticisme de certains enquêteurs et journalistes et aux rumeurs qui circulent, le Rocher décide de frapper fort en demandant aux autorités médicales d'intervenir publiquement. Toutes acceptent, à commencer par Jean Duplay, professeur de réputation internationale, mais connu également comme un ami personnel du prince Rainier. Aux reporters convoqués à Nice, le médecin déclare, péremptoire, qu'il n'y a aucun doute sur l'accident vasculaire cérébral dont a été victime la Princesse avant la perte du contrôle de son véhicule. Et d'affirmer que l'identité de la conductrice n'était pas pour lui une énigme : « Grace se trouvait bien au volant [13]. »

Sa démonstration est pourtant loin d'être convaincante. Selon différents esprits chagrins, « un scanner CAT donne une bonne image du sang coagulé dans le cerveau, qui apparaît plus dense sur l'écran que l'eau et les autres tissus, expliquent de leur côté des médecins interrogés par des enquêteurs américains. Mais il n'existait – et n'existe encore – aucun moyen connu de déterminer par le scanner seul si l'attaque de Grace s'est produite juste avant le choc à la tête, ou juste après [14]. »

Aux communiqués médicaux énigmatiques, viennent bientôt s'ajouter de nouvelles interrogations : la Rover aurait-elle pu être l'objet d'un acte de malveillance ? Selon l'expert attitré des gendarmes, Noël Anton, là encore aucun élément matériel ne permet de l'affirmer. La réfutation des enquêteurs n'empêche pas cependant d'autres rumeurs de surgir. Dans un premier temps, on évoque la piste de la Mafia qui en aurait voulu au couple princier. Rainier ne rejette pas l'hypothèse. Il s'interroge : « Mais pour quelles raisons ? »

On est encore loin de montrer du doigt d'autres commanditaires possibles, à travers notamment les tristement célèbres gourous de l'Ordre du Temple Solaire. Les « révélations » seront apportées au milieu des années 1990 par deux producteurs britanniques, David Carr-Brown et David Cohen, dans le cadre d'un documentaire diffusé sur la chaîne Channel Four. Selon les reporters, Grace serait devenue une adepte de la secte de Jo Di Mambro peu de temps avant sa mort, et lui aurait même fait un don de cinquante millions de francs français (sept millions d'euros). Pour appuyer leur démonstration, les auteurs s'appuient sur deux témoignages dont celui d'un singulier personnage, se présentant comme l'ex-chauffeur de Di Mambro : Georges Leroux *alias* Guy Mouyrin, un ancien douanier qui n'a jamais dissimulé avoir été à plusieurs reprises en délicatesse avec la justice[15]. À en croire Mouyrin, la princesse monégasque aurait été initiée en juin 1982 au prieuré de Villié-Morgon, dans le Beaujolais. Une objection de taille est toutefois rapidement opposée aux reporters britanniques, cisaillant méchamment leur « scoop » : Di Mambro n'a officiellement créé l'Ordre du Temple Solaire, de sinistre mémoire, qu'en... 1984.

Malgré ce faux pas journalistique, d'autres poursuivent cette piste. Auteur d'ouvrages exhaustifs sur l'ordre maudit de Di Mambro, le reporter breton Renaud Marhic a poursuivi des recherches sur le terrain. Son enquête patiente et rigoureuse lui a ainsi permis de découvrir que la fameuse propriété de Villié-Morgon a été achetée en 1970 par une société civile immobilière loin d'être anonyme puisqu'il s'agit de la SCI de l'Ordre Souverain du Temple Solaire, autrement dit l'ordre de Marsan. Le gérant officiel de la société n'est pas « Loulou » mais Robert Chabrier, parolier à succès, parmi lesquels de nombreuses chansons créées par Georges Guétary et la version française du célèbre film *Le Pont de la rivière Kwai*. Décédé en 1978, Chabrier est l'un des coauteurs d'un ouvrage collectif publié aux éditions de la Pensée solaire à Monte-Carlo intitulé : *Pourquoi la résurgence de l'Ordre du Temple*[16]...

Toujours selon Mouyrin, l'initiation supposée de Grace aurait été guidée par Colette Deréal, une chanteuse qui connut son heure de gloire à la fin des années 1960. Élue Miss France à vingt-deux ans, l'artiste – de son véritable nom Colette de Glarélial – avait d'abord entamé une carrière de vamp au cinéma, notamment au côté d'Eddie Constantine dans la série des *Lemmy Caution*. Devenue du jour au lendemain vedette de la chanson, « le Bécaud féminin », comme on la surnomme, se produit à Bobino et à l'Olympia tout en enregistrant des duos fantaisistes et rythmés avec Marcel Amont. Après avoir vainement tenté de s'imposer dans les studios américains – elle sera tout de même la partenaire de Bing Crosby [17] –, Colette Deréal se retire à La Turbie puis à Cap-d'Ail, à quelques kilomètres de Monaco où elle se lie d'amitié avec la Première dame du Rocher.

Selon l'un de ses amis azuréens, Jean Martini, l'adhésion de la chanteuse comédienne à l'Ordre des templiers de Marsan remonte au début des années 1970. « "Loulou" et Colette se sont connus par l'intermédiaire de Georges Contri, le mari de Colette, un ancien trompettiste qui s'occupait de la gestion des machines à sous de la Principauté appartenant à Marsan [18] », me raconte Jean Martini, ancien propriétaire du *Kim Club* à Cagnes-sur-Mer. Grand admirateur de l'interprète d'*À la gare Saint-Lazare*, le Monégasque lui propose une chronique régulière dans sa revue bimensuelle *La Tribune*, bientôt rebaptisée *La Gazette de Monaco*, dont le siège est alors installé dans le même immeuble que celui de l'OSTS...

Alain Lefeuvre, l'ancien rédacteur en chef de *La Gazette*, a lui aussi bien connu Deréal, « personnage attachant mais d'une grande complexité », dont il me parle avec nostalgie. Pas question en revanche de me dire quoi que ce soit sur la dimension ésotérique des relations que Grace entretenait avec la chanteuse qui succombera à une crise cardiaque en avril 1988, à l'âge de soixante et un ans. Pour respecter sa volonté, sa dépouille rejoindra le caveau familial du petit cimetière de Cap-d'Ail. Curiosité : sur une plaque de marbre noir, le pseudonyme de l'artiste apparaît en lettres dorées. Il est gravé en face de la croix et des insignes de l'OSTS... La même référence templière est également gravée sur la tombe de « Loulou » Marsan, au cimetière de Monaco.

À nouveau sollicité sur les affaires du Temple Solaire, Lefeuvre finit par lâcher : « J'étais au cœur de tout ça. Je leur ai évité de sacrées conneries quand la presse s'est déchaînée en les confondant avec les tueurs de l'OTS. Pour moi c'est complètement effacé, je ne veux plus en parler. "*Verboten*" !... J'ai d'ailleurs donné ma parole de ne plus en parler, et je n'en parlerai plus. De toute façon, je n'ai jamais fait partie de l'Ordre Souverain du Temple Solaire. Je suis un loup solitaire. Je peux quand même te dire que l'OSTS de "Loulou" c'était du sérieux. Mais je t'en dirai pas plus. Tout le reste : l'adhésion de la Princesse, etc. : ce ne sont que des conneries[19] ! »

Les réticences de l'ancien éditeur sont naturelles après les scandales provoqués par les gourous de l'OTS. Cela signifie-t-il que Marsan et ses amis l'auraient échappé belle ? Les liens d'amitié que Di Mambro et « Loulou » avaient commencé à nouer sont aujourd'hui avérés. Jean-François Meyer, spécialiste suisse des sectes, l'avait en son temps révélé. Et Michel Tabachnik, que la rumeur a présenté durant de longues années comme le « numéro trois » de l'OTS, me le confirme à son tour. Le célèbre chef d'orchestre se souvient d'au moins deux rencontres avec « Loulou ». La première, informelle et amicale, s'est déroulée en 1980 ou 1981 sur le Rocher à l'occasion d'une soirée musicale. À cette époque, le musicien se rendait fréquemment dans la Principauté où il a enregistré plusieurs concerts. Jean-Louis Marsan, grand amateur d'opéra, lui apparaît ce jour-là comme un « homme sympathique et aimable [20] ».

La seconde occasion fut une réunion quasi officielle. Elle s'est déroulée à Genève, en mars 1981, dans les locaux d'un centre de conférences – la fondation Golden Way – créé par Joseph Di Mambro, et que Michel Tabachnick dirigera à partir de 1981. Di Mambro et Marsan sont présents aux côtés d'autres « hautes personnalités de Monaco et de Paris [21] », me confirme le chef d'orchestre. Parmi elles, une actrice française de renom, Julien Origas (*alias* Humbert de Frankenbourg, un ancien membre de la Gestapo à Brest) et le médecin niçois Patrick Veret, auteur d'un ouvrage sur la médecine énergétique publié aux éditions du Rocher. Le but de cette rencontre genevoise ? « Contrairement à ce qui sera souvent écrit, il n'y a jamais été question de fusionner les deux ordres, martèle Tabachnik depuis son refuge suisse. Mais davantage de s'accorder moralement ou éthiquement. Il s'agissait pour les templiers de se retrouver entre eux, comme les chrétiens aiment à se retrouver entre eux. C'est dans cet esprit que j'ai rappelé l'initiative de Di Mambro visant à associer à cette démarche unitaire Jean-Louis Marsan, alors le Grand Maître de la branche monégasque de l'Ordre Souverain du Temple [22]. »

S'il est difficile d'aller plus loin dans la connivence entre les deux sectes, on peut s'interroger sur le rôle que l'OSTS aurait pu jouer lors de l'enquête sur l'accident tragique survenu à Grace.

C'est après plusieurs mois de recherches, de recoupements, et de contacts diversifiés, que l'information sur l'appartenance de l'un des gendarmes enquêteurs à l'ordre monégasque m'est soufflée. Le pandore en question ne serait autre que l'un des proches collaborateurs de Roger W. Bencze. Info, intox ? En préalable, ma source tient à m'assurer qu'il n'a pas spécialement de compte à régler avec l'ancien adjudant de gendarmerie qu'elle me présente comme « un homme de réseau, intelligent et habile, d'autant plus efficace qu'il ne présente pas de mine ». Et de m'affirmer qu'« il occupait une place importante dans l'Ordre qui s'expliquait par la confiance totale que Marsan lui accordait... »

Naturellement sollicité, l'intéressé dément un quelconque lien avec l'OSTS de Jean-Louis Marsan. L'homme d'affaires ? L'ancien gendarme, né à Monaco, admet en revanche l'avoir « bien connu ». À quelle date ? Dans quelles circonstances ? Il ne souhaite pas aller plus avant dans notre discussion.

C'est en consultant les registres publics du greffe de la chambre de commerce et d'industrie de Monaco que j'apprends ainsi que ce même gendarme avait quitté l'uniforme en 1984 avant d'être recruté par Monte-Carlo Protection. La société, située boulevard Albert-Ier face au port, avait été créée par Jean-Louis Marsan pour s'occuper de toute question de sécurité et de gardiennage. Un simple salarié ? Pas tout à fait. La lecture des actes officiels me permet d'apprendre qu'il occupa, jusqu'en 2000, l'un des trois postes d'administrateurs, aux côtés d'Yvette

Marsan[23], la veuve de « Loulou » et de son fils Jean-Claude[24].

Une juste et heureuse fin de carrière pour le dévoué gendarme. Une offre alléchante à laquelle il lui aurait été difficile de résister laisse entendre Roger W. Bencze : « Suite à son infarctus, il a accepté le pont d'or qu'on lui offrait à Monaco. C'était sans commune mesure avec sa solde de gendarme. Son départ, il est vrai, avait contribué à me "dessécher" de mes gradés. Je lui ai d'ailleurs fait la remarque : "Vous êtes en train de me 'piquer' tous mes commandants de brigade !" Il m'avait notamment débauché mon adjoint devenu employé de la SBM[25]. »

Lorsque je l'informe de l'appartenance supposée de son ex-collaborateur à l'OSTS, l'officier supérieur ne se montre pas franchement surpris. « Qu'il appartienne ou qu'il ait appartenu à l'OSTS, dont à l'époque je ne connaissais même pas l'existence, m'étonne un peu, mais pourquoi pas. En même temps, j'ai toujours pensé qu'il pouvait appartenir à une loge maçonnique. Il avait un comportement, une attitude qui ne ressemblaient pas à celles, plus classiques, de mes commandants de brigades. Il y avait chez lui une sorte d'humanisme particulier qui le distinguait des autres. Il était particulièrement bien introduit partout. C'est en le constatant qu'un jour je me suis effectivement posé la question sur son éventuelle appartenance à une obédience[26]. »

Le pandore a-t-il pris le risque d'être tiraillé entre deux loyautés ? À son silence, Roger W. Bencze préfère s'interroger sur son propre comportement : « Que j'ai été mis sous influence, non ! Que j'ai été freiné tant du côté monégasque que du côté français c'est vrai[27] », concède, presque soulagé, l'ancien directeur d'enquête.

Ces pressions auxquelles fait allusion Bencze étaient-elles liées à des bévues et autres erreurs de calculs ? Avaient-elles pour but d'empêcher les enquêteurs de répondre sur l'interrogation majeure de ce fait divers hors du commun : Stéphanie se trouvait-elle, comme on l'a susurré, au volant de la Rover ?

Le doute a été jeté dès le départ par les déclarations tous azimuts de Sesto Lequio, soixante-deux ans, transformé en héros du jour, qui a déclaré devant plusieurs reporters que la cadette était bien sortie par le côté gauche du véhicule, celui où se trouve le volant. La version, enregistrée sur procès-verbal, a été un véritable casse-tête pour les gendarmes convaincus alors que l'horticulteur se trompe. Selon eux la voiture se trouvait sur le toit et le sens était donc inversé. L'explication vient compléter la déclaration du procureur Le Baut qui avait confié, à l'époque au correspondant local du *Matin* que la sortie par le côté gauche de Stéphanie n'était « pas significative, car les deux passagères ont été secouées violemment dans tous les sens pendant la chute[28] ».

L'horticulteur se serait-il trompé de plus ou moins bonne foi ? Des âmes charitables, et parmi elles quelques gendarmes, me laissent entendre qu'il ne serait pas resté indifférent à certaines propositions sonnantes et trébuchantes de journalistes anglo-saxons. Une accusation que sa veuve – Sesto Lequio est décédé en 1995 à l'âge de soixante-treize ans – réfute catégoriquement[29]. De l'accident, Amélie Lequio, présente sur les lieux le jour de la tragédie, ne souhaite pas en parler. Un témoin capital qui m'affirme pourtant n'avoir jamais été entendue par les gendarmes. « Tout est allé si vite : l'arrivée des ambulances, le départ de la Rover, et je ne voulais surtout pas être mêlée à cette affaire [30] », bougonne-t-elle.

Malgré son intime conviction selon laquelle c'est bien l'épouse de Rainier qui se trouvait au volant de la Rover, Roger W. Bencze m'affirme n'avoir pu faire autrement que de vérifier la déclaration de Sesto Lequio. Grâce au témoignage « sérieux et précis » du chauffeur-routier Phily, il a ainsi reconstitué le trajet du véhicule sur la portion de route allant de La Turbie au virage fatal. « Il n'y a aucun endroit pour s'arrêter à son aise, me raconte-t-il. Vu notre chronométrage, nous avons déduit que les passagères auraient disposé d'à peine une minute pour échanger leurs places. C'était à mon sens pratiquement impossible [31]. »

CQFD ? L'officier estime que cette démonstration matérielle suffit pour appuyer sa démonstration. Mais ne s'agit-il pas d'une simple déduction comme beaucoup l'ont avancé ? Comment peut-il être aussi précis dans son chronométrage ? Qui peut affirmer que la voiture a bien traversé La Turbie à 9 h 45 ? Comment le jeune gendarme Mouniama a-t-il pu « cerner » au maximum l'heure du passage ? Même en se basant sur sa reconstitution, soixante secondes ne sont-elles pas suffisantes pour réaliser une telle opération ? L'officier ne réfute par l'argument. Autre interrogation : Phily a-t-il formellement reconnu la conductrice ? Le routier se montre catégorique : « Les vitres de la Rover étaient teintées et il m'était impossible de reconnaître qui que ce soit. Je n'ai vu que des ombres [32] ! » Un élément non négligeable que les enquêteurs n'ont pas pris en compte dans leur rapport.

Devant de telles incertitudes, n'était-il pas préférable et légitime d'entendre directement l'intéressée ? La démarche est en tout cas souhaitée par le directeur d'enquête. « J'ai insisté pour que la princesse Stéphanie soit entendue. C'était logique. Elle était quand même la survivante et l'unique témoin direct des événements [33] », souligne Roger W. Bencze. Mais c'était, une fois encore, ignorer le caractère autocratique du souverain : sa fille cadette est sous l'effet d'un traumatisme profond et il ne peut être question de l'auditionner dans son état. Par ailleurs, l'un des articles de la Constitution monégasque place les membres de la famille princière au-dessus du commun des mortels. Rien ne peut les obliger à répondre à la convocation de l'autorité judiciaire, en Principauté et à l'étranger. Ce dernier argument est officiellement signifié au capitaine de gendarmerie Bencze par écrit et par porteur spécial le lendemain même de l'accident. Une fin de non-recevoir qui ressemble d'autant plus à un camouflet judiciaire que rien n'empêchait le procureur Le Baut de délivrer une commission rogatoire afin que la jeune fille soit entendue par un confrère monégasque. Une démarche qui n'apparaîtra pas non plus indispensable au magistrat niçois.

Devant cette nouvelle complaisance judiciaire, la presse continue à pointer le palais princier. De son côté, Rainier stigmatise les journalistes qui s'obstinent à écrire que « Stéphanie conduisait, en dépit des preuves du contraire [34] ». Avant de reconnaître les indéniables qualités de conductrice de sa cadette : « S'il y avait eu un problème mécanique, à la rigueur, mais, dans ce cas, elle aurait sûrement eu de meilleurs réflexes que sa mère[35]. » Ainsi, le Prince reconnaît-il officiellement – dans une biographie autorisée publiée en 1989[36] – que sa cadette prenait parfois le volant de la Rover. Jusqu'à préciser à l'écrivain américain Jeffrey Robinson : « C'est vrai, Stéphanie sortait la voiture du garage à *Roc Agel*, mais sans s'aventurer hors de la propriété[37]. » Et d'admettre : « Je ne sais pas combien de fois j'ai dû répéter que la Princesse n'aurait jamais autorisé Stéphanie à conduire à Monaco[38]. »

L'aveu de Rainier, lourd de sens, a le mérite de la franchise. Il a également pour conséquence de pulvériser en mille morceaux un secret de polichinelle. Bon nombre de Monégasques, parmi lesquels des policiers, avaient déjà surpris leur jeune princesse au volant d'une automobile. Ou comme simple passagère lors d'escapades entre copains dans la région. « Il est vrai que la gamine avait à l'époque une vie plutôt mouvementée[39] », se souvient avec indulgence Roger W. Bencze qui me révèle ainsi comment la jeune princesse prenait parfois un malin plaisir à semer ses gardes du corps. « Mon camarade Albert Dorato me téléphonait parfois le soir aux alentours de 22 ou 23 heures pour me dire : "Roger, on a une merde : 'Odessa' (c'était le genre de nom de code de la sécurité monégasque pour désigner un membre de la famille princière, nom qui changeait d'ailleurs tous les mois) vient de foutre le camp. On a perdu sa trace. Apparemment elle se trouverait dans ta circonscription. Elle est à bord de telle voiture, peux-tu faire quelque chose ?" Aussitôt je prévenais mes gendarmes avec ce genre de message : "Recherchez telle voiture. Personnalité importante à bord. Dès repérage, prière de ne pas interpeller mais me signaler où elle se trouve[40]." »

Traumatisée durant de longues années par la disparition tragique de sa mère, Stéphanie a toujours refusé d'évoquer les circonstances de l'accident du 13 septembre 1982. À une exception près : lors d'une série d'entretiens dans le cadre de l'ouvrage de Robinson déjà cité. À son interlocuteur, elle racontera en détail la défaillance des freins et tentera une explication : Grace a probablement confondu la pédale de frein et celle de l'accélérateur. Une supputation à laquelle un expert judiciaire azuréen me donne une lecture différente : « Il existe une réelle possibilité de confusion au niveau des pédales avec ce type de Rover équipée d'une boîte automatique. Notamment parce que certains peuvent avoir tendance à confondre l'accélérateur et les freins. Dans ce cas particulier, la réponse est immédiate et l'accélération foudroyante[41]. »

D'autres « bizarreries » ne manquent pas de surprendre dans cette enquête sous influence. La première concerne l'embrayage automatique de la Rover qui était réglé sur une conduite « standard ». Autrement dit, la conductrice ne s'était pas mise en position « montagne » beaucoup plus sûre puisqu'elle enclenchait le frein moteur. Peut-on en déduire pour autant que cette erreur a forcément pu être commise par un conducteur inexpérimenté ? Non.

Deuxième constatation étrange relevée par l'expert Anton : les ceintures de sécurité étaient intactes, sous-entendu les passagères ne les avaient pas bouclées. Pour Bencze, le port de la ceinture n'était pas obligatoire dans la Principauté et la plupart des Monégasques circulant en France ne se montraient guère disciplinés. Paul Raimondo, le chauffeur préféré du couple princier, « le chouchou de Grace » comme le dit avec tendresse l'un de ses anciens collègues, s'étonne. « La Princesse conduisait prudemment et elle avait toujours l'habitude d'attacher sa ceinture [42] », me confie le doyen des chauffeurs du palais, lui non plus curieusement jamais entendu par les gendarmes.

Quoi qu'il en soit, et en définitive, sur quels éléments matériels indiscutables les enquêteurs peuvent-ils s'appuyer pour affirmer que Grace était bien au volant ce jour noir de septembre 1982 ? Même pas des empreintes digitales sur le volant que le colonel Bencze ne se souvient pas d'avoir fait relever. « Sur un plan purement technique, il n'y avait guère à attendre de telles empreintes qu'on aurait retrouvées par dizaines. Celles du mécano, des conducteurs habituels, etc. [43] », se justifie-t-il. Le témoignage du gendarme Mouniama ? Il semble incontournable, mais il ne cadre pas avec celui de l'horticulteur Lequio. La bonne foi et la probité du directeur de l'enquête ? Elles ne sauraient être mises en cause, malgré les pressions « amicales » des uns et des autres. Une objectivité orientée ? C'est humainement possible. « Peut-être étais-je trop innocent à l'époque », soupire le colonel Bencze. Et d'admettre pour la première fois qu'il existe bel et bien un « doute raisonnable » sur l'identité de la conductrice ce jour tragique de septembre : « En l'occurrence, il est difficile d'affirmer de façon péremptoire que Grace ou que Stéphanie était bien au volant [44]. »

La disparition tragique de l'épouse de Rainier sur une route de montagne du haut pays niçois restera-t-elle à tout jamais un mystère ? Aux yeux de l'opinion, sans doute. Le Palais a-t-il commis une grave erreur de communication en refusant, brisé par le chagrin, de laisser le temps à la conduite d'une enquête, forcément sensible puisque concernant une personnalité appréciée, qui aurait étudié sereinement toutes les hypothèses et finalement convaincu tout le monde ? Ne fallait-il pas, au contraire, jouer la transparence et suivre les procédures habituelles afin d'éviter que les tabloïds partisans de « complots » ou de solutions alambiquées pour expliquer la disparition d'une célébrité ne voient, comme de coutume, une autre vérité derrière la vérité, sans toujours convaincre ? Pourquoi transformer, par des silences qui peuvent passer pour légitimes dès lors qu'ils touchent l'intimité mais qui ont l'effet inverse quand ils concernent une actrice devenue princesse, donc personnage public, ce qui n'est, peut-être qu'un affreux accident de la route, en secret d'État ? Plusieurs personnes connaissent cette vérité. À commencer par la cadette des Grimaldi que personne n'a le droit d'entendre et qui doit quotidiennement affronter le souvenir de ce jour tragique. Les dérives ou les excès que ses proches constatent parfois chez cette écorchée vive, passionnante et pathétique, trouvent probablement leur explication dans ce drame forcément traumatisant. Pour l'un de ses amis d'enfance, « l'important n'est pas de savoir qui se trouvait au volant, mais de survivre au décès de l'autre, quelles que soient les circonstances »...

Chapitre 12

Deux divas sur un rocher

À la fin du mois du mois d'octobre 1982, le cou emprisonné dans une minerve, Stéphanie fait ses premiers pas de convalescente hors du palais. Le prince Rainier guide sa fille dans les rues de la Principauté. Cette première sortie conduit la jeune princesse chez son dentiste où elle devra retourner pratiquement tous les jours pour faire soigner et remplacer ses deux incisives cassées. Son père, confronté à quelques problèmes de santé liés à un dérèglement du métabolisme, envisage-t-il d'abdiquer ? On lui en prête une nouvelle fois l'intention.

En attendant, Caroline reprend, au pied levé, toutes les obligations de sa mère. Le traditionnel arbre de Noël organisé au palais constitue la première manifestation importante à laquelle toute la famille assiste. Plus de trois cents petits Monégasques sont réunis pour la circonstance. Stéphanie apparaît pour la première fois sans sa minerve, vêtue d'un twin-set en cachemire blanc et d'une jupe noire. Sa sœur aînée, robe grise, col et parements de velours noirs, tout charme et sourires, distribue une caresse à chaque enfant.

Le même jour, Rainier tient à rendre publiques plusieurs décisions concernant ses héritiers. À Caroline, il confie la présidence du Garden Club de Monaco, du Comité d'organisation du Festival international des arts de Monte-Carlo, et celle de la Fondation Princesse-Grace. À sa majorité, Stéphanie en deviendra la vice-présidente. De son côté, Albert est nommé président de la Croix-Rouge monégasque, nomination qui intervient quelques jours avant son départ pour New York où il doit suivre différents stages de marketing et de droit commercial. Pour le jeune homme, un monarque doit être aussi un chef d'entreprise. Il n'ignore pas non plus que son père rêve qu'il devienne un grand patron [1].

Depuis la disparition de Grace, Paul Belmondo est devenu un hôte assidu de la Principauté. Émue par son idylle avec Stéphanie, la presse *people* s'amuse à jouer avec ses lecteurs au jeu de l'amour et pas tout à fait du hasard. Elle souhaite aux tourtereaux de s'aimer longtemps et, comme dans les contes de fées, d'avoir beaucoup d'enfants. Selon un sondage réalisé en février 1983, un Français sur deux espère que la princesse épousera son chevalier servant [2]. « Si cela ne s'appelle pas de la morale, je ne m'y connais pas [3] », se croit même obligé de commenter l'écrivain Jean Cau. Si les jeunes gens se connaissent depuis deux ans, ils ont toutefois pour le moment fait le choix de ne pas vivre ensemble.

Chaque matin, Paul récupère Stéphanie avenue Foch, où est situé l'appartement des Grimaldi. Le garçon vit toujours chez son père, dans le VIIe arrondissement, où la Monégasque passe une bonne partie de ses après-midi. Leurs rapports semblent empreints de quiétude et d'harmonie. France Roche, l'ancienne journaliste vedette d'Antenne 2, se souvient ainsi d'un dîner parisien auquel elle avait été conviée. Autour de la table sont présents le jeune couple et leur hôte : Khalil el-Khoury, un avocat d'affaires et fils du premier président du Liban, dont l'amitié avec Rainier remonte au début des années 1950. « Stéphanie s'est montrée particulièrement gentille ce soir-là, et le fils Belmondo d'une très grande correction [4] », confie la célèbre chroniqueuse. De son côté, un proche de la famille Belmondo me confie que « la jeune fille vivait sans aucun doute l'une de ses premières grandes histoires d'amour [5] ». C'est en tout cas pour Paul que la princesse rebelle, comme certains journalistes la surnomment, s'est mise au jogging, au golf et au tennis.

Seule ombre au tableau : le garçon ne goûte que modérément les émeutes que la présence de Stéphanie provoque parmi les photographes et les spectateurs. Notamment lorsqu'il participe à des courses automobiles. Toujours pour cette même raison, le duo ne sort plus guère dans les endroits à la mode. Les jeunes gens préfèrent les dîners en tête à tête dans un petit chinois dans le 8e arrondissement ou un autre restaurant à côté de Saint-Germain. Il fréquente également régulièrement les salles de spectacles : théâtre et cinéma.

Pour leurs premières vacances d'amoureux, Paul et Stéphanie choisissent la station de ski de Val-d'Isère. Installés au *Sofitel*, chacun de leur mouvement est épié par plusieurs photographes, que ce soit sur les pistes de ski ou lorsqu'ils s'affichent dans les boîtes de nuit de la station savoyarde. On y voit déjà un prélude à des fiançailles officielles. Lorsqu'un journaliste consciencieux et hardi leur parle de romance et d'avenir commun, ils haussent les épaules ou éclatent de rire, selon l'humeur du temps.

Quelques semaines plus tard, Paul accompagne Stéphanie et Rainier aux États-Unis où ils rendent visite à Albert. Le souverain semble déjà considérer Paul comme un membre de la famille. De retour à Paris, il est cependant davantage question de voitures que de projets matrimoniaux.

La nouvelle acquisition de Paul est une Mercedes 190SL blanche, fabriquée en 1962, que son propriétaire lui a cédée au prix de trente-sept mille francs. Si le fils de l'acteur a la passion des voitures de collection, c'est au volant d'un autre bolide qu'il s'engage dans la Coupe d'Albi. L'épreuve est difficile mais elle prend, pour Stéphanie et les Belmondo, les allures d'une double fête. Après la victoire, on en profite pour célébrer le vingtième anniversaire de Paul. Jean-Paul Belmondo, qui tourne *Le Marginal* à Marseille, interrompt pour quelques heures le tournage de son film pour partager, avec Stéphanie et le héros du circuit d'Albi, l'événement. Regonflé par sa performance, le petit-fils du sculpteur s'inscrit à d'autres épreuves. Avec plus ou moins de succès.

Éric Bhat, spécialiste des courses automobiles, évoque avec beaucoup de respect le parcours professionnel du jeune coureur : « Paul Belmondo a remporté pas mal de prix, car il était très bon conducteur. Mais il s'est brûlé les ailes en acceptant de rejoindre une écurie de Formule 1 qui n'avait pas les moyens financiers lui permettant de s'épanouir vraiment [6]. » Dans un milieu qu'il présente comme « souvent superficiel et veule », l'ancien patron de l'hebdomadaire *Auto Plus* reconnaît d'autres qualités au fils de la star internationale. « J'ai eu maintes fois l'occasion d'apprécier sa gentillesse, sa disponibilité et sa simplicité[7] », me déclare Bhat qui trouve amusant la comparaison avec un autre fils de star : Antony Delon. « Alors que Belmondo se comportait comme un vrai pilote sur les circuits, Delon – qui n'a jamais obtenu de bons résultats – s'y montrait particulièrement arrogant, poursuit le journaliste. Au point de se mettre systématiquement les paddocks à dos. L'arrogance est en général mal vue chez les authentiques professionnels[8]. »

La romance de Paul avec Stéphanie ? L'ancien attaché de presse de la firme Renault en a été le témoin involontaire un dimanche de l'année 1983. « Lorsqu'il n'y avait pas de Grand Prix, le petit monde de la Formule 1 avait l'habitude de se retrouver au bois de Boulogne pour une sorte de footing de l'amitié. Une demi-douzaine de copains parmi lesquels Jean-Pierre Beltoise et Paul Belmondo. Un jour, Paul est arrivé en compagnie de Stéphanie. Personne ne lui a prêté une attention particulière. Pour nous, elle n'était pas une princesse mais une petite gonzesse mignonne qui portait un survêtement bleu. Elle ne frimait pas non plus. Elle ne semblait pas être davantage dérangée par la pluie qui commençait à tomber. Quelques minutes avant le départ, j'ai eu l'occasion d'échanger quelques mots avec elle. Une conversation banale. Elle m'a demandé combien de temps devait durer le tour du lac. Je lui ai répondu qu'il existait un petit et un grand tour. Elle m'a alors demandé de lui expliquer la différence entre les deux. Je l'ai prévenue que le premier représentait une demi-heure d'efforts. Elle n'a pas rechigné pour s'y lancer[9]. »

Alors que sa sœur cadette file le parfait amour avec Paul Belmondo, Caroline a décidé de passer ses prochaines vacances en compagnie de l'ami de toujours : Robertino Rossellini. Les jeunes gens se retrouvent dans un hôtel de Zürs, petite station du Tyrol autrichien où ils passeront la semaine. L'endroit ne leur est pas inconnu puisqu'ils y étaient déjà descendus l'année précédente. Leur double malheur les a-t-il rapprochés ? Probablement. Robertino, lui aussi, vient d'être éprouvé par la disparition de sa mère, Ingrid Bergman. Caroline, prévenante, a tenu à accompagner son ami en Suède lors du dernier adieu à la célèbre actrice. Depuis longtemps, l'aînée des Grimaldi rêvait de découvrir le mystérieux endroit où l'héroïne de *Casablanca* et de *Sonate d'Automne* et ses quatre enfants se retiraient chaque année pour passer de vraies vacances familiales. Le jardin secret porte le nom de Dannholmen, une petite ville suédoise située à une centaine de kilomètres de Göteborg. La grande comédienne avait souhaité que ses cendres soient dispersées dans la mer, au large de son pays natal. Lars Schmidt, son dernier mari, invita Robertino et Caroline à exaucer auprès de lui les ultimes vœux de l'actrice.

Au mois de mars 1983, Rainier demande à Caroline et à Stéphanie d'assister en sa compagnie au traditionnel et fastueux Bal de la Rose. Un moment important puisqu'il s'agit de la première grande manifestation sans Grace. Amaigri, visiblement ému, le souverain fait une entrée d'une grande solennité au bras de ses filles. Mise en scène par André Levasseur, la soirée se veut un hommage au souvenir de l'ancienne Première dame de Monaco. Huit cents personnalités du gotha international se sont arraché des places à mille cinq cents francs pour un dîner qui se veut aussi une participation aux œuvres caritatives d'une fondation portant le nom de la disparue. Pour la circonstance, les deux princesses ont été coiffées par le célèbre Alexandre. Pour sa robe, Caroline a sollicité le couturier Marc Bohan de la maison Dior tandis que Stéphanie a fait le choix d'une robe bustier signée Nina Ricci. Robertino Rossellini et Paul Belmondo, les soupirants des Princesses, sont présents à la table d'honneur. À leur côté, le chorégraphe Anton Dolin, ancien danseur des Ballets russes qui avaient connu leurs heures de gloire sur le Rocher jusqu'en 1950, le consul des États-Unis à Gênes, Peter Murphy, la princesse Antoinette, le prince Louis de Polignac, le marquis Livio Ruffo di Scaletta, et Virginia Gallico, dame d'honneur de Caroline.

La musique viennoise inspire-t-elle Paul Belmondo ? Pas dans le sens qu'on aurait imaginé. Quotidiennement sollicité sur ses projets matrimoniaux, le coureur automobile ne dissimule pas ses sentiments mais reste prudent. Certes, Stéphanie reste à ses yeux la femme idéale, mais il n'envisage pas de l'épouser dans un proche avenir. « Elle est plus qu'une copine mais elle n'est pas encore ma fiancée [10] », confie-t-il à Jean-Michel Caradec'h.

La présence de Belmondo junior est pour Rainier un relatif réconfort. « C'est un garçon charmant, gentil, sérieux, bien élevé, reconnaît le Prince. Il ne passe pas ses nuits dans les discothèques, il est très sportif... Il est très prévenant avec ma fille. Et ils s'entendent merveilleusement bien [11]. » Le « vieux lion » sait que les tourtereaux sont jeunes et que le mariage ne presse pas. Sollicité sur l'avenir sentimental d'Albert, Rainier répète de la même façon qu'il ne tient pas à ce que son fils se marie trop tôt. Il est bien entendu au courant du récent flirt qu'on lui prête avec une ravissante Américaine que les tabloïds anglo-saxons présentent déjà comme la future épouse du Prince héritier et sait qu'en réalité il s'agit d'une petite cousine, Georgia Kelly, qu'Albert a rencontrée aux États-Unis où il achève son stage à la banque new-yorkaise Morgan.

Un an après la tragique disparition de Grace, plusieurs cérémonies du souvenir sont organisées à Monaco et en France. La famille princière retrouve la nef où repose la défunte, pour y entendre un *Te Deum*. La dalle est recouverte de plusieurs centaines de bouquets de fleurs. Lorsqu'ils quittent les lieux par une porte latérale, Rainier et ses enfants sont accompagnés par l'évêque de la Principauté, Mgr Brand et par Mgr Barthe, l'évêque de Toulon. De leur côté, les Kelly ont organisé une cérémonie identique à Philadelphie. En l'absence de Margaret, gravement malade et à qui on n'a toujours pas osé apprendre la nouvelle de la disparition de « Gracie ». Depuis quelques mois pourtant, la Congrégation des Saints qui s'occupe des canonisations est assaillie de requêtes pour qu'elle accepte de porter sur les autels Grace de Monaco. La campagne est menée depuis la chaire de la plus ancienne basilique romaine, San Lorenzo in Lucma, dirigée par Piro Pintus, soixante et un ans, curé d'origine monégasque qui ne veut pas mourir avant d'avoir obtenu la béatification de l'ancienne comédienne. Comme pour lui donner raison, une rumeur commence à courir dans le Comté de Mayo en Irlande d'où est originaire la famille

Kelly. Plusieurs témoins affirment de bonne foi avoir entendu la voix de Grace telle une sirène...

Grace canonisée ? Robert Serrou, le spécialiste des affaires religieuses d'un grand hebdomadaire parisien, n'y croit guère. Même si le zélé Mgr Pintus et ses amis, des admirateurs inconditionnels de Grace, ont bon espoir d'accélérer les choses. À chacune des demandes, Rome répond qu'il n'est pas question de déroger à sa règle : pas de canonisation à moins de quarante ou cinquante ans de la mort du « candidat » à l'auréole.

En attendant ce jour bienheureux, Rainier décide de célébrer avec faste la date anniversaire de son accession au trône survenue un 19 novembre. La famille princière a achevé son deuil et la Principauté doit retrouver sa liesse d'antan à l'occasion de la fête nationale.

Pour la circonstance, Caroline assume à la perfection le rôle de Première Dame de Monaco. Aux côtés de son père, elle porte, pour la traditionnelle soirée de gala, le Grand Cordon de l'Ordre de Saint-Charles. L'aînée des Grimaldi fait l'objet d'autres attentions. Depuis quelque temps, un nouveau chevalier servant a fait son apparition. Sa présence répétée auprès de la Princesse ne manque pas d'ouvrir la porte à de nouvelles suppositions brodées.

Il est jeune et athlétique. Il est beau et il est riche. Il s'appelle Stefano Casiraghi et Caroline l'a rencontré au printemps 1982 au *Jimmy'z*, la célèbre et élitiste discothèque monégasque, où la moindre bouteille de champagne est facturée aux alentours de sept cent cinquante euros (cinq mille francs). C'est son ami Robertino Rossellini qui a fait les présentations. Le Milanais, vingt-trois ans, aimerait la revoir. Après des années de tourmentes sentimentales, l'aînée des Grimaldi préfère attendre plusieurs mois avant d'accepter. C'est enfin chose faite à la veille de l'été. Les jeunes gens se retrouvent dans l'un des salons de l'*Hôtel de Paris*. La suite se déroule à bord du yacht d'un ami, Francesco Caltagirone, qui croise tout le mois d'août au large de la Corse et de la Sardaigne.

Au début du mois de septembre, Caroline et Stefano – que ses amis ont surnommé *Fancazzista* – se débrouillent pour faire coïncider leurs obligations respectives à New York, à Londres ou à Paris. Puis arrive le moment où les tourtereaux se présentent mutuellement à leurs familles. La Princesse rencontre les parents de Stefano dans leur *palazzo* de Fino Mornasco érigé au bord du lac de Côme.

De retour sur la Côte d'Azur, c'est au tour de Caroline de présenter l'élu de son cœur à son père. L'affection que montre le garçon ne suffit pas à rassurer totalement Rainier qui redoute, depuis le mariage raté de sa fille, une nouvelle désillusion sentimentale. Il craint également l'apparition dans son entourage de play-boys à la sincérité plus ou moins déguisée. Tous ceux qui connaissent Stefano se veulent formels : secret et pudique, l'Italien est vraiment amoureux. L'accueil réservé que lui prodiguent les membres de la famille princière n'a rien de comparable toutefois avec les réticences qui avaient jadis accueilli Philippe Junot. Après quelques semaines de réflexion, le Prince estime que le soupirant de sa fille est sincère. Pour s'en convaincre encore davantage, il l'invite à plusieurs reprises à Marchais. Des séjours tests qui conduisent à des fiançailles secrètes célébrées courant octobre au Palais de Monaco. La cérémonie n'interrompt pas pour autant les activités du couple. Stefano poursuit ses affaires et Caroline continue d'assumer la lourde tâche des obligations protocolaires en se consacrant essentiellement aux œuvres de bienfaisance.

Lors du traditionnel Festival international du cirque, Stefano est présent dans la tribune princière. Il est assis derrière Caroline. Pour les chroniqueurs mondains, le signe ne trompe pas : il occupe la place de prétendant officiel. De son côté, le service de presse du palais a déjà récupéré sa fiche biographique.

Benjamin d'une fratrie de trois garçons, Stefano, né en 1960 à Milan, a d'abord suivi les cours classiques d'un collège privé puis ceux d'économie à l'université La Bocconi. Fils comblé – les Casiraghi ont fait fortune dans le pétrole et l'immobilier –, il a dix-huit ans lorsqu'on lui offre sa première Ferrari. Passionné de vitesse et d'automobiles, il va bientôt commencer une collection d'autres marques célèbres : Porsche, Mercedes, etc. Grand travailleur, il a vingt ans à peine lorsqu'il se retrouve à la tête de différentes sociétés, dont plusieurs affaires d'exportation de chaussures et pulls vers les États-Unis. Il possède également des parts du *Café Roma*, une boîte de nuit branchée de Côme. Selon la presse italienne, l'ambitieux jeune homme représente alors l'un des plus beaux partis de la Péninsule, convoité par de nombreuses familles. La légende ne lui prête-t-elle pas déjà des aventures passées avec quelques célébrités comme les actrices Dalila di Lazaro ou Marina Ferzy, la speakerine vedette de la télévision milanaise ? Sans compter un nombre jugé flatteur de mannequins.

Si le projet de mariage prend forme au fil des mois, il ne peut être officiellement question que d'union civile, Caroline, n'ayant toujours pas obtenu du Vatican l'annulation de son mariage avec Philippe Junot, ne peut donc prétendre à un sacrement religieux. Le Palais pense-t-il forcer la main au successeur de Saint-Pierre en annonçant le prochain mariage de l'aînée des Grimaldi ? Dans cette hypothèse, le coup est manqué. Mgr De Jorio, doyen de la Rote, donne le ton en se déclarant « extrêmement surpris » et en faisant observer que, du point de vue de l'Église, Caroline, en se remariant, se mettrait en situation d'adultère. En clair, la fille de Rainier devra prendre son mal en patience. Une sacrée patience pour l'ex-épouse Junot puisque ce n'est qu'en juin 1992 que Rome prononcera enfin l'annulation du mariage, sur le motif de l'« immaturité psychologique » présumée de la Princesse au moment de son union...

Est-ce pour conjurer la mauvaise humeur des ecclésiastiques que Caroline téléphone à son ami Marc Bohan, le créateur de la maison Dior, afin de lui commander une robe de mariée ? Ce jour de décembre 1983, elle lui laisse en tout cas entendre que la cérémonie ne devrait plus tarder. « Ça s'annonce, ça s'annonce, lui susurre-t-elle, mais je ne connais pas la date[12]. » Pour la circonstance, Caroline souhaite une robe jolie mais simple. « Nous sommes vite tombés d'accord, se souvient Marc Bohan : un tissu seyant, des tons clairs. Pour le style, je sais ce qu'elle aime. Elle déteste tout ce qui est trop apprêté, trop chichi, n'est pas du tout esclave de la mode[13]. »

C'est au début des années 1970 que le célèbre styliste a fait la connaissance de Caroline : à l'occasion du premier bal de la jeune princesse alors âgée de seize ans. Pour sa première sortie publique, ses parents avaient accepté l'invitation de la comtesse Volpi qui offrait dans son palais de Venise une soirée en l'honneur d'Olympia de Rothschild. Le couturier, dont les clientes attitrées à l'époque s'appellent Melina Mercouri, Sophia Loren et Elizabeth Taylor, se souvient que c'est Grace qui avait choisi le modèle.

Depuis, pour chaque saison, Marc Bohan crée environ une douzaine de modèles originaux pour Caroline. Mais la Princesse ajoute à ces toilettes du prêt-à-porter qui porte également la griffe du célèbre couturier. Est-elle l'une des femmes les plus élégantes au monde comme la présentent souvent les sondages ? Le couturier parisien le clame haut et fort : « Caroline est toujours chic, quelle que soit sa tenue, quelle qu'en soit l'occasion : dîners officiels ou entre amis. Chez elle, elle n'est jamais négligée. Par exemple, à la chasse, quand son père reçoit dans son pavillon de Marchais, elle sait mélanger avec raffinement chemise ou veste achetée à Salzbourg avec autre chose. En mode, on dirait qu'elle a une bonne réaction : une réaction vraie [14]. »

Marc Bohan n'est pas seulement un simple couturier pour Caroline. Après sa séparation d'avec Philippe Junot, ce fils de modiste et la Princesse apprennent à mieux se connaître et leurs liens d'amitié se resserrent. Ils partagent, il est vrai, de nombreux goûts communs. Il leur arrive fréquemment de se rendre ensemble à l'Opéra ou de se réfugier dans des salles obscures de cinéma. « Elle a une très bonne culture musicale classique, apprécie Bohan.

Elle adore l'opéra italien. Elle aime la danse. Elle sait juger avec discernement un chanteur. Elle est vraiment très cultivée dans ce domaine. Nous en discutons longuement[15]. »

Le mariage, annoncé depuis plusieurs mois, est enfin célébré le 29 décembre 1983. Au grand désappointement du public monégasque, la cérémonie se déroule à l'intérieur du Palais, devant le responsable des services juridiques, officier d'état civil de Monaco.

Dans la salle des Glaces du palais princier, face au portrait en pied de Grace peint par l'Américain Ralph Cowen, Stefano Casiraghi, vêtu d'un costume gris sombre, et Caroline Grimaldi, qui a finalement opté pour une robe de crêpe satin beige rosé, échangent deux simples anneaux d'or. Ensemble, les jeunes gens se lèvent pour signer le registre. Ils sont suivis par le prince Rainier, les parents de Stefano, Giancarlo et Fernanda Casiraghi, les témoins – Hélène Boitel et Marina Palma, deux amies de Caroline, Marco Ballestreri et Marco Colombo, compagnons milanais de Stefano. La cérémonie n'a duré qu'une quinzaine de minutes devant les familles émues.

C'est Noël Museux, le président du Conseil d'État et directeur des Affaires judiciaires de la Principauté, qui conclut la noce par les vœux d'usage. C'est ensuite la pose pour la photo officielle. Souriante, la nouvelle mariée apparaît enfin au balcon à côté de Stefano. Les quelques centaines de Monégasques rassemblés sous les fenêtres du palais rose applaudissent. Ils sont à peine rentrés dans le salon qu'ils reparaissent aussitôt, avec cette fois le prince Rainier. La foule ovationne une seconde fois. Au moment des toasts, le Prince ne peut faire autrement que de souhaiter à sa fille et à son mari d'être heureux et d'avoir beaucoup d'enfants. Le soir, comme tous les amoureux du monde, Caroline et Stefano préfèrent rester seuls pour un souper organisé au *Clos Saint-Pierre*. Pendant ce temps, leurs familles assistent à un spectacle à l'Opéra.

Caroline a à peine terminé de déballer tous ses cadeaux de mariage qu'elle doit se préparer à la visite d'un hôte de marque : François Mitterrand en visite officielle sur le Rocher au début du mois de février 1984. Un déplacement important aux yeux des Monégasques. Aucun président français n'est venu à Monaco depuis le voyage du général de Gaulle, en 1960.

À la demande du palais, les services de la Sûreté publique redoublent de vigilance. Afin de parer à toutes les éventualités, ils adressent un formulaire à chaque résidant afin qu'il signale d'éventuels hôtes étrangers à la Principauté. « Une inadmissible atteinte à notre vie privée, s'emporte un Monégasque pourtant respectueux de la famille régnante. Mais de toute évidence, les policiers étaient sur les dents [16]. »

Lors du dîner offert au palais, l'aînée des Grimaldi occupe la place naguère réservée à sa mère, pour qui François Mitterrand n'était pas un inconnu. Alors garde des Sceaux, on se souvient qu'il avait représenté le gouvernement français, en avril 1956, lors du mariage de Grace et du prince Rainier.

Trente années plus tard, c'est les pieds dans l'eau que la famille princière est obligée d'attendre patiemment son hôte en bas de l'escalier de marbre de la cour du palais. Cette visite d'un président socialiste chez les Grimaldi est l'occasion d'une première. Parmi les neuf cents invités au dîner et à la réception qui suit, figurent cent cinquante nouveaux venus : les représentants des trente syndicats catégoriels de la Principauté...

Le lendemain, la journée commence par un pèlerinage discret : François et Danielle Mitterrand, seuls, se rendent de bon matin à la cathédrale afin de déposer un bouquet d'orchidées jaunes sur la tombe de Grace. Pour leur deuxième journée, les plus beaux sites du Rocher d'Hercule les attendent. C'est d'abord le Jardin exotique, puis le centre de Fontvieille, formidable polder en cours de réalisation, et enfin le Musée océanographique dirigé depuis vingt-cinq ans par le commandant Cousteau. Le locataire de l'Élysée et le célèbre explorateur sous-marin se connaissent bien. Depuis l'élection, en 1981, du président socialiste, les deux hommes se rencontrent même fréquemment. Et pourtant leurs relations ont failli tourner à l'aigre lorsque le Français le plus populaire avait envisagé de se présenter à la même course présidentielle. « Comme si la candidature de Coluche ne suffisait pas [17] », avait alors murmuré, assassin, l'entourage du candidat de la gauche.

François Mitterrand n'oubliera pas le geste de bonne volonté du célèbre capitaine de la *Calypso* qui a finalement préféré s'abstenir. Le « protecteur » de l'Académie française qu'il est en tant que chef de l'État interviendra en effet en personne auprès de ses amis en habit vert pour favoriser le succès de la candidature Cousteau. Élu, en 1988, au Quai Conti, l'homme au bonnet rouge y fera une entrée remarquée l'année suivante, c'est-à-dire au moment où il doit quitter la direction du Musée océanographique de Monaco après trois décennies de bons et loyaux services.

Lorsqu'il accepte, en 1957, la proposition de Rainier, Jacques-Yves Cousteau n'est pas dupe. Il est conscient que sa récente gloire cannoise – il a décroché la palme d'or pour son long-métrage *Le Monde du silence* – va apporter à la Principauté un supplément de notoriété appréciable. Il n'a pas tort. Le Prince espère également que la venue de l'explorateur cinéaste stimulera une équipe pétrie d'habitudes et d'esprit de routine.

Cousteau est donc particulièrement honoré de prendre la direction du gigantesque bâtiment incrusté sur le Rocher dominant la mer voulu au début du siècle par Albert Ier : l'Institut océanographique.

Depuis son inauguration, en 1910, le musée n'a connu que deux directeurs, brillants certes, mais dont le trait de caractère dominant ne semble pas avoir été le dynamisme. Paradoxalement, l'imposante bâtisse attire chaque année une foule considérable de visiteurs. Ces derniers se promènent invariablement à travers plusieurs sections bien distinctes conçues par le Prince navigateur : le musée proprement dit, où sont rassemblés en grand nombre des documents et des appareils scientifiques se rapportant aux recherches maritimes, et un aquarium dont les pensionnaires sont des spécimens variés et souvent rares de la faune et de la flore sous-marines.

Lorsque Cousteau prend ses fonctions, il souhaite naturellement apporter certains changements. Il a pour le faire la bénédiction de Rainier qui aime la pêche sous-marine comme tout ce qui touche à la mer. Ses premières décisions concernent le fonctionnement de l'honorable entreprise, à savoir l'organisation, le personnel et la hiérarchie. Ainsi, « J.Y.C. », comme l'appellent ses proches, commence par demander aux chefs de service d'assurer des tours de garde le week-end, comme les autres personnels, l'établissement étant ouvert toute l'année sans interruption. L'obligation, on s'en doute, est diversement appréciée.

Pour se rendre à Monaco, le Français a posé ses conditions. Il veut s'entourer de sa propre équipe dont il confie la direction à un ancien militaire, le commandant Alinat. En outre, Cousteau veut continuer de voyager avec la *Calypso* quand il le jugera bon : il souhaite surtout poursuivre sa carrière de cinéaste. Les trente personnalités scientifiques et politiques qui contrôlent l'Institut acceptent sans broncher. Sans doute ont-elles pris la mesure du personnage. « C'était une maison trop petite pour lui. Il n'y avait pas de quoi l'occuper huit heures par jour [18] », m'explique un ancien collaborateur du commandant.

Sous l'impulsion du nouveau directeur, l'enthousiasme et l'optimisme sont à nouveau de mise dans la Principauté. Des dizaines de jeunes chercheurs débarquent afin de participer aux activités Cousteau : les laboratoires, les maisons sous la mer, etc. « À un moment, on a compté jusqu'à vingt-cinq ingénieurs d'une vingtaine d'années travaillant ensemble sur le même projet. Ça pétait le feu de tous les côtés [19] », poursuit mon témoin privilégié de cette époque.

Cet ancien haut responsable de l'administration du musée reconnaît également que cette dynamique devait retomber quelques années plus tard pour faire place à un certain « ronronnement ». Un état de fait dû en grande partie aux longues absences de Cousteau. Jean Alinat avait certes été choisi pour le remplacer, mais l'ancien nageur de combat, entièrement dévoué à son patron, ne possédait pas son tempérament de fonceur.

Conscient de quelques dysfonctionnements et de certaines erreurs d'orientation, Cousteau décide de recruter un autre militaire pour le seconder. Par l'intermédiaire d'une association d'anciens marins, il trouve son homme : Philippe Roy, trente-cinq ans, ancien spécialiste du déminage dans la Royale qu'il quitte avec le grade de capitaine de corvette. Après avoir passé deux ans dans une entreprise industrielle de la Drôme, Roy est donc engagé au musée. Il y occupera le poste de secrétaire général jusqu'à la fin des années 1990.

Pour ce dernier collaborateur de l'homme au bonnet rouge, le bilan de trente-deux ans de « règne coustellien » reste très mitigé. Trois décennies que le pacha de l'*Alcyone* a d'ailleurs résumées lui-même, avant sa disparition en 1997, en seize secondes seulement dans son film bilan, *Mes Premiers 75 ans*. C'est peu dire pourtant qu'il y avait trouvé un certain nombre d'avantages. Pas forcément matériels puisqu'il ne recevait pas un salaire exorbitant – de l'ordre de vingt-cinq mille francs[20]. Certes, comme ses prédécesseurs il avait droit à un appartement de fonction – la *Villa Richard*. Mais il ne l'a jamais réellement occupée, préférant la prêter à des membres de sa famille venus passer leurs vacances, ou à des responsables d'associations de passage. Avec Simone, sa femme, il aimait habiter dans son appartement privé, situé boulevard de Belgique, d'où il dominait le port. Nul doute que, pour Cousteau, l'intérêt majeur avait d'abord été la position morale qu'accorde le poste de directeur d'un institut connu dans le monde entier.

D'après plusieurs témoignages recueillis sur place, les relations entre le Palais et Cousteau ont toujours été courtoises, à défaut d'être conviviales. « On ne met pas deux divas sur la même scène », me résume-t-on, en concédant que « le Prince n'est peut-être pas une diva, mais qu'il aime bien être le premier ». Il est vrai que les journalistes ne se privèrent pas d'en rajouter à l'époque, poussant parfois Rainier à aller demander à Cousteau ses impressions sur tel ou tel sujet. Citons cette anecdote significative sur les relations entre les deux monstres sacrés du Rocher. Elle se déroule précisément lors de la visite que François Mitterrand effectue en 1984.

Ainsi que je l'ai déjà évoqué, un passage au Musée s'était avéré indispensable. « Le cortège officiel arrive donc comme prévu avenue Saint-Martin devant l'entrée de l'immense bâtisse qui domine la mer, raconte un témoin présent. Après un moment passé dans la salle d'océanographie zoologique, le président descend au sous-sol, là où est installé le célèbre aquarium. On commence à s'agglutiner devant les bassins lorsqu'un officiel aperçoit le prince Rainier seul dans un coin. Il signale cette anomalie au commandant Philippe Roy qui estime de son devoir d'aller tenir compagnie à Son Altesse [21]. » « Tout le monde était collé à François Mitterrand, qui discutait avec Cousteau », me confirme en effet l'ancien secrétaire général du musée. Peu après, Mitterrand et Cousteau sont dans l'ascenseur qui doit les amener au premier étage où ont été installés un ancien laboratoire du yacht *Hirondelle-II*, des maquettes de navires océanographiques et une authentique baleinière. Le Prince s'apprête à les suivre quand l'un des gorilles du président actionne, comme par surprise, la fermeture de la porte. Pas assez vite cependant pour empêcher le commandant Roy de bloquer le battant avec son pied tout en apostrophant l'agent de sécurité trop zélé : « C'est Son Altesse, je vous prie de laisser cette porte ouverte ! » Là encore, les deux Français semblaient avoir ni plus ni moins totalement négligé la présence de leur hôte...

L'arrière-petit-fils d'Albert Ier se montrera finalement bon Prince avec le célèbre explorateur. Profondément meurtri par la mort tragique de la princesse Grace, il ne cachera ni sa peine ni sa sympathie au Commandant lorsque Simone viendra à disparaître en décembre 1990. « La Bergère » comme l'avaient surnommée affectueusement les marins de la *Calypso*, désirait être « enterrée » en mer. Et, grâce à Rainier, son souhait sera respecté. Ses cendres seront jetées au large de la Principauté.

Au musée, où elle se rendait souvent, l'épouse du Commandant a laissé de bons souvenirs : « Elle se mêlait des affaires du musée sans s'en mêler, se souvient le commandant Roy. Elle ne jouait pas la femme du patron. Elle demandait des nouvelles des uns et des autres. Ça s'arrêtait là. Elle intervenait, en revanche, beaucoup plus sur la *Calypso*. Là, elle n'était pas la femme du patron ; elle était le patron. Cousteau filait trente nœuds lorsqu'elle était sur le bateau. D'une façon générale, il filait toujours doux devant "la Bergère". Elle lui disait devant tout le monde : "Jacques, arrête de dire cela, ce n'est pas vrai !" Souvent, il se laissait prendre lui-même aux histoires qu'il racontait aux autres[22]... »

La Grande bleue a toujours tenu une place à part dans le cœur de Cousteau. Dans un état des lieux réalisé en 1976, le réalisateur du *Monde sans soleil* n'a pas hésité par exemple à dénoncer les maux dont souffre la Méditerranée transformée en « plages pour le tourisme et en égout tout trouvé pour les déchets de notre espèce[23] ». C'est oublier le léger couac de l'apparition, quelques années plus tard d'une étrange plante baptisée *Caulerpa taxifolia*, dossier sur lequel il s'est toujours montré très discret.

C'est Alexandre Meinesz, professeur à la faculté des sciences de Nice-Sophia-Antipolis, qui découvre l'existence de cette « algue tueuse », vorace et toxique. Selon lui, la fulgurante prolifération de cette plante tropicale perturbe dangereusement l'écosystème de la Côte d'Azur. La presse s'empare rapidement de l'affaire. Elle en fait ses gros titres : « L'algue à tentacules attaque les fonds marins du littoral[24] » ; « Une algue étouffe la Méditerranée[25] » ; « L'hypothèse du crime écologique[26] ». Puis, tout naturellement, interroge : Comment est-elle arrivée ? Jusqu'où va-t-elle s'étendre ? Va-t-elle asphyxier la flore sous-marine ? Empoisonner les poissons ?

Au fil des mois, le bouillant Meinesz, chercheur émérite et homme de terrain, met toute son ardeur à répondre à ces questions. Sur fond de rivalités entre laboratoires et querelles de personnes, une certitude semble toutefois s'imposer : l'algue a été observée pour la première fois sur des rochers situés sous le musée de Monaco. L'hypothèse d'une *Caulerpa taxifolia* cultivée dans ses aquariums puis jetée par négligence par les fenêtres du célèbre musée est évoquée.

Curieusement, le nom de l'ex-patron de l'Institut océanographique de Monaco est rarement mentionné au cours de cette polémique. Et, pourtant, Cousteau ne quittera officiellement ses fonctions que cinq années après l'apparition de la plante vénéneuse. Sollicité par quelques journalistes, le commandant refusera toujours de répondre directement à leurs questions. Face au quotidien *Libération*, un responsable scientifique de son entourage poussé dans ses retranchements, finit par admettre « la haute probabilité d'un rejet depuis les aquariums du musée de Monaco[27] ». Sous réserve toutefois d'analyses plus approfondies. Quelques semaines plus tard, le patron du *Calypso Log*, le bimensuel de la fondation Cousteau, dépêchera sur place un autre de ses reporters scientifiques pour étudier l'étrange fleur du mal. Phénomène « inquiétant », « irrésistible invasion[28] » est alors bien obligé de constater Denis Ody, qui confirme honnêtement les faits établis. Contrairement aux successeurs de Cousteau à la direction du Musée océanographique, qui persistent aujourd'hui encore à démentir bec et ongles que le Musée puisse être à l'origine de l'invasion. Selon eux, l'algue serait issue de la métamorphose d'une autre *Caulerpa*, la *mexicana*, parvenue en Méditerranée par le canal de Suez, en s'accrochant à la coque des navires ou en se cachant dans les bagages de touristes… Faux, rétorque le professeur Meinesz, qui continue à privilégier son hypothèse[29]. Rien de moins.

Ironie de la vie. C'est en 1984 que la taxifolia est observée pour la première fois dans les eaux bleues de la Méditerranée, l'année de la visite de François Mitterrand dans la Principauté. Or, lors des échanges des traditionnels vœux, le président français et le prince Rainier, qui ignorent son existence, tiennent à se féliciter d'un récent accord franco-italiano-monégasque sur... la protection du littoral de Gênes à Saint-Raphaël.

CHAPITRE 13

Les Dames de Monaco

À Monte-Carlo, c'est presque déjà l'été. Caroline, qui doit donner le jour à son bébé dans le courant du mois de juin 1984, vit l'attente de sa grossesse avec calme et sérénité. Comme sa mère, vingt-cinq ans plus tôt, l'aînée des Grimaldi ne fume plus, ne boit plus de champagne et se couche, dit-on, avec le soleil. En attendant l'événement qui fera d'elle la maman la plus regardée d'Europe, la Princesse continue de sacrifier aux devoirs de sa charge.

Le jour tant attendu arrive enfin. L'accouchement se passe rapidement et sans difficulté. « C'est un très beau bébé, un vrai Grimaldi [1] », déclare le professeur Émile Hervet quelques heures après le premier cri du nouveau-né : un garçon de trois kilos et de quarante-huit centimètres. D'un commun accord avec Stefano Casiraghi, il portera le prénom du meilleur ami disparu de son père – Andrea Varena, mort en Inde deux ans auparavant d'une embolie pulmonaire. On y ajoutera en deuxième et troisième prénoms ceux d'Albert et de sa grand-mère, la princesse Grace.

La naissance de son premier petit-fils inspire-t-elle Rainier ? C'est à ce moment-là, en tout cas, que le Prince fait l'acquisition pour dix millions de francs (1,5 million d'euros) de son dixième yacht en trente ans, le *Stalca-II*. Un nom de baptême flambant, composé des premières lettres initiales de ses trois enfants : « ST » pour Stéphanie, « AL » pour Albert et « CA » pour Caroline. Le Prince, accompagné de son fils, tient à prendre lui-même livraison de son bateau dans la petite île vénitienne de San Pietro in Volta. Tapissée d'acajou vernis, la pièce principale est meublée de canapés en cuir bordeaux et de guéridons bas en marqueterie de bruyère rose. Ce carré, très clair, comporte aussi un coin « *dining* », autour d'une table ronde. Deux doubles cabines et trois cabines individuelles – chacune équipée d'une salle de bains particulière, d'une chaîne hi-fi sophistiquée et d'une ligne téléphonique – permettront à sept hôtes d'accompagner le Prince en croisière. Celui-ci s'est réservé l'arrière du yacht avec une blanchisserie, un dressing-room, une salle de bains, un coin bureau et un immense lit. L'équipage et le personnel étant logés à l'avant du navire.

Le Prince revient à temps dans les eaux monégasques pour assister, le 14 juillet, au dîner donné à son palais en l'honneur de la famille Belmondo. Va-t-il enfin officialiser l'idylle de sa cadette avec le fils de l'acteur ? Paul est en tout cas arrivé dans la Principauté en compagnie de son père et de sa grand-mère. Monégasques et autres chroniqueurs mondains en sont pour leurs frais : aucun communiqué de presse n'est distribué. Et pour cause : les jeunes gens ont décidé de mettre fin à leur romance. Pour quelles raisons ? On ne le saura jamais vraiment. Dans l'entourage de la famille Belmondo, on estime que plusieurs paramètres ont concouru à la séparation : la jeunesse des tourtereaux, l'instabilité de Stéphanie toujours profondément affectée par la disparition de sa mère, et une pression médiatique difficile à supporter. « Paul a eu peur de se retrouver en permanence sous les feux des projecteurs, me confie un ami proche de Jean-Paul Belmondo. La suite de la vie a d'ailleurs montré qu'il cherchait une compagne avec laquelle il puisse fonder une famille dont on ne parlerait pas trop [2]. »

1er septembre 1984. Andrea Casiraghi reçoit les sacrements du baptême dans la chapelle palatine du palais princier de Monaco. Tandis que l'orgue tenu par le chanoine Henri Carol retentit, Caroline, coiffée d'un charmant chapeau de paille, place délicatement son fils dans les bras de Stéphanie qu'elle a choisie pour marraine. Marco Casiraghi, frère aîné de Stefano, est le parrain. Monseigneur Charles Brand, archevêque de Monaco, le troisième personnage de la Principauté depuis 1981 [3], verse l'eau du seigneur sur le front du bambin. Il est assisté du chapelain Cesar Penzo. Aux anges, Rainier octroie à son gendre quelques jours plus tard le très envié passeport monégasque. Un geste exceptionnel qu'il n'avait pas accordé à Philippe Junot.

La nouvelle charge familiale de Caroline rend Rainier perplexe. Deux ans après la disparition tragique de Grace, le prince souverain reconnaît qu'il manque une maîtresse de maison au palais : « Bien que Caroline et Stéphanie s'efforcent de prendre le relais, il faudrait que quelqu'un prenne en charge l'activité charitable sociale et mondaine [4] », confie-t-il à un reporter de la télévision française. Envisage-t-il de convoler ? La question n'est pas infondée : on le voit souvent en compagnie d'une amie de toujours, Ira de Fürstenberg, mais il tient à balayer les rumeurs. « Je ne me remarierai jamais », déclare Rainier catégorique. Et d'expliquer : « Je me suis habitué à la solitude et, quand elle est trop pesante, je la meuble en jouant au golf[5]. » Lorsqu'on lui suggère qu'une existence peut connaître plusieurs relations amoureuses, il se veut encore là définitif : « En ce qui me concerne, cela ne m'a jamais paru possible. Aujourd'hui, les foyers se disloquent rapidement. Il n'y a plus de vie de famille, même à la campagne, où les veillées d'autrefois, durant lesquelles on se parlait, ont disparu. Cet éclatement des familles dans l'indifférence me paraît terrible[6]. »

Un an juste après leur mariage, Caroline et Stefano Casiraghi partent enfin en lune de miel. Ils ont choisi l'île Maurice et l'Afrique du Sud. « Pour 1985, je veux donner à Andrea une petite sœur[7] », annonce la Princesse lorsqu'elle accepte de se laisser photographier en compagnie de son époux par Helmut Newton. Le célèbre artiste anglais choisit le jardin du palais princier de Monaco pour saisir l'image du bonheur. À l'occasion du premier anniversaire de son petit garçon, Caroline accepte de la même façon de se laisser photographier sur les bords de la piscine du *Palm Beach* en compagnie de Robertino Rossellini venu encourager les premières brasses du bébé. En elle, la mère attentive côtoie la plus professionnelle des *public relations*. Quelques semaines plus tôt, Caroline a participé à l'inauguration du Festival de Cannes en compagnie de Jack Lang, ministre de la Culture, et du cinéaste Milos Forman.

Grace avait toujours été sensible à la légende des Ballets russes de Monte-Carlo, qui ont cessé d'exister en 1950. Elle avait toujours émis le désir de recréer cette troupe prestigieuse. Mais sans réussir à mettre en œuvre ses souhaits préférant faire venir ses amis d'Hollywood comme Franck Sinatra. Son vœu est finalement exaucé par Caroline qui annonce la création des Ballets de Monte-Carlo, dont elle confie les rênes au couple Pierre Lacotte et Ghislaine Thesmar, une ancienne danseuse étoile de l'Opéra de Paris.

Cet alibi culturel permet-il de faire oublier les domaines plus futiles qui passionnent tant l'opinion ? Malgré son œil attentif et amateur, il faut admettre que Caroline peinera à recréer l'étonnante période de prospérité et de rayonnement international qu'a connu l'opéra monégasque pendant plus d'un demi-siècle, âge d'or qui permettait de dire à un célèbre critique du *Figaro* : « On va à Monte-Carlo comme on va à Bayreuth[8]. » Pour ses détracteurs, il tombera même au rang de « Hongkong d'été ». Et ces derniers de s'interroger encore : la vraie culture est-elle monégasque ? Pour mieux répondre, acides : « Elle n'y fait plus que de brèves apparitions. » À l'occasion, par exemple, de la remise du prix littéraire Prince Pierre de Monaco ? Son jury, qui a voulu réconcilier les académiciens du Goncourt et ceux du Quai Conti, est composé de plusieurs « signatures » tricolores. Parmi elles, Robert Sabatier, fervent admirateur de l'aînée des Grimaldi. « La Princesse est beaucoup plus savante qu'il n'y paraît, elle discute avec beaucoup de brio de très nombreux sujets[9] », me confie l'auteur des *Allumettes suédoises* qui se souvient ainsi l'avoir vue un jour soutenir une discussion littéraire autour de l'œuvre de Françoise Sagan avec « infiniment de talent et d'intelligence[10] ».

Le reste du temps, et comme sa mère, Caroline s'attache surtout à attirer la grosse clientèle américaine dont l'engouement pour Monaco n'a plus faibli depuis trente ans. Au palais, elle assiste, en moyenne, à trois déjeuners importants par semaine au côté de son père. Souriante, distinguée, elle reçoit diplomates, hôtes de marque, artistes, industriels, membres du gouvernement. Elle veille particulièrement à ce que la Principauté soit, sur la scène internationale, l'image même du tourisme de luxe. Et l'effet doit être permanent, car les résultats ne sont jamais acquis. Une vague de terrorisme comme l'Europe en connaît parfois et c'est une baisse substantielle de cette riche clientèle dans les hôtels haut de gamme.

De son côté, Stefano ne refuse que rarement d'assister aux réunions mondaines au côté de son épouse. Malgré ses nombreuses activités.

Aux dires de ses amis, le jeune homme travaille énormément. Le matin, il quitte le *Clos Saint-Pierre* aux alentours de neuf heures, et s'il revient déjeuner, il ne rentre en suite chez lui que tard le soir. Une journée d'homme occupé à gérer ses boutiques Dior et une entreprise de construction, Engeco, dont il a installé les bureaux boulevard Princesse-Charlotte. Méthodique et rigoureux, il a également regroupé sous sa responsabilité plusieurs concessions exclusives d'automobiles. Il est ainsi devenu le représentant officiel en Principauté entre autres de Toyota, Porsche, et Mitsubishi. Pour démarrer sa société de transport héliporté, Monacair, il va bientôt faire l'acquisition de son premier hélicoptère. Pour ses affaires immobilières, il ne peut faire autrement que de s'associer avec Victor Pastor, richissime promoteur monégasque et vieil ami de Rainier.

À l'automne 1984, Stéphanie est à Paris. Elle termine son stage de styliste aux côtés de Marc Bohan, le couturier attitré de son aînée. Les tabloïds lui prêtent un nouveau courtisan : un ancien mannequin, un grand brun aux yeux verts de vingt-deux ans. Le jeune homme, dont le père dirige une des plus vieilles et des plus prospères entreprises de chaussures françaises, vit dans la capitale avec ses deux sœurs dans un appartement confortable du 16e arrondissement. Simple coïncidence ? C'est à ce moment-là que Stéphanie décide de dénoncer son contrat chez Dior pour créer sa propre marque de maillots de bain : Pool Position. Son patron Bohan ne s'en offusque pas. « Stéphanie a travaillé chez Dior pendant dix-huit mois, avec moi, explique le couturier. Je dois dire qu'elle a été divine, sans problème, mignonne et toujours ponctuelle. Jamais elle n'est partie avant les autres [11]... »

La première collection de Pool connaît un succès immédiat. La société, créée en association avec Jean-François Marchand et Alix de La Comble – « ma seule réelle amie [12] », selon Stéphanie – devient vite florissante. Au bout de quelques mois le chiffre d'affaires s'élève à sept millions de francs (presque un million d'euros). Les propositions pleuvent. Les créations sont diffusées dans le monde entier : États-Unis, Japon, Allemagne. Sous ses allures décontractées, la fille de Rainier donne l'impression de diriger en authentique *businesswoman* sa maison de couture. Malgré un comportement et des accoutrements parfois déroutants : un look punk avec des mèches rouges ou vertes ; des cheveux courts passés à la gomina ; un visage maquillé à la mode cadavérique avec des yeux rehaussés de violet. Il est vrai que la vie de la jeune Princesse semble des plus tumultueuses. Son entourage s'interroge.

Une inquiétude justifiée lorsque la presse américaine évoque une ténébreuse agression dont elle aurait été victime. Selon les propres déclarations de Stéphanie, un couple inconnu aurait essayé, un soir, de l'enlever au moment où elle garait sa voiture de sport dans le garage souterrain de l'appartement parisien de son père, situé avenue Georges-Mandel. « Le type m'a braqué un fusil sur la nuque, raconte-t-elle. Je me suis figée. J'avais les jambes en coton, mais j'étais toujours capable de réfléchir. J'essayais de me tortiller. Je pensais que s'il tirait il valait mieux que ce soit dans un bras ou une jambe que dans la tête. Alors, j'essayais de le repousser. Soudain, sa jeune complice est arrivée de l'autre côté et a crié : "Tue-la, tue-la !" Je lui ai dit : "Écoutez, mon père est en haut, si vous voulez lui parler, allons-y tout de suite, parce que personne ne donnera jamais de rançon pour un cadavre." Sur ce, l'homme a eu peur et s'est enfui. Sa compagne en a fait autant. Je me suis réfugiée dans la loge du concierge. J'étais en piteux état[13]. »

Le week-end, la jeune fille aime retourner sur le Rocher où ses virées nocturnes se transforment en cauchemar pour ses anges gardiens. Les malabars sont harassés et les paparazzi eux-mêmes frisent la dépression nerveuse pour cause de surmenage. Les boîtes de nuit préférées de la turbulente Princesse sont le *Paradize* ou le *Jimmy'z*. Le second établissement est alors dirigé par la célèbre chanteuse Régine, bientôt priée de quitter la principauté pour avoir osé gifler Stéphanie, selon la rumeur.

Stéphanie aime la fête et ses excès. Trop d'excès ? Certains de ses amis le suggèrent lorsqu'ils m'évoquent le comportement euphorique et pathétique de la jeune fille. « À cette époque-là, je fréquentais presque tous les soirs les boîtes huppées de Monaco, me confie Agnès, une jeune femme franco-libanaise. Je m'y rendais en compagnie de mes amis, tous originaires comme moi du Liban. Stéphanie était souvent présente au *Jimmy'z*. Elle occupait toujours la même table et était accompagnée en permanence de deux gardes du corps. Un jour, elle a trébuché sur l'un de mes genoux. Je l'ai aidée à se relever. Elle m'a regardée en me disant : "Je ne meurs pas, moi !" Le lendemain soir, elle est venue s'asseoir à notre table. Sans façon. Elle semblait apprécier mes copains et plus particulièrement l'un d'entre eux, prénommé Gilbert, le fils d'un richissime homme d'affaires de Beyrouth. Nous avons fait la fête jusqu'à trois ou quatre heures du matin. Je reconnais que chez mes amis libanais l'alcool et le shit circulaient pas mal. Ensuite, elle nous a emmenés dîner quelque part. Un truc simple : des œufs et des croque-monsieur. Je l'ai revue ainsi régulièrement pendant plusieurs mois lors de nos virées nocturnes. Malgré notre différence d'âge – elle a une quinzaine d'années de moins que moi –, nous avons rapidement sympathisé. Nous avions plusieurs points en commun. Son jour d'anniversaire est le même que celui de ma fille et nous avions connu chacune à notre tour un destin tragique [14]. » Agnès fait allusion ici à l'affaire retentissante du colonel Bernard Nut, agent de la DGSE, les services secrets français, retrouvé mort en février 1983 dans le haut pays niçois. Suicide ou assassinat : l'enquête policière ne permettra jamais de découvrir les raisons de la fin tragique de l'officier avec lequel la belle Libanaise a entretenu durant deux années une liaison amoureuse particulièrement intense.

« Nos histoires nous ont rapprochées pendant un temps, poursuit Agnès. Je suis allée plusieurs fois déjeuner chez elle, au palais. Un jour, elle m'a dit : "Tu as vécu les mêmes drames que moi. Toi aussi, tu es une victime." Puis elle me demandait : "Pourquoi es-tu sortie avec un Français ?" Je lui ai répondu que je n'avais pas choisi. Elle m'est toujours apparue comme plus belle que moi. Et en même temps, elle était beaucoup plus fragile que moi. Trop fragile. Lorsqu'elle fonctionnait au pétard et à la marijuana, elle me disait qu'elle était "merdique" et devenait hystérique. Au point de donner envie de la gifler. Et puis elle me répétait sans arrêt : "Moi, je ne meurs pas ! Moi, je ne meurs pas !" Je lui demandais de se taire. J'étais moi-même complètement perturbée après la disparition tragique du Colonel. Je ne me sentais pas le courage de la supporter, d'avoir une seconde fille à charge. Lorsqu'elle se montrait agressive, tout le monde avait peur d'elle. Parfois aussi, elle s'écroulait dans mes bras [15]. »

Stéphanie a-t-elle du mal à supporter le fardeau de la jeunesse ? Sa vie turbulente dissimule-t-elle une fêlure ? Avait-elle du mal à supporter le chagrin de la perte de sa mère ? Les singulières circonstances du tragique accident ? Espère-t-elle trouver un apaisement en décidant de quitter l'Europe ? C'est chose faite au début du mois de mars 1985, lorsqu'elle décide, contre l'avis de son père, de signer un contrat de mannequin avec une importante agence américaine. L'accord est juteux : il prévoit une indemnité forfaitaire de mille deux cents dollars par heure de pose. Lorsqu'il l'apprend, Rainier est furieux. Sa cadette lui a délibérément désobéi. « Elle était de toute évidence entrée en rébellion contre l'autorité paternelle [16] », admet Frances Grill, la gérante de l'agence new-yorkaise. Le futur modèle a-t-il présumé de ses forces ? Dix jours après avoir paraphé son contrat, Stéphanie est admise à la clinique du Belvédère à Boulogne, dans la région parisienne. Dans les salles de rédaction de la capitale les ragots galopent : on évoque même un malaise dû à une overdose de cocaïne. Aussitôt prévenus, Rainier et Caroline se retrouvent à Paris. Pour couper court aux rumeurs, un communiqué officiel est diffusé sans tarder par le service de presse du palais : la jeune Princesse souffre d'une gastro-entérite. Son état de santé la conduit à annuler tous ses engagements professionnels prévus pour les semaines suivantes. Mais ce n'est que partie remise. La cadette du « vieux lion » monégasque réserve d'autres surprises…

Chapitre 14

L'ouragan...

Stéphanie chanteuse ? Au départ de l'aventure, un pari sous forme de coup médiatique et commercial. Un soir, dans un restaurant branché de l'île de la Jatte, près de Neuilly, la jeune fille dîne avec des copains. L'un d'eux, Yves Rose, est producteur de disques. Il propose à la Princesse de faire un disque ! Pourquoi pas ? se dit Stéphanie qui se prend au jeu en paraphant même un contrat symbolique rédigé au feutre sur un coin de nappe en papier. Le lendemain, elle est en studio pour les traditionnels tests de voix. Pour Rose, c'est plutôt bon. Il faut maintenant lui trouver une chanson. Le pianiste compositeur de Jeanne Mas, Romano Musumarra, surnommé dans le milieu du show-biz « le parrain de la variété mortadelle », a justement une chanson prête. On propose à Marie Léonore d'écrire des paroles. *Ouragan* est né.

Le goût de Stéphanie pour la chanson n'est pas feint. Il lui vient de sa mère qui fredonnait souvent en famille. Et même dans certains de ses films comme *High Society*. Élevée avec son frère et sa sœur, elle a bien entendu été baignée très tôt dans la musique moderne. À l'adolescence, elle complète sa culture musicale en assistant à de nombreux concerts. Ses chanteurs préférés sont nombreux : Gilbert Montagné, Jean-Jacques Goldman et Diane Tell. Sans oublier les Anglo-Saxons tels Bruce Springsteen, Stevie Wonder, et Paul Young.

Pour un premier essai, c'est un coup de maître. *Ouragan*, interprétée en français et en anglais, est propulsée en tête des hit-parades européens. Plus d'un million d'exemplaires sont vendus en quelques mois en France. L'événement est même considéré par la presse dite sérieuse comme un véritable phénomène de société. *Le Monde* lui consacre un grand article et Raymond Barre, l'ancien Premier ministre de Valéry Giscard d'Estaing, ne craint pas de qualifier le supertube de la Princesse monégasque de « très bonne chanson ». Puis c'est au tour des critiques musicaux. Philippe Manœuvre, de toute évidence fasciné, ne recule pas devant la surenchère en affirmant sans complexe : « À côté d'*Ouragan*, cette pauvre Madonna fait figure de traînarde[1]. »

Pour mieux tenir ses promesses et amplifier son succès, Stéphanie accepte de tourner un clip vidéo dans les eaux turquoise de l'île Maurice. Sur place, la réalisation est confiée à Jean-Daniel Lorieux et Gérard Simon. Le thème en est la poursuite de Stéphanie par une ombre qui se révélera être sa propre projection.

L'île du peintre et philosophe Malcolm de Chazal n'est pas à proprement parler une découverte pour Stéphanie. Deux ans plus tôt, elle y avait accompagné sa sœur Caroline et Stefano. Depuis ce premier séjour, elle s'organise pour s'y rendre deux fois par an. Elle y loue une suite à l'hôtel *Touessrok*, l'un des palaces de l'île qu'elle présente comme sa deuxième patrie. « Au fil des années, elle s'est fait de nombreuses amies, parmi lesquelles la chanteuse Véronique Forget[2] », me confie une éditrice mauricienne.

Afin de prouver qu'elle prend effectivement sa carrière de chanteuse à bras-le-corps, Stéphanie récidive bientôt avec un second disque. Les morceaux s'intitulent *Fleurs du Mal* et *Besoin*. « Viens, j'ai sur les lèvres le goût amer des fruits sauvages... », affirment les paroles de la seconde ritournelle à travers lesquelles on croit discerner une dédicace publique à l'histoire d'amour qu'elle a vécue avec Paul Belmondo. La promotion du 45 tours est précisément l'occasion de faire le point sur ses amours tumultueuses. D'une franchise à toute épreuve, la Princesse admet avoir commis quelques erreurs dans ses choix affectifs. « J'ai aimé des gens, mais dans ma position c'était très difficile de savoir s'ils m'aimaient pour mes qualités... ou plutôt pour ce que je pouvais leur apporter par ce que je représentais. J'ai été déçue. Quand on donne beaucoup et qu'on est trompé, c'est comme un viol. Mais je ne suis pas malheureuse au point de concevoir mon travail comme un dérivatif. Ce que je fais, je veux le faire bien. Et je veux que le public s'aperçoive que je fais des efforts. Sur un plateau ou dans un studio, il n'est pas question que je pique une crise de nerfs. Je n'ai pas le droit à l'erreur. Ce n'est pas tous les jours fête, mais il faut garder le sourire. Je veux être une vraie pro[3]. »

À Monaco, le succès international de la Princesse-chanteuse est reçu dans un mélange d'incrédulité et d'attendrissement. « J'ai été le premier étonné qu'elle se lance dans la chanson, confie Albert, mais je crois qu'elle aime ça et qu'elle s'amuse. Alors, je suis content[4]. » Avant d'ajouter non sans humour : « Moi, j'ai une image de jeune homme sage et, lorsque j'organise des rencontres d'athlétisme, de football ou de natation, ça ne remue pas les foules ! Mais ce n'est pas grave... Moi aussi, je vis, je sors[5]. »

Sa remarque n'est pas une simple boutade. Le Prince est un noctambule. Comme la plupart des jeunes gens de son âge, il aime s'amuser en compagnie d'amis sportifs ou fêtards. Ses compères sont souvent les mêmes, des fils de famille monégasques : Christophe Moroni, Jean-Claude Marsan et Jérôme Lausseure. La fréquentation des boîtes de nuit de la Côte d'Azur n'est toutefois pas sans risque. Et la protection policière dont il bénéficie loin d'être superflue. « Pierre Joxe, alors ministre de l'Intérieur, avait communiqué au prince souverain la liste des établissements du Midi soupçonnés appartenir à la Mafia. Il y avait six pages recto-verso – bars, boîtes de nuit, hôtels... C'était édifiant[6] », m'affirme un ami d'enfance du Prince héréditaire.

Contrairement à l'image de garçon sage qu'il propose, Albert est dans sa vie personnelle un joyeux luron. Et pour tout dire un sacré coureur de jupons, m'assure ce même interlocuteur. Pendant qu'un autre proche me glisse vaguement admiratif : « Avec la moitié de ses conquêtes, j'aurais pu me considérer comme un homme heureux[7]. »

Voilà plusieurs années qu'on prête de nombreuses liaisons au prétendant au trône. Des jeunes et jolies femmes blondes en général. La plupart de ces jeunes beautés jouent de toute évidence le jeu et trouvent plutôt valorisant l'association de leur nom à celui du plus beau parti d'Europe. D'autres ont moins de scrupules et n'ont pas l'intention de laisser échapper une si belle opportunité. Ainsi ces jeunes mères de famille – une demi-douzaine environ – affirmant publiquement avoir été honorée au-delà de leurs espérances par le bel « Albie ». En 1986, à Munich, Bea Fieldler jurera que le Prince n'a pas hésité à arracher sa culotte avec ses dents [8]. Le résultat ? À l'en croire, un gamin né neuf mois plus tard, prénommé Daniel. En 1993, ce sera le tour de la Californienne Tamara Rotolo d'exiger d'Albert une reconnaissance en paternité en bonne et due forme. Les tests ADN auxquels se soumettra, parfois goguenard, l'héritier de Monaco, auront tôt fait de classer sans suite la plupart de ces affaires médiatisées à outrance.

Pour les services de la Sûreté publique, obligés de tenir très sérieusement à jour toutes les affaires de cœur des enfants princiers sous une rubrique poétiquement intitulée « X, Y », les aventures du fils de Rainier ne sont pas une sinécure. Un ancien fonctionnaire, chargé un temps de protéger le jeune Prince, m'affirme avoir dénombré plus d'une centaine de ravissantes fleurs pouvant se vanter d'avoir été un moment « très amies avec Albert de Monaco ». Il se souvient également de ces mannequins célèbres et douées parmi lesquels l'incontournable et médiatique Claudia Schiffer.

« Bertie » allait-il se décider pour la plus jolie fille du monde ? s'interrogent au début des années 1990 les tabloïds anglo-saxons. Sur le Rocher, la nouvelle est prise au sérieux. De son côté, Claudia Schiffer rappelle qu'elle n'a que vingt-deux ans et qu'elle a bien le temps de voir venir. « Le plus important, chez un homme, c'est d'avoir le sens de l'humour », tient toutefois à préciser la femme la plus célèbre d'Allemagne. Et « Al », précisément, sait mieux que quiconque la faire rire aux éclats.

Lorsqu'il est interrogé à son tour sur le terrain de sa vie privée, Albert préfère éluder en répétant qu'il ne sera jamais question de mariage sans amour. Convaincu des lourdes responsabilités qui l'attendent, il en profite pour prévenir la future Princesse régnante. « Lorsque je me marierai, je ferai très attention à protéger ma femme car je sais à quel point ce sera dur pour elle entre le souvenir de ma mère et l'image de mes sœurs, explique-t-il. C'est pourquoi j'évite le cadeau empoisonné d'une relation affichée bien qu'il y ait eu quelques candidates. Je prends mon temps pour faire affronter le choc à celle qui aura besoin de beaucoup de souffle. Il faudra tant la rassurer[9]. »

Malgré les nombreuses photos qui surprennent des regards complices et certaines audaces du Prince héritier – il demandera à Claudia Schiffer de l'accompagner à Barcelone, à la réception donnée en l'honneur des membres du Comité olympique au cours de l'été 1992. Claudia bientôt s'affichera publiquement avec le magicien David Copperfield. Ce qui n'empêchera pas la ravissante jeune femme de rester domiciliée à Monaco, à l'instar de ses illustres compatriotes, Michael Schumacher ou Boris Becker.

C'est à ce moment-là que la rumeur sur une homosexualité latente du Prince recommence à circuler avec insistance. Afin de désamorcer cette information qui « lui pèse », selon l'un de ses amis d'enfance, Albert n'hésite pas à saisir le taureau par les cornes en déclarant : « On peut s'interroger sur l'origine des bruits au sujet de mon homosexualité, se demander si ce ne serait pas le fait d'un jaloux à qui j'ai piqué une fiancée[10] ! » Un autre de ses proches, prudemment anonyme, s'interroge sur l'origine de cette réputation de bisexualité : « Je me suis demandé si cela ne remontait pas à l'époque où nous fréquentions les boîtes de nuit, où nous étions tous un peu les uns sur les autres pour s'amuser[11]... » Ces virées nocturnes auxquelles il est fait allusion sont-elles souvent pimentées, comme me l'admet un troisième témoin privilégié ? « Je ne lui ai jamais connu d'amants. Il est vrai en revanche qu'il a un jour sympathisé avec un travelo. Cela s'est passé au milieu des années 1980 à Cannes à proximité de l'ancien Palais des Festivals[12] », me raconte celui-ci sans complexe.

Le même témoin estime qu'il faut peut-être aussi chercher du côté d'une certaine douceur qui émane d'Albert dans son comportement : « Il est beau et il a très bien pu exciter des jalousies masculines. » L'un de ses condisciples au lycée Albert-Ier le rejoint lorsqu'il me raconte comment le jeune Prince fut l'objet d'une cour assidue, au milieu des années 1980, de la part du propriétaire monégasque d'un magasin de vêtements. « L'homme, marié et père de famille, portait beau, se souvient mon interlocuteur. Il cachait à peine sa fascination pour le Prince avec lequel il recherchait une complicité intime[13]. » Une idylle sincère mais pas du tout partagée à l'en croire encore.

Quelques années plus tard, le sémillant fils de Grace Kelly suscitera une autre passion inédite dont la tournure ne manquera pas d'inquiéter pendant quelques semaines les responsables de la sécurité du palais. Au départ, des appels téléphoniques anonymes dont est victime l'un des aides de camp d'Albert. Des invectives nocturnes et injurieuses laissant supposer une liaison particulière entre le militaire et le Prince. Une première enquête discrète permet d'identifier le correspondant : un antiquaire marseillais. En accord avec la Chancellerie française, un magistrat d'Aix-en-Provence est saisi pour en savoir davantage. Au plus haut niveau, on lui recommande naturellement la plus grande discrétion, vu la dimension « sensible » de l'affaire. Les investigations, rondement menées, laissent le juge perplexe : l'antiquaire en question est une femme ! Interrogée, cette dernière demeure incrédule. Puis, en fouillant dans ses souvenirs, elle apporte la clé de l'énigme : elle avait effectivement employé à l'époque concernée un « garçon tout à fait comme il faut », qui n'a jamais fait mystère de ses préférences sexuelles. L'homme, interrogé à son tour, expliqua-t-il ses véritables motivations ? Je ne pourrais en apprendre davantage. Sur le plan judiciaire l'enquête a été rapidement classée sans de suite.

Sur le Rocher, pendant ce temps-là, les préoccupations de Caroline sont d'une tout autre nature. L'aînée de Rainier est sur le point donner le jour à son second enfant.

CHAPITRE 15

Le Rocher maudit

« J'ai terriblement souffert pour la naissance d'Andrea. Cette fois, j'ai peur de souffrir plus encore [1] », confie Caroline quelques semaines avant son accouchement. Malgré cette attente angoissante, ou pour ne pas trop se prendre la tête avec le futur événement qui l'attend, la Princesse accepte de poser en compagnie de son époux et du petit Andrea pour la troisième fois pour Helmut Newton [2]. La jeune femme y voit aussi d'autres avantages d'ordre plus personnel. Elle a compris que Stefano est le point de mire de milliers de femmes et que contre cela, elle ne peut pas grand-chose. « Les photographes, ironise-t-elle, sont une garantie de la fidélité de mon mari : s'il faisait le plus petit écart, je le saurais immédiatement [3]. »

Rainier, lui aussi, attend la future naissance avec impatience. Ce n'est un secret pour personne, il rêve d'une petite-fille. Les médecins sont formels : ça sera le cas. Le prénom a même été choisi : Charlotte, du nom de sa grand-mère paternelle. Grand-Papa gâteau, le prince souverain est fou d'Andrea qui, aux dires de tous, lui ressemble de plus en plus. Au palais, dans son bureau, on ne compte plus les jeux électroniques, passion de son petit-fils. Très souvent, le grand-père l'emmène au zoo. C'est pour lui qu'il a récemment fait l'acquisition en Afrique de girafes et d'hippopotames.

La naissance de la petite sœur d'Andrea survient à la mi-août 1986 à la polyclinique Grace-de-Monaco. Dès les premières douleurs, le plan « C » (Caroline) est déclenché. Des gardiens de la paix en tenue bleue et à casquette blanche, ainsi que des policiers en civil envahissent l'immeuble. Toutes les entrées et sorties sont rigoureusement contrôlées. Aussitôt prévenu, Hubert Harden arrive au volant de sa Volvo. Pantalon blanc, chemise rose, le médecin est plutôt fébrile. Il ne s'attendait pas à une naissance aussi proche. L'accouchement se déroule pourtant sans difficultés majeures. La petite Charlotte Casiraghi pèse trois kilos et mesure quarante-sept centimètres. Les astres prédisent déjà qu'elle jouira d'une personnalité très forte et très rayonnante. Pour Caroline, c'est l'un des plus beaux jours de sa vie : « C'est la première fois qu'on a l'impression d'avoir fait quelque chose... la seule fois de notre vie où l'on est pure et désintéressée[4]. »

Comme cela s'était passé lors de la naissance de son fils, Stefano est en train de faire tourner les moteurs de ses bateaux lorsqu'il apprend l'entrée en clinique de son épouse. C'est la seconde bonne nouvelle de la journée : le matin même il avait appris qu'un procureur italien, qui le soupçonnait d'avoir acheté des attestations médicales à des caïds du milieu turinois pour échapper au service militaire, avait finalement classé l'affaire. Ce double événement lui permettra de participer en paix à une compétition de motonautisme entre Monaco et Saint-Tropez, dont il terminera à la cinquième place derrière le champion : son propre beau-frère, le prince Albert.

La passion du second mari de Caroline pour la compétition nautique n'est pas récente. Elle le dévore depuis son plus jeune page. « Enfant, j'ai assisté à l'une des plus belles épreuves motonautiques qu'il m'ait été donné de voir, a confié un jour l'Italien à l'un de ses amis. C'était à Santa Margarita et là, j'ai rencontré l'émerveillement. Je me suis plongé dans le monde des moteurs. J'ai appris à respirer avec eux... Et, quand j'ai su le faire, j'ai su aussi que je pourrais, un jour, piloter moi-même [5]. »

Ses premières aventures, il les partage bientôt avec Tullio Abbate, alors recordman du monde d'*offshore*, puis avec d'autres pilotes d'élite, parmi lesquels Renato Della Vale et Romeo Ferraris. C'est avec celui-ci que Stefano décrochera, en 1989, un titre mondial. Lorsqu'on lui demande, peu de temps avant la naissance de son second enfant s'il espère arrêter un jour ce sport que Caroline estime trop dangereux, il répond sans tricher : « Rien ne peut me faire renoncer à la compétition. Dans notre amour, il n'y a ni questions, ni doutes. Nous sommes tous deux un peu fatalistes. S'il arrive quelque chose, c'est que cela devait être ainsi [6]. » Il ignore alors que son goût pour le « cirque bleu » lui sera un jour fatal.

C'est à Saint-Moritz que les Casiraghi fêtent, en janvier 1987, leurs trois ans de mariage. Pour la deuxième année consécutive, ils ont loué un chalet de quinze pièces. Dans quelques jours, la Princesse soufflera ses trente bougies en compagnie d'une vingtaine de proches : les Aousta, les Fürstenberg, les

Niarchos, et Marina Palma. Philosophe, Caroline fait peu de cas du temps qui passe. « Je ne pourrai jamais cacher mon âge et, quand j'aurai cinquante ans, il me faudra bien l'accepter[7]. »

En ce qui concerne l'éducation de ses enfants, la fille de Rainier a des idées bien arrêtées. « J'entends leur inculquer les principes que j'ai hérités de ma mère[8]. » Comme cela fut son cas, elle les élèvera dans le culte du devoir et de l'obéissance. « Un enfant doit grandir dans une ambiance sereine, explique-t-elle. Je leur consacre beaucoup d'attention. Je les embrasse, je les câline, je les prends dans mes bras. Charlotte a besoin de ce contact avec sa mère. Avec Andrea, qui est un sportif, comme son père, je joue, je cours, je me promène dans le jardin. Nous aimons aussi regarder ensemble les images des livres[9]. » Espère-t-elle donner naissance à un troisième bébé ? L'aînée des Grimaldi ne dément pas : « Quand j'étais petite, nous étions trois et j'aurais bien voulu que la famille s'agrandisse encore[10]. »

En février 1987, Stéphanie est de retour dans l'océan Indien. Elle n'y débarque pas toute seule. Elle se montre en compagnie d'un play-boy d'une trentaine d'années d'origine marseillaise prénommé Mario. Les jeunes gens se sont rencontrés à Los Angeles où le français gère un night-club branché, *Le Vertigo*, dont le propriétaire est alors l'ex-pop star Sonny Bonno.

Sa romance avec la Princesse monégasque n'a pas trois mois lorsque la presse évoque en caractère gras son passé peu glorieux. Quatre ans plus tôt, lors d'une surprise-partie, Mario et un de ses amis auraient abusé d'une jeune étudiante. Une accusation d'autant plus grave que le journal précise que le Frenchie, alors âgé de vingt-cinq ans, avait été condamné à plusieurs mois de prison avec sursis.

Terriblement éprise, Stéphanie défend son bien-aimé qu'elle présente comme l'homme de sa vie. Mais la presse continue à se montrer féroce. Certains journaux jouent les imprécateurs, d'autres, comme le *Daily Mail,* préviennent : « Méfie-toi, Stéphanie [11] ! » Un magazine espagnol se veut drôle en affirmant à ses lecteurs qu'il existe trois catégories de Princesses : celles de contes de fées, celles de sang royal et les Princesses de Monaco [12]...

Ce genre d'impertinence et de publicité tapageuse n'est guère apprécié sur le Rocher qui voit d'un mauvais œil cette nouvelle idylle. Pour tenter de faire admettre son idylle à son père, Stéphanie décide de rentrer dare-dare en Europe. Une visite pour rien. Les discussions entre la Princesse et les membres de sa famille se terminent régulièrement par des disputes. Amoureuse, elle comprend difficilement les réticences paternelles face à un prétendant déjà deux fois divorcé. De retour à Los Angeles, la fille de Rainier campe sur ses positions. « J'épouserai Mario, même sans le consentement de mon père [13] », déclare-t-elle à un journaliste britannique à qui elle fait visiter son « nid d'amour » : une luxueuse villa au cœur de Beverly Hills, le quartier chic de L.A. louée douze mille dollars par mois. Le patriarche monégasque tente-t-il une dernière démarche pour dissuader le chevalier servant de poursuivre sa bluette avec sa fille ? Des journaux américains l'affirment, mais sans en apporter la preuve.

Seule certitude : l'entourage princier profite de ce déplacement pour glisser un message à moindre frais à destination de la Princesse rebelle. On lui rappelle ainsi l'existence d'un alinéa de la Charte constitutionnelle stipulant « qu'aucun membre de cette famille ne peut se marier sans l'autorisation du Prince régnant ». Au risque de perdre tous ses titres pour elle et sa descendance...

Stéphanie est-elle intimidée par l'avertissement ? Bien au contraire. Elle persiste et signe bientôt en réaffirmant haut et fort son amour pour Mario : « Je veux même que le monde entier le sache[14] ! » Pour elle, le tendre hidalgo mérite d'être connu. « C'est un chat apeuré, explique-t-elle attendrie. Derrière ses trente-cinq ans et sa frange qui lui mange la moitié du visage, il cache ses sentiments. Comme moi, il est trop généreux et souvent il est trahi par ses proches. Nous avons tendance à réagir trop fort, avec trop d'affection, trop d'amour ou trop d'amitié[15]. »

Un an à peine après ces déclarations, au printemps 1988, Stéphanie est de retour sur le Rocher. Elle n'a pas émis d'objection pour assister au Grand Prix de Monaco, aux côtés de son père et de son frère. Une mélancolie se lit sur son visage. Trois mois plus tard, la Princesse annonce que sa *love story* pleine de turbulences avec Mario est terminée. Selon ses confidences à la presse, son *boyfriend* ne lui aurait guère laissé le choix : « Mario m'a demandé de choisir entre ma carrière et lui. C'est fait : j'ai choisi ma carrière. » Et de rappeler si besoin était qu'elle n'était pas du genre à supporter les contraintes : « J'ai toujours suivi mon instinct. Je n'ai jamais supporté aucune entrave à mon destin[16]. »

Sollicité à Los Angeles, où il continue de diriger son restaurant, Mario me dit être peu enclin à se replonger dans cette page de son passé. « C'est une histoire qui est derrière moi, me confie-t-il. Je n'ai plus envie d'en parler. Je l'évoque parfois de temps en temps avec les copains, mais ce n'était pas franchement une histoire marrante [17]. » Une morale à tirer de son aventure par rapport aux médias ? « Certaines choses m'ont vraiment écœuré, confie le Marseillais. Mais je n'ai pas envie d'en parler. Et de toute façon, quoi qu'il arrive, la presse écrira toujours ce qu'elle veut écrire [18]. »

Après sa séparation d'avec Mario, Stéphanie continue de vivre à Hollywood. En attendant un nouvel appartement, elle « squatte » chez des amis où elle croise parfois Antony Delon installé en Californie pour ses affaires. Comme le fils de l'acteur, la jeune fille veut réussir, prouver qu'elle est capable d'aller au bout de ses projets. Son prochain disque sera en anglais, annonce-t-elle. Pour l'épauler, elle a fait appel à Jean Miguel, le directeur des relations publiques du Moulin-Rouge et au jeune producteur Ron Bloom. La forte et originale personnalité de celui-ci semble la fasciner. Pour ses amis, l'Américain, qui adore être vêtu d'un « marcel », n'est en effet pas dénué d'intelligence et d'esprit. Il est vrai également que ses lunettes rondes d'intellectuel lui donnent un faux air de Woody Allen.

Stéphanie a déjà commencé ses répétitions lorsqu'elle apprend la venue au monde du troisième enfant de Caroline. Comme lors des naissances d'Andrea et de Charlotte, sa sœur est restée moins de trois jours à la maternité. Le lendemain de son accouchement – et c'est presque devenu une tradition –, Rainier est venu photographier son nouveau petit-fils baptisé Pierre.

Au cours de l'été suivant, c'est devant l'objectif d'une autre célébrité que l'aînée des Grimaldi accepte de poser : celui de Karl Lagerfeld. Voilà deux ans que le célèbre couturier de la maison Chanel a appris à se servir d'un appareil, ou plutôt qu'il se fait entourer par une équipe de prises de vue qu'il inspire. Heureuse coïncidence : l'homme au célèbre catogan est le voisin monégasque du père de Casiraghi.

Afin de réaliser ses photos de la vie privée de son amie Caroline, Lagerfeld a précisément choisi le cadre de sa terrasse. « Il faisait extrêmement chaud, trente-cinq degrés à l'ombre, se souvient-il. La Princesse avait juste Christophe, de chez Carita, pour lui arranger les cheveux. Elle se maquillait elle-même et ce n'était pas facile car il faisait tellement chaud que rien ne tenait. Stefano avait du mal à garder sa chemise d'habit impeccable. Les enfants, qui rentraient de la plage, en avaient marre. Ils ne voulaient pas enfiler des vêtements pour rien. Ils avaient envie d'aller dîner. Ils étaient déchaînés. C'était assez marrant et en même temps pas évident du tout de maintenir trois enfants en bas âge, dont le plus jeune n'avait même pas un an, tranquilles, pour faire des photos. Mais on y est arrivé. C'est un miracle. Cela existe parfois [19]. » Rainier est présent lors de cette séance. Vêtu d'un pantalon blanc et d'un polo bleu, le souverain a même insisté, à en croire Lagerfeld, pour tenir personnellement les lampes qui éclairaient la pièce.

Février 1989. Stéphanie est à nouveau amoureuse. L'élu n'est autre que Ron Bloom, son producteur américain. Contrairement à Mario, le soupirant est reçu assez rapidement à Monte-Carlo. Il est même invité lors d'un déjeuner à l'Hôtel du gouvernement présidé par Rainier. Pour balayer les premières hésitations du Prince, Ron n'a pas hésité à assagir son apparence en domptant lui aussi à l'aide d'un catogan ses longs cheveux de musicien. Le prélude à de proches fiançailles ? La rumeur va bon train, mais lorsque Stéphanie et Ron sont aperçus en public, c'est en présence de Virginia Gallico, la dame de compagnie des Princesses.

Six mois plus tard, toute la famille princière est réunie autour de Rainier pour fêter ses quarante années de règne. Une singulière cérémonie à laquelle n'ont pas été invitées les habituelles personnalités politiques ni stars du show-biz. Autrement dit, une réunion entre Monégasques dont les sujets tiennent à offrir à leur souverain une sculpture de Rembrandt Bugatti. Sur l'estrade officielle, les trois aînés de Rainier sont alignés. À leurs côtés : Stefano et ses enfants. La réunion familiale va-t-elle être prétexte à l'annonce du départ du Prince ? Rainier a soixante-six ans. On lui avait déjà prêté l'intention d'abdiquer l'année suivant la disparition de Grace, mais cela fut sans suite. « J'ai l'intention d'abdiquer dès qu'Albert se sentira apte à prendre la responsabilité de diriger Monaco[20] », tient-il à préciser.

Le « Vieux Lion » considère-t-il qu'Albert n'est pas encore prêt à assurer sa succession ? En a-t-il vraiment envie ? Pour stopper toute spéculation, Rainier rappelle que, pour le moment, chacun a son rôle : à lui les dossiers politiques, à Albert les dossiers économiques, et à Caroline la charge de la culture et des relations extérieures.

Et Stéphanie ? Rainier sait qu'il doit lui laisser la bride sur le cou. Qu'elle retournera bientôt à Los Angeles où elle enregistrera son prochain disque. Ses ambitions de chanteuse et de styliste ? L'époux de Grace Kelly, qui a toujours eu un faible pour sa cadette, sait qu'elles se calmeront avec le temps. Tout comme son idylle avec Ron Bloom.

Le monarque a vu juste. Au début de l'année 1990, la « Princesse Ouragan » annonce sa rupture avec son producteur. Une vraie-fausse séparation, car les jeunes gens continueront à entretenir des relations professionnelles étroites. L'Américain achèvera les musiques du prochain album de Stéphanie qui tarde, pour d'obscures raisons, à voir le jour. À défaut de pouvoir gloser sur le 45 tours tant attendu, la presse *people* s'intéresse au nouveau chevalier servant prêté à la Princesse : Jean-Yves Le Fur.

À vingt-cinq ans, ce fils d'architecte parisien vient de se lancer dans les affaires immobilières après avoir travaillé dans une agence de mannequins. Sportif et séduisant, le play-boy est un incontournable de la jet-set française, au même titre que Thierry Roussel, l'ex-mari millionnaire de Christina Onassis, dont on le dit très ami. Sa maturité n'est pas pour déplaire à Stéphanie. « Je l'ai aimé dès que je l'ai vu [21] », déclare-t-elle avec enthousiasme. À son photographe attitré, Frédéric Meylan, le cœur d'artichaut monégasque confie ses états d'âme. « Nous sommes très heureux ensemble et je sais que ma vie est auprès de lui [22]. » Des projets de mariage ? La Princesse ne dément pas : son fiancé a déjà fait la connaissance d'Albert et devrait prochainement rencontrer son père. A-t-elle des raisons particulières de présenter publiquement l'homme de sa vie ? « J'en ai assez que l'on dise n'importe quoi sur ma vie. Je préfère faire le point. Mon histoire avec Jean-Yves est quelque chose de très important pour moi, et je ne veux pas qu'on puisse en parler mal. Je veux que personne ne puisse nuire à notre amour. Nous sommes en train de construire une vie ensemble[23]. » Interrogé à son tour, le nouveau compagnon de Stéphanie révèle qu'il a d'abord été intrigué et agréablement surpris dès sa première rencontre avec la Princesse. « Elle était différente de l'image que j'avais d'elle, confie-t-il. On s'est d'abord observés, presque distants et, petit à petit, j'ai été sous son charme. J'ai eu très vite l'impression de la connaître depuis longtemps[24]. » Les qualités qu'il lui reconnaît ? Elles sont nombreuses : « Sa féminité, sa sensibilité, son besoin d'affection, son énergie débordante. Elle ne se prend pas au sérieux. C'est très important[25]. »

Après les fiançailles célébrées en petit comité dans le cadre d'un restaurant branché de Paris, *Le Télégraphe*, Stéphanie organise sa nouvelle vie. Elle s'installera dans la capitale tout en gardant sa maison californienne.

Comme avec Ron Bloom, Rainier est contraint une fois encore de faire contre mauvaise fortune bon cœur. À défaut d'un déjeuner, il accepte de poser en compagnie du nouveau fiancé de sa cadette devant les objectifs. Ce privilège princier qui, jusqu'alors, n'avait été accordé qu'à Paul Belmondo, laisse-t-il entrevoir une union rapide ? Faute de réponse claire, Stéphanie redevient un personnage « officiel » de la Principauté. Elle accompagne ainsi sa famille à l'Élysée où François Mitterrand et son épouse les attendent. Une réunion finalement détendue, glisse-t-on aux journalistes accrédités ; le Président ne serait pas resté indifférent au charme d'une Stéphanie nageant visiblement dans le bonheur. La jeune Princesse ignore que des nuages ne vont pas tarder à s'amonceler sur sa nouvelle passion.

Comme en avait été victime Mario, Jean-Yves Le Fur fait l'objet, à la veille de l'été 1990, de révélations sur un passé prétendument sulfureux. Stéphanie en est informée par son ami et avocat Thierry Lacoste. Dans un « article assassin », son fiancé est présenté comme un affabulateur, ex-cancre reconverti dans le noctambulisme actif, un homme qui aurait même eu maille à partir avec la justice. Pour Stéphanie, qui se trouve alors en vacances à Burbank, dans la banlieue de Los Angeles, avec son père, le coup est rude. Ces calomnies vont-elles mettre à mal son projet de mariage ? Lors du bal de la Croix-Rouge, qui se déroule à Monaco quelques semaines plus tard, la Princesse chanteuse est présente, mais sans son fiancé. Une absence remarquée dont la lecture est on ne peut plus transparente : Le Fur est désormais jugé indésirable sur le Rocher. La suite des événements semble déjà écrite. Elle est confirmée au début de l'automne 1990 lorsque l'interprète d'*Ouragan* annonce publiquement la douloureuse rupture de ses fiançailles.

Au moment où elle se lamente sur ses mésaventures sentimentales, Stéphanie ignore que le destin va bientôt balayer le bonheur de sa sœur aînée. Après le virage fatal de Grace sur les hauteurs de Monaco, la fatalité est sur le point de frapper, pour la seconde fois et de plein fouet, le paradis romanesque azuréen.

Ce 3 octobre 1990 est une journée pluvieuse. Sous les fenêtres du palais va débuter dans quelques minutes la dernière manche du championnat du monde d'*offshore*. Parmi les concurrents : Stefano Casiraghi et son copilote Patrice Innocenti. Les deux coureurs sont pressés parce qu'ils veulent gagner. Un premier vol, puis un second. À chaque fois, leur bateau retombe à plat, comme il se doit. Le monstre mécanique augmente sa vitesse après la bouée de Nice. Il file maintenant au large de la pointe de Saint-Jean-Cap-Ferrat. Sa vitesse atteint cent soixante-dix kilomètres à l'heure quand, soudain, une vague le frappe de plein fouet. C'est le crash. Entraîné par le poids de ses deux moteurs diesel, le bateau coule en quelques secondes. Innocenti, complètement sonné, s'inquiète pour Stefano qu'il aperçoit coincé dans le cockpit. Les secours arrivent. Les deux hommes sont dégagés, mais il est trop tard. Stefano est décédé.

Caroline se trouve à Paris chez son ami Seydoux Fornier de Clausonne, lorsqu'on l'informe de la tragique nouvelle. Immédiatement conduite à Orly, elle s'embarque à bord d'un jet privé. Lorsque l'appareil atterrit à Nice, la pluie a cessé de tomber.

Trois jours plus tard, le corps de Stefano repose dans un cercueil d'acajou installé dans l'allée centrale de la cathédrale de l'Immaculée-Conception. Au premier rang, les Grimaldi sont assis sur leurs fauteuils rouge et or. Sur leur vareuse blanche, les carabiniers portent le brassard noir. Rainier, effondré, soutient sa fille aînée.

Plus d'un millier de personnes sont présentes aux funérailles de Stefano. Les amis de Caroline sont venus nombreux. Parmi eux : Robertino Rossellini et

Inès de la Fressange. Alain Delon, qui n'a jamais figuré parmi les intimes de la famille, a fait le trajet depuis la Suisse où il réside. L'acteur s'est fait accompagner de Catherine Goux, dont le compagnon, Didier Pironi, est mort quelques années plus tôt dans un accident semblable.

Dans les heures qui suivent la cérémonie, Caroline se déplace en compagnie de ses trois enfants pour le lac de Côme. Elle est attendue *Villa Cigogna*, la maison familiale des Casiraghi, protégée depuis quelques jours par des carabiniers. Après d'émouvantes retrouvailles avec l'entourage de son mari, la Princesse assiste à la messe célébrée à la mémoire de son défunt époux dans une chapelle située à Fino Mornasco. Plus de deux mille personnes attendent la jeune veuve vêtue d'un long imperméable noir, les yeux cachés par des lunettes fumées. À ses côtés, ses beaux-parents Giancarlo et Fernanda et leurs deux autres fils. À la fin de la cérémonie, tous vont se recueillir auprès d'une stèle haute d'un mètre cinquante à l'effigie du disparu représenté en tenue de pilote. Une épitaphe résume sa destinée : *Infortuné vainqueur dans le sport et dans la vie*.

De retour à Monaco, Caroline ne peut échapper aux nombreux articles de presse s'interrogeant sur la disparition de son époux. Le coureur a-t-il pris des risques insensés ? L'*offshore* était-il trop vieux, trop léger et trop dangereux ? Pour couper court à toutes les spéculations, elle se rend au chevet de Patrice Innocenti. « Je pensais qu'elle allait me haïr parce que je m'en étais tiré sain et sauf et que Stefano avait perdu la vie, confie le pilote. Mais non, rien de tout cela. Nous sommes restés seuls. Elle a simplement eu des mots apaisants, dignes[26]. »

Innocenti avait rencontré Casighari au début des années 1980. Après avoir sillonné les mers du monde en compagnie du commandant Cousteau, il avait créé un chantier sur le port de la Principauté. Sa spécialité : la mise au point des moteurs d'*offshore*. Stefano est alors à la recherche de bateaux de plus en plus rapides. Les deux hommes sympathisent. Innocenti accepte de devenir le pilote de l'Italien qui se transforme en *throttleman,* autrement dit le responsable des accélérations des bolides. Le duo fonctionne à merveille : plusieurs dizaines de compétitions, souvent victorieuses. « Les fils de milliardaire avaient plutôt tendance à m'agacer. Lui pas. Cela venait certainement du fait que c'était un perfectionniste et surtout qu'il respectait la mer. Qu'il en était amoureux[27] », confie Innocenti.

Le jour de l'accident, le Français s'en souvient comme d'un matin comme tous les autres. À cette différence près que son coéquipier rêvait absolument de gagner à Monaco. Le bateau a-t-il été victime d'une méchante vague comme on l'a affirmé aussitôt après l'accident ? Innocenti n'y croit pas. « Je me suis repassé des dizaines de fois la seule bande enregistrée qui existe de l'accident, explique-t-il. Je crois que nous avons perdu une pièce du bateau. Une partie de la coque, celle qui se trouve sous les réservoirs. Ce qui me fait dire cela, c'est qu'en remontant à la surface, j'ai vu que les éponges qui se trouvent dans les réservoirs étaient disloquées. Sur le film, on voit plus ou moins une traînée de gas-oil[28]. »

L'*offshore* aurait-il été saboté ? Le coureur, malgré ses doutes, ne souhaite pas s'avancer plus loin dans ses explications. Par ailleurs, qui et pour quelles raisons aurait voulu faire disparaître ce jeune homme doué que ses détracteurs avaient surnommé le « vice-roi » ou encore « Carolino » ?

L'énigme évoquée par certains prend une singulière dimension lorsque survient, quelques mois plus tard, un curieux fait divers. Du jamais vu dans la Principauté. Dans la nuit du 4 au 5 novembre 1991, la chapelle de la Paix où repose la dépouille de Stefano est visitée et son cercueil dressé verticalement sur la tombe ouverte. La découverte stupéfiante, gardée secrète pendant quelques jours, finit par être divulguée. Il est vrai que les policiers chargés de l'enquête sont nombreux et incrédules : ils ont certes retrouvé l'estafette qui avait transporté le lourd matériel nécessaire à ce fric-frac hors du commun, mais ils ne possèdent aucun indice sur ses audacieux auteurs. « Pour pouvoir faire ce qu'ils ont fait à Monaco, le pays le plus sécuritaire du monde, il leur a fallu un culot monstre, admet, fair-play, l'un de ces enquêteurs. Imaginez-les en pleine nuit faire ce qu'ils ont à faire, repartir, sans se faire attraper ni identifier : c'est du très très haut niveau[29]. »

Les raisons d'une telle profanation ? Là encore, les enquêteurs se perdent en conjectures. Mais d'émettre toutefois plusieurs hypothèses. La première implique des proches de Stefano qui aurait voulu récupérer la dépouille de leur parent ; la deuxième concerne des bandits qui auraient exigé une rançon après le vol du cercueil ; la troisième vise la Mafia qui aurait ainsi voulu faire passer un message à travers l'un de ses sinistres rituels. Un message adressé à qui et pour quels motifs ? Une nouvelle fois, les policiers ne peuvent qu'avancer une thèse par ailleurs soufflée par leurs confrères italiens. Selon ceux-ci, il s'agirait d'une pression sur la famille princière afin de récupérer les parts en blanc que Casiraghi possédait dans des sociétés. Si l'explication a le mérite de la clarté, les limiers de derrière les Alpes sont incapables d'en apporter la preuve. Sur le même registre, seront bientôt évoqués les projets immobiliers de Stefano sur l'île Cavallo, située au large de Bonifacio dans le sud de la Corse, et dont on apprend qu'ils cacheraient en réalité « une incursion bien réelle de la Mafia italienne [30] ». Mais là encore, hormis la déclaration d'un notaire de Corte expliquant, en 1997, sur procès-verbal comment, à l'en croire, il avait été chargé par Casiraghi, au milieu des années 1980, de « s'occuper » du dossier en demandant les autorisations administratives nécessaires, rien ne permet d'impliquer l'Italien dans une quelconque entreprise mafieuse. Seuls faits troublants : la présence de relations sulfureuses dans l'entourage du beau Stefano. L'une d'entre elles est suspectée en 1988 d'être mêlée à un trafic de drogue ; une autre est arrêtée pour faux en écriture et banqueroute frauduleuse ; une troisième sera condamnée à payer quinze millions de dollars au gouvernement italien ; d'autres enfin devront s'expliquer de la même façon pour des affaires illégales [31].

Les persistantes rumeurs qui tiennent à désigner Casiraghi comme le cheval de Troie de la Pieuvre dans la Principauté sont plutôt mal accueillies sur le Rocher. Lorsque l'occasion lui sera offerte, Rainier tentera de jouer la transparence en affirmant que « la Mafia est partout [32] » et qu'elle a peut-être essayé de s'infiltrer dans les affaires monégasques. « Je ne peux pas dire que cela ne s'est pas produit [33] », admet ainsi explicitement le prince souverain.

Depuis la mort de Stefano, les premiers soucis de Caroline sont ses enfants et sa nouvelle maison. Afin de se retrouver encore plus près d'Andrea, de Charlotte et du petit Pierre, la jeune veuve a pris l'habitude de séjourner à Saint-Rémy-de-Provence où Stefano avait, quelques semaines avant sa disparition, découvert une splendide bastide provençale. Là, le soir, la famille se retrouve dans le jardinet entouré d'arbres fruitiers ou dans l'immense salle à manger avec sa table en marbre. Rainier et Stéphanie la rejoignent parfois et passent de longues heures à distraire les enfants de Caroline. Le Prince se félicite du choix de son aînée de vouloir élever ses enfants près de la nature et souhaite rester un grand-père accessible à ses petits-enfants. « Je veux qu'ils me parlent librement, qu'on se raconte nos histoires [34] », confie-t-il tout en espérant qu'ils reviendront pour leurs études secondaires dans la Principauté.

Caroline n'invite que peu d'amis dans son refuge provençal. Le mannequin Inès de la Fressange, l'architecte-décorateur Jacques Grange et l'acteur Vincent Lindon font partie des rares visiteurs. Pour s'y rendre, celui-ci transite en général par Avignon. Il y débarque par le dernier avion et repart le lendemain matin aux aurores. Caroline le conduit à l'aéroport et revient aussitôt afin d'accompagner elle-même ses enfants à l'école.

Comme il fallait s'y attendre, la présence de l'acteur ne tarde pas à attiser la curiosité de toute la presse *people* d'Europe [35].

Pour calmer le délire médiatique dont elle est l'héroïne, et afin de répondre au vœu de son père, Caroline décide un repli stratégique sur Monaco. Le prétexte officiel est tout trouvé : inscrire pour leur deuxième trimestre scolaire Andrea, Charlotte et le petit Pierre chez les Dames-de-Saint-Maur, l'institution religieuse monégasque située boulevard des Moulins.

Les limiers de la presse rose n'ont pas terminé de gloser sur Caroline et Vincent Lindon que déjà l'ancien Fort Hercule bruit du prochain mariage de Stéphanie. L'impulsive Princesse aurait-elle trouvé l'homme de sa vie ?

Le soupirant s'appelle Daniel Ducruet, et il n'est autre que son garde du corps. Né en 1964, le beau Daniel a vingt-deux ans lorsqu'il réussit le concours d'entrée permettant de devenir agent de police. Un choix dû au simple hasard ? C'est ce que laisse entendre le futur époux de Stéphanie lorsqu'il évoque son imaginaire imprégné par les films d'action américains qu'il dévorait dans sa jeunesse. L'un de ses anciens collègues avance une version quelque peu différente lorsqu'il m'apprend que Daniel est aussi le neveu de l'inspecteur divisionnaire Louis Arpesella, le directeur adjoint de la Sûreté publique monégasque...

Quoi qu'il en soit, la nouvelle recrue suit une formation physique poussée, avant d'être intégrée au groupe chargé de la protection de la famille princière. Selon la nature de ses missions, il peut être amené à protéger indifféremment les Princes Rainier et Albert ou la princesse Caroline. Stéphanie, à l'époque, séjourne en Californie. Les impressions que lui inspirent les membres de sa future belle-famille sont plutôt favorables. « Albert est quelqu'un de sympathique, ouvert, affable et assez facile d'accès [36] », reconnaît Daniel qui se souvient de s'être toujours adressé à ses patrons en utilisant le titre de « Monseigneur ». Quant à la princesse Caroline, c'est « Altesse ». Ses relations avec l'aînée des Grimaldi apparaissent moins décontractées qu'avec son frère. « Elle manifestait clairement que notre présence lui pesait [37] », se souvient Ducruet. Un de ses pires souvenirs concerne un déplacement en Égypte, où Caroline s'était rendue afin de participer à une réunion de l'Unesco. « Sans même nous informer de ses projets, elle est partie, avec deux amies, se promener au souk... Ce jour-là, j'ai tremblé qu'il ne lui arrive quelque chose [38]. »

Daniel n'assure qu'occasionnellement la protection de Rainier. Ce dernier préfère faire appel à ses vigiles habituels. Lorsque l'occasion se présente, il est surpris par le calme inhérent chez un personnage souvent présenté comme autoritaire. Hormis les déplacements à l'étranger qui exigent un sérieux travail de préparation, les journées des fonctionnaires ne sont guère harassantes lorsqu'elles se déroulent à l'intérieur la Principauté. Des locaux leur sont réservés à l'intérieur même du palais dont tous les visiteurs font l'objet d'une fouille minutieuse.

Malgré les avantages liés à sa nouvelle fonction, Daniel commence à trouver le temps long et souvent monotone. Il aspire au changement. En 1991, il quitte la Sûreté publique pour le commerce, la vente en gros et demi-gros des produits de la mer. Une occupation dont se gausseront longtemps ses détracteurs qui l'affublent du titre de « poissonnier ». Après la liquidation de sa société, l'ancien policier s'associe avec un Italien, prénommé Franco, installé depuis cinq ans sur le Rocher. Ce dernier se présente comme un expert dans la fabrication de glace, d'où le nom de leur association : *Monakice*. Mais, une fois encore, l'affaire bat de l'aile. Manque de chance ou Daniel a-t-il la tête ailleurs ? Il est vrai que son choix de vie a eu une autre raison de taille : sa liaison sentimentale avec Stéphanie.

Leur rencontre n'est pas récente et aurait été involontairement provoquée en 1988 par Albert qui devait présider une soirée organisée à New York au profit de la Fondation princesse Grace. À l'époque, Stéphanie partage son existence américaine avec le compositeur Ron Bloom. À la demande de son frère, la jeune fille accepte de le remplacer au pied levé. C'est dans le hall de l'hôtel où les Monaco sont descendus que les regards de la Princesse et du garde du corps se croisent pour la première fois. Un véritable coup de foudre. « Nous nous sommes regardés longuement, sans pouvoir détourner notre regard. Nous étions aux prises avec quelque chose d'incontrôlable. J'étais comme électrisé [39] », raconte Ducruet, bouleversé par un « désir torride » qui l'attire « irrésistiblement » vers la jeune femme.

Quelques jours plus tard, de retour sur la Côte d'Azur, le garde du corps reçoit la visite d'un ami de Stéphanie. La quarantaine, portant beau, l'homme lui annonce que la Princesse souhaiterait le voir seul dès que possible à l'hôtel *Loews*. Ducruet, sur un petit nuage, se rend sans trop se poser de questions au lieu de rendez-vous fixé par le mystérieux intermédiaire. Dix minutes plus tard, la jeune femme l'y a rejoint. « Ton ami n'a pas eu le temps d'ouvrir la porte que déjà tu étais près de moi, racontera Ducruet dans la lettre publique qu'il écrira à la Princesse après leur séparation brutale. Tu t'es jetée dans mes bras avec une fougue que je n'aurais jamais soupçonnée chez toi [40]. »

Pendant près de deux ans, Daniel reste sans nouvelle de sa maîtresse d'un soir. Certes, il l'aperçoit de temps à autre lors de manifestations officielles monégasques, mais, de toute évidence, elle ne souhaite pas renouer le contact. Du moins jusqu'en avril 1990 lorsque le destin les réunit pour la seconde fois. La rencontre se déroule dans le sous-sol d'un parking. Stéphanie, qui vient d'annoncer publiquement ses prochaines fiançailles avec Bloom, se déclare tiraillée. « Je vais me fiancer par dépit, car je sais notre amour impossible, mais maintenant que je t'ai revu, j'ai envie de tout annuler[41] », lui déclare-t-elle avec fougue. Pendant plusieurs mois, les amants vivent leur passion dans le plus grand secret. Ou presque. La mère de Daniel a été mise dans la confidence. Par la force des choses. Stéphanie l'appelle parfois en pleurant : « J'aime votre fils, madame, je veux faire ma vie avec lui, il faut que je le voie[42]... »

Une vie commune avec une Princesse monégasque ? Ducruet ne peut l'envisager. Il a été marié en 1986 avec Sandra, dont il s'est séparé trois ans plus tard pour Martine, la mère de son premier enfant. De son côté, Stéphanie ne peut se résoudre à quitter son compositeur américain. Une situation peu banale dont Ducruet est lui-même le témoin privilégié. Un soir, alors qu'il assure la protection d'Albert dans une discothèque à la mode, le hasard fait qu'il se retrouve en présence de la Princesse et de Bloom. Est-ce l'effet de la présence de Daniel ou celui de l'alcool ? Rien ne semble plus aller en tout cas entre Stéphanie et son fiancé. Le ton monte devant Albert qui semble tomber des nues. « Tu vas bien ? apostrophe l'Américain. — Oui, et toi[43] ? », lui répond Ducruet. Le Français est-il la cause de cette dispute ?

Quoi qu'il en soit, la semaine suivante, la rupture de la Princesse et de son producteur est consommée.

À partir de ce moment-là, Daniel et Stéphanie commencent à vivre une période idyllique en cherchant à peine à se cacher. Au cours d'une brève escale au Portugal, un paparazzi parvient sans grande difficulté à surprendre leur intimité. Le lendemain, la nouvelle fait le tour du monde. Dans les heures qui suivent, l'imprudente se fait sermonner par son père.

De retour sur la Riviera, Stéphanie demande à Daniel d'être l'invité permanent du *Clos Saint-Martin*, une magnifique demeure située dans le vieux Monaco, près de celle de Caroline. La perspective d'une union ? Il ne peut en être question, laisse-t-on entendre du côté du Palais. Mais la donne change lorsque Stéphanie annonce à son père la future naissance de son premier enfant.

Louis voit le jour, en novembre 1992. Une demi-surprise pour la jeune mère : « Dès que j'ai su que j'étais enceinte, je sentais que ce serait un garçon, confie Stéphanie. Je voulais que l'aîné soit un garçon. Je me sentais plus prête pour un garçon, en tout cas pour le premier[44]. »

La cadette de Rainier nagerait dans un bonheur sans nuage si, quelques semaines avant d'accoucher, elle ne devait faire face à une « sale affaire ». Un quotidien italien affirme qu'un trafiquant de drogue lié au cartel colombien de Medellín, aurait fourni de la cocaïne à la Princesse monégasque à l'époque où elle se lançait dans la mode. L'information, qui fait grand bruit, est largement reprise aux États-Unis par le *New York Post*[45] qui publie les confessions du dealer. L'affaire, vaseuse, ne connaîtra pas de suite judiciaire pour la fille de Rainier. Quelques jours plus tard, c'est à Daniel de devenir la cible de la presse : il a été interpellé lors d'une altercation avec un médecin après un banal accrochage sur une route [46].

Dans son bureau princier, Rainier continue à bougonner. Afin de contrebalancer cette mauvaise publicité, il exige que Stéphanie continue à être conviée aux manifestations officielles. Coincée entre l'amour pour Daniel et l'affection familiale, la jeune mère de famille donne l'impression toutefois de danser sur un seul pied. Elle accepte parfois de paraître seule, mais décide également de bouder certaines mondanités protocolaires.

Mai 1994, Stéphanie donne le jour à une petite fille prénommée Pauline. Un événement doublement important pour Daniel : Rainier accepte de le saluer dans les locaux de la maternité. Quelques heures plus tard, c'est au tour de Caroline de se rendre auprès de sa cadette et d'échanger quelques banalités avec Ducruet. L'enfant de Beausoleil devra en réalité patienter encore quelques mois avant que Rainier accepte d'officialiser sa liaison avec Stéphanie. Un premier dîner au domicile du couple en est le prétexte. Pour l'occasion, le Prince se fait accompagner par Albert. Louis et Pauline viennent de terminer leur repas lorsque les deux hommes se présentent à la porte du *Clos Saint-Martin*. Rainier tient à les emmener dans leur chambre et joue quelques instants en leur compagnie. Au cours du dîner, le père de Stéphanie montre un intérêt certain sur l'éducation de ses petits-enfants. Il questionne sa cadette sur le comportement de Louis au moment de la naissance de sa sœur.

Rainier fait-il contre mauvaise fortune bon cœur ? Officiellement, il ne cache pas sa satisfaction d'avoir retrouvé sa cadette. « Je suis heureux de voir qu'après une période difficile, ma fille se soit stabilisée, confie-t-il à l'écrivain Michel de Grèce. Ses enfants lui ont donné un but dans la vie. Au fond, je pense que la mode et la chanson ont été des expériences utiles et nécessaires. Stéphanie a réalisé qu'il était très difficile de réussir dans ces deux domaines. À cet âge, on croit qu'il suffit de presque rien pour réussir. On croit que tout est à portée de main. Ce n'est que plus tard que l'on prend véritablement conscience des difficultés de la vie. Avec Stéphanie, j'ai établi un bon dialogue et je souhaite qu'elle s'investisse encore plus à Monaco. Déjà, elle s'occupe d'un foyer pour les jeunes et d'un atelier pour handicapés mentaux. La famille princière doit toujours se consacrer au don de soi[47]. »

Pour la cérémonie de baptême, qui se déroule le lundi de Pâques, en l'église Sainte-Dévote, les deux familles sont réunies. Caroline embrasse sa sœur tandis que Rainier joue avec ses petits-enfants. Albert, la princesse Antoinette et quelques amis sont également présents. Le mariage ? Tout le monde y songe. Il est même programmé pour le mois de juin suivant, mais la date doit rester secrète.

Pour échapper aux fastidieux préparatifs et au stress médiatique, Daniel et Stéphanie décident d'aller se reposer aux Canaries. Louis et Pauline sont évidemment du voyage en profitant du jet privé, un Mystère 20, généreusement prêté par le prince souverain. Maguy Ducruet, la mère de Daniel, ainsi que son frère Alain, sa femme et ses deux enfants, sont déjà arrivés sur place par ligne régulière.

La cérémonie tant attendue se déroule à Monaco dans la plus grande discrétion, le 1er juillet 1995. « Mariage pluvieux, mariage heureux, dit un dicton français... Malheureusement, il ne pleuvait pas samedi à Monaco pour les noces de la princesse Stéphanie[48] », ironise *Libération* en racontant comment la presse du monde entier s'était déplacée pour immortaliser ce « non-événement ». En réalité, Rainier a exigé que la fête se déroule en service minimum, à huis clos... ou « en petite pompe en quelque sorte[49] » comme le souligne, lui aussi avec humour, *France-Soir* faussement satisfait que « Stéphanie ait enfin épousé le père de ses enfants »... Simple dérision ou mouvement d'humeur ? Il est vrai que les centaines de photographes débarqués des quatre coins du monde en sont pour leurs frais. Aucun cliché de la cérémonie n'est autorisé. À une exception près avec une photo de famille dont *Nice-Matin*, le journal de la région, décroche l'exclusivité. Et pour empêcher les curieux, un cordon impressionnant de policiers a été installé tout autour du *Clos Saint-Martin* et des gardes de la protection rapprochée postés sur le toit du Musée océanographique. Ce n'est que partie remise pour les paparazzi, qui se rattraperont au cours des jours suivants aux Antilles, où les nouveaux mariés ont décidé de se rendre pour leur voyage de noces.

Si la romance de Stéphanie et Daniel sera abondamment et une nouvelle fois présentée comme un conte de fées, c'est une fable d'un autre genre que des parlementaires français sont en train de concocter à destination du paradis fiscal monégasque.

QUATRIÈME PARTIE

Rumeurs et scandales

CHAPITRE 16

Une justice sous influence

Au début de l'année 1993, la France s'apprête à voter. C'est ce moment que choisit le député UDF François d'Aubert pour publier son rapport sur les mafias italiennes qui veulent « coloniser » l'Hexagone. Les voies d'accès privilégiées utilisées pour le recyclage des fonds mafieux ? Deux principales têtes de pont : Monaco et Saint-Martin, île des Caraïbes située à quelques encablures de la Guadeloupe. De « véritables pipelines [1] », affirment des experts entendus par la commission.

Sur le Rocher, la publication du rapport-brûlot fait l'effet d'une douche glacée. Ce n'est pourtant pas faute d'avoir été prévenu. Trois ans plus tôt, à l'automne 1990, la Principauté avait été secouée par le krach de la BIM – la Banque industrielle de Monaco – qui avait mis en lumière les facilités offertes à des capitaux grandement suspects. Grâce à des comptes ouverts sous des faux noms, des trafiquants de drogue colombiens avaient pu recycler plusieurs centaines de millions de narcodollars. Parmi les prête-noms, on comptera un parent du ministre monégasque des Finances, une cámériste du palais, et même quelques membres d'une dynastie locale de l'immobilier. Tous échapperont aux foudres de la justice, les faits étant antérieurs à une loi bientôt votée sur le blanchiment. Le directeur de la BIM, lui, préférera éviter le scandale en se « suicidant ».

En ce qui concerne la gestion du casino exploité par la Société des Bains de mer, le constat de François d'Aubert est tout aussi accablant. Les résultats de ses investigations pointent principalement les « agents prêteurs » italiens soupçonnés de liens avec la Mafia. Selon lui, la technique de ce qui apparaît comme une opération de blanchiment est simple : le casino fait appel à des agents chargés de faire venir aux tables de jeux des clients gros joueurs. Ces rabatteurs sont rémunérés sous forme d'une commission calculée en général soit en fonction de la perte des clients soit en fonction du volume des sommes qu'ils engagent. Cette pratique n'aurait rien d'anormal s'il n'y avait une utilisation abusive de ces modes de rémunération à d'autres fins illégales. Des faits que la Société des Bains de mer affirme ignorer.

Le prince Rainier est intéressé depuis toujours au développement de l'omnipotente SBM. Et pour cause : l'affaire florissante brasse à la fin des années 1990 plus de deux milliards d'euros par an[2]. « Un enjeu financier colossal, me confirme un magistrat. Car il y a ce que rapporte la structure du casino dans sa comptabilité officielle, apparente – deux à trois pour cent du budget de l'État –, mais il y a aussi tout ce qu'il y a autour des jeux : les boîtes de nuit, les hôtels, les magasins de luxe, les grandes boutiques, etc. Au total, ça fait vivre beaucoup de Monégasques, l'autre partie de la population étant absorbée par l'administration. En clair, entre le revenu net et l'emploi que ça génère, la SBM se révèle un excellent rapport[3]. »

À partir de là, comment s'étonner de l'agacement du Palais lors de la publication du fameux rapport parlementaire. En même temps, peut-il sérieusement et durablement continuer à faire l'autruche ? Fin politique, le petit-fils de Louis II comprend qu'il doit lâcher du lest. Puisque la France réclame des têtes, la justice monégasque les lui obtiendra.

Deux ans après les remarques désobligeantes de François d'Aubert sur la gestion de la SBM, le souverain demande au procureur général Gaston Carrasco de se charger personnellement de l'affaire. Le magistrat s'exécute, « dans la plus grande discrétion mais avec une ardeur tout à fait inhabituelle[4] », me glisse un magistrat en poste sur le Rocher pendant plusieurs années. Lorsqu'il s'agit d'instruire le dossier, le procureur porte son choix sur Charles Duchaîne. Le jeune juge vient d'être affecté à Monaco et ne semble pas dénué d'ambition. À trente-trois ans, ce juriste, avec sa carrure de rugbyman et un faux air de l'écrivain Gilles Perrault, peut effectivement envisager cette étape monégasque comme un tremplin pour un avancement à venir. Lors de leur première rencontre, Gaston Carrasco laisse entendre au nouvel arrivant qu'il correspond parfaitement au profil du collaborateur qu'il attendait. Duchaîne est-il totalement convaincu par la sincérité de son interlocuteur ? Imagine-t-il les difficultés et autres chausse-trappes qui l'attendent ? Elles ne tardent pourtant pas à surgir avec l'affaire du baronnage au casino que lui apporte le procureur général[5].

Son supérieur avait déjà procédé lui-même à un certain nombre d'auditions et avait même transmis au palais princier un rapport d'environ six cents pages. Ses conclusions admettaient des opérations de blanchiment à travers les structures du casino et désignaient les croupiers coupables. Parmi eux, un réformateur, autrement dit pas forcément complaisant à l'égard du souverain.

Charles Duchaîne, qui se définit lui-même comme un psychorigide, reste perplexe. Sa conviction est qu'il pourrait s'agir d'une affaire à double détente : on s'indigne du rapport d'Aubert, mais on fait faire une grosse enquête afin de prouver la bonne foi des autorités judiciaires monégasques qui pourraient se débarrasser du même coup d'opposants politiques ou syndicaux. En fin de compte, le doyen des juges d'instruction va effectivement parapher les inculpations suggérées, mais y ajoutant pas mal de supporters du palais également fautifs. Une première pour les croupiers de la SBM qui jugent « intolérables » ces couperets judiciaires et les « méthodes policières » du juge d'instruction. Pour mieux les dénoncer, ils le font savoir en venant manifester sous les fenêtres du nouveau ministre d'État, Paul Dijoud, qui ne va pas tarder à découvrir à son tour les singulières pratiques de la justice monégasque.

L'ancien secrétaire d'État de Raymond Barre débarque en 1995 sur le Rocher. Sa désignation ne doit rien au hasard. Elle intervient au moment où Rainier est gravement malade. « Le Prince a estimé qu'en nommant un vieil ambassadeur, son fils allait se fait bouffer par les vieux "mammouths", d'où sa préférence pour Dijoud, qui présentait l'avantage d'être un homme jeune et compétent[6] », m'explique un financier international bien introduit dans les milieux diplomatiques français et monégasques. Mais le Palais ne tarde pas à comprendre son erreur. Le diplomate Dijoud, toujours selon mon interlocuteur, n'a pas l'intention de jouer le jeu du Prince, qui va finalement se rétablir. Le Français ne cache pas sa volonté de vouloir changer les choses. Dans un premier temps, deux conseillers font les frais du grand nettoyage qu'il ambitionne. Puis c'est une série d'affaires de blanchiment d'argent sale, dont Charles Duchaîne va devenir à nouveau le maître d'œuvre.

La plus exemplaire concerne Moshe Binyamin, ressortissant israélien arrêté en juillet 1995 en possession de cinq millions de dollars répartis dans deux valises et quatre cartons. Incarcéré, « l'homme aux six valises », comme la presse va bientôt le surnommer, met du temps avant de reconnaître devant le juge d'instruction que ces fonds proviennent bien d'un trafic de stupéfiants – huit cents kilos de cocaïne – lié à un cartel colombien[7]. Charles Duchaîne qui se voit confier le dossier, comprend que l'affaire embarrasse les plus hautes instances judiciaires. Les signes ne trompent pas. Ce sont d'abord les mesures d'isolement ordonnées par l'un de ses confrères pendant qu'il est en vacances et dont bénéficie le prévenu. Ce sont ensuite les inhabituelles visites que ce dernier reçoit dans sa cellule. La première est celle de deux attachés de l'Ambassade d'Israël à Paris ; la seconde est celle d'un magistrat du parquet, venu tenir au courant Binyamin de l'état d'avancement de la procédure.

Mis au parfum, le fougueux Duchaîne n'apprécie guère ces singulières démarches dont il va tenter de comprendre la signification. La visite des

« diplomates » de l'État hébreu ? Il l'explique par le rôle d'informateur que Binyamin aurait pu jouer auprès des services secrets israéliens, mais il n'en possède pas la preuve. Plus contrariante à ses yeux, la visite du magistrat à laquelle il prête l'intention de faire durer la procédure afin de retarder un éventuel procès [8]. Les raisons ? Selon lui, juger un « homme d'affaires » pour blanchiment ne pouvait qu'effrayer les futurs investisseurs et dissuader de continuer à amener son argent à Monaco.

Lorsque Paul Dijoud prend conscience de cette réalité, il est trop tard. Il est devenu *persona non grata*. Deux ans après son arrivée, le gouvernement de Jacques Chirac expédie le diplomate-fouineur en Amérique du Sud. Son départ a été exigé par le Palais qui continue encore aujourd'hui à stigmatiser les méthodes de l'ancien ministre d'État : « Il prétendait nettoyer les écuries d'Augias, mais il s'est conduit comme un éléphant dans un magasin de porcelaine. Il a multiplié les maladresses et s'est montré cassant et désagréable. En fin de compte, on lui a fait comprendre qu'on pouvait se passer de ses services [9]. »

Paul Dijoud imaginait-il pouvoir renverser le cours des choses ? Ou son départ expéditif était-il lié à certains dossiers explosifs dont on ne souhaitait surtout pas un épilogue judiciaire ? Le premier lièvre soulevé par le diplomate justicier concerne des capitaux blanchis provenant d'un important trafic de drogue, et dont la destination aurait été les caisses noires du parti socialiste espagnol. « Je sais qu'il s'était beaucoup impliqué dans cette affaire, me révèle un magistrat longtemps en poste sur le Rocher. Il la considérait comme extrêmement grave. Je sais également qu'un certain nombre d'éléments en relation avec cette affaire ont été traités à son insu alors qu'il était pourtant le Premier ministre [10]. »

Le second dossier ayant retenu l'attention du diplomate français concerne une entreprise ukrainienne dont il avait découvert que les dirigeants étaient connus pour leurs activités de blanchiment. Bien implantés dans la Principauté, ils apparaissent en 1996 comme des sponsors du Grand Prix de Formule 1 et du Rallye de Monte-Carlo. « Comme par hasard, dès que la rumeur a commencé à circuler sur leurs prochaines interpellations, les affiches assurant la promotion de cette société ont été retirées et les futurs prévenus ont eu le temps de s'envoler [11]... », me confirme l'avocat niçois William Caruchet, particulièrement bien informé de l'infiltration des capitaux douteux de la mafia russe sur la côte d'Azur.

Ces sulfureuses affaires et les avertissements successifs de la France poussent sans aucun doute les institutions monégasques à réagir afin de mettre enfin en place des mesures sérieuses pour lutter contre le blanchiment de l'argent sale. La création du SICCFIN – le service spécialisé dans le contrôle sur les circuits financiers – est présentée comme la preuve de leur bonne foi. Mais est-ce vraiment suffisant ? La suite des événements permet d'en douter.

Sept ans après François d'Aubert, en juin 2000, deux autres parlementaires français épinglent sévèrement le Rocher. Dans leur rapport explosif, les socialistes Vincent Peillon et Arnaud Montebourg décrivent sans fioritures la Principauté, une fois encore comme « un centre offshore favorable au blanchiment d'argent sale [12] ». Comme leur prédécesseur, lorsqu'ils se déplacent sur la Côte d'Azur, les duettistes reçoivent un accueil poli. Puis leur visite tourne rapidement au vinaigre. Le consul de France alors en poste cache à peine son irritation lorsque ses invités parisiens le mettent au courant des résultats de leurs premières investigations. Durant un dîner particulièrement animé, le diplomate et Arnaud Montebourg s'échauffent, me raconte l'un des participants, « le consul menaçant Montebourg : "Vous n'oserez jamais publier ce que vous m'avez dit là. Je vous l'interdis [13] !" Et Montebourg répondant : "Je ne suis pas homme à me laisser intimider !" »

Et ainsi qu'il le laisse entendre, les conclusions de son rapport vont être à la hauteur des craintes du représentant de la France sur le Rocher.

Officiellement, explique le bouillonnant député de Saône-et-Loire, avant d'ouvrir un compte, les organismes financiers doivent vérifier l'identité de leur client et l'origine des fonds qu'on leur apporte [14]. Dans la réalité, le client raconte ce qu'il veut bien à son banquier qui ne cherche pas de toute façon à savoir vraiment. Mais, dans la réalité, l'affaire se complique lorsqu'on a affaire à des sociétés offshore administrées par des hommes de paille. Des sociétés qui constituent, selon Montebourg, le problème majeur du blanchiment. Cette situation explique-t-elle seule les réticences des autorités monégasques à remplir des déclarations de soupçon destinées au SICCFIN ? Les chiffres parlent d'eux-mêmes. À titre de comparaison : l'île de Man – place offshore qui recueille plus de trente milliards d'euros d'avoirs bancaires contre quarante-cinq milliards d'euros à Monaco [15] – a effectué pour la seule année 1998 près de mille deux cents déclarations de soupçons, alors que Monaco n'en enregistre pendant la même période que deux cent soixante-six, soit un taux de déclarations quarante fois inférieur[16]...

Les clients privilégiés de l'hospitalité monégasque ? *Grosso modo*, ils sont quatre mille, dont la moitié d'Italiens. Cette dernière et forte présence explique-t-elle les insinuations du marché selon lesquelles la Principauté serait aux mains des Mafias siciliennes ? « C'est une rumeur persistante qui vient de différents canaux, déclare un ancien président du comité d'organisation de la prévention du blanchiment dans une grande banque française. » Et d'ajouter, comme au Liechtenstein, que la Principauté « a choisi cette voie délibérément sans vouloir être regardant. De fil en aiguille, sans chercher nécessairement au départ à attirer les mafieux et les blanchisseurs, la situation de fait est devenue celle-là. Vouloir s'en retirer est très difficile, quasiment impossible[17]. »

La publication du rapport Peillon-Montebourg, largement repris dans les médias, provoque une nouvelle grosse colère de Rainier. Le prince souverain menace de remettre à plat les relations franco-monégasques, autrement dit de remettre en cause les contenus des différents traités entre les deux pays. Parallèlement, ses conseillers insinuent que ce rapport n'est pas dénué d'arrière-pensées. « Les deux parlementaires, d'inégal caractère ou de profil, ont cherché une publicité pour leur personne et leur fonction qui a été facilitée par le scandale[18] », avance l'un d'entre eux. Un autre me laisse entendre des motivations politiques plus complexes : « Par cette rigueur excessive, la France cherchait d'abord à obliger le Royaume-Uni à se plier aux mêmes exigences, notamment par rapport à ses paradis fiscaux du type Gilbraltar, Jersey ou Guernesey[19]. »

Quoi qu'il en soit, Monaco ne reste pas les bras croisés. Les conseillers du Prince mobilisent leurs relations. Parmi elles, Jean-Pierre François, qui a fait partie au début du premier septennat de François Mitterrand de ces mystérieux « visiteurs du soir » que le président de la République prenait l'habitude de consulter.

L'ancien banquier genevois n'est pas à proprement parler un membre des réseaux du Palais. Selon l'un de ses proches, il n'a jamais eu l'intention d'intervenir comme avocat des intérêts monégasques, mais plutôt comme le défenseur des intérêts de la France. C'est dans cet état d'esprit qu'il rencontre Hubert Védrine, le ministre des Affaires étrangères de Lionel Jospin. Sur le contenu de l'échange qui se déroule au Quai d'Orsay, l'ancienne éminence grise de Mitterrand se refuse au moindre commentaire. Mais on peut l'imaginer à travers le jugement sévère qu'il porte sur la démarche des parlementaires Peillon et Montebourg. « Pour moi, c'est une campagne complètement infondée, voire ridicule. À Monaco, il se fait du blanchiment comme dans toutes les places financières, mais c'est ici microscopique, inexistant. Affirmer que la Principauté est une place majeure de blanchiment est une contrevérité. Genève fait cent fois plus, Londres mille fois plus, New York un million de fois plus[20] !... »

Les prête-noms ? « Le monde en est rempli ! poursuit avec véhémence "JPF", comme le surnomment ses amis. Par ailleurs, Monaco est trop mal équipée pour faire du blanchiment et elle est mal placée, puisque sous le strict contrôle de la Banque de France. Les véritables places importantes, je vous le répète, sont ailleurs[21]... »

Malgré ces justifications et les mouvements de mauvaise humeur princiers, la Principauté va bientôt commencer à démontrer sa réelle efficacité dans la lutte contre le crime organisé et le blanchiment de capitaux. Et le patron de la Sûreté publique, Maurice Albertin, n'est pas peu fier de rappeler, au début de 2002, les bons chiffres des diverses actions entreprises par ses services pour l'année précédente : quatre-vingt-onze commissions rogatoires internationales, indépendamment des deux cent onze délégations judiciaires, plus de cinq cents personnes interpellées, ce qui constitue une augmentation des résultats de cent treize pour cent[22].

Malgré des améliorations notables constatées, les autorités monégasques ne risquent-elles pas de se prendre à leur propre jeu ? « En supprimant les avantages fiscaux de la Principauté, plus personne ne voudra venir s'y installer[23] », me résume un spécialiste de la vie monégasque. Et de m'expliquer comment la prospérité monégasque a toujours été basée sur trois piliers : l'environnement exceptionnel, les avantages fiscaux, et la sécurité. « Enlever un de ces piliers et rien ne va plus sur le Rocher[24] », m'affirme-t-il.

L'homme d'affaires franco-suisse Jean-Claude Mimran, dont l'une des sociétés est basée dans la Principauté, partage ce point de vue. « J'y retourne régulièrement, me confie-t-il. Mon bateau mouille au port à l'année. L'atout majeur que possède Monaco concerne mes enfants, âgés de treize et quinze ans. Je sais qu'ils peuvent se rendre seuls à la plage ou au restaurant. Je n'ai aucune crainte. Une liberté que je ne leur accorderai pas à Saint-Tropez ou à Cannes, où traînent trop de voyous[25]. » Les circonstances mystérieuses de la disparition du richissime homme d'affaires juif syrien Edmond Safra, dans son luxueux appartement monégasque, en décembre 1999, viennent pourtant nuancer cette rassurante déclaration.

Après trois jours d'enquête, les autorités monégasques annoncent le résultat de leurs investigations : Safra avait péri asphyxié, dans la salle de bains de son *penthouse*, suite au feu allumé par son infirmier américain. Toujours selon elles, celui-ci aurait agi par « bêtise » en cherchant à « passer pour un héros » aux yeux de son employeur en montant de toutes pièces une agression. L'explication a l'avantage de la clarté. Mais la vie exceptionnelle de l'ancien patron de la *Safra Republic Holdings*, spécialisé dans la gestion de fortune, laisse l'opinion publique sceptique devant cette version. L'infirmier, engagé cinq mois avant le drame, a-t-il agi seul ? Safra n'a-t-il pas été victime d'un règlement de comptes de la Mafia russe ?

Le résident monégasque « se savait menacé depuis longtemps », murmure-t-on dans les milieux financiers londoniens, qui tentent d'accréditer cette thèse. La piste du crime mafieux n'est pas davantage écartée : dans un passé récent le nom du banquier avait été cité, à tort, dans plusieurs scandales financiers en Amérique du Sud, et même de blanchiment d'argent de la drogue, en Colombie.

Si la mort violente de Safra soulève de nombreuses questions sur l'auteur et les commanditaires éventuels, elle en soulève tout autant sur l'efficacité de la sécurité monégasque. Reprenons dans le détail le récit de ce fait divers peu banal.

C'est au cinquième étage de l'appartement du banquier que s'est déroulé le drame. L'infirmier se serait blessé volontairement de deux coups de couteau, pour accréditer sa version d'agression par deux inconnus. Puis il met le feu à une corbeille à papier qui se trouve dans l'infirmerie et la place sous le détecteur d'incendie. C'est à ce moment-là qu'il réveille son patron, ainsi que l'infirmière de garde. Il leur annonce que deux hommes masqués, qui en veulent à la vie du banquier, ont tenté de pénétrer dans l'appartement, mais qu'il a réussi à les repousser. Safra et son infirmière s'enferment dans la salle de bains dont la porte est blindée. Avec son portable, il appelle son épouse Lily qui se trouve dans ses propres appartements. Il lui demande d'appeler sur-le-champ la police. Pendant ce temps, lui-même appelle son garde du corps, Samuel Cohen, qui se trouve ce soir-là dans la propriété du banquier à Villefranche-sur-Mer, la fameuse villa *Leopolda*, où il a notamment reçu dans le passé Ronald Reagan. Au volant de son véhicule, Cohen, un ancien du Shin Beth, les services secrets intérieurs israéliens, arrive dix minutes plus tard devant l'immeuble *La Belle Époque*. Policiers et pompiers sont déjà sur place. Mais ils se retrouvent nez à nez devant une porte blindée close. Dans le hall d'entrée, un grand désordre règne. Les pompiers exigent qu'on les laisse travailler et les fonctionnaires de police s'inquiètent de la présence d'éventuels suspects. Samuel Cohen, qui possède les clefs de l'appartement, tente de passer les différents barrages, mais on lui interdit formellement d'accéder aux étages. En anglais, il essaie de faire comprendre à un fonctionnaire qu'il est en possession des clefs de l'appartement dévoré par les flammes. Mais ce dernier ne comprend pas ce que cet étranger à la mine patibulaire s'efforce de lui dire. Sur les ordres du directeur de l'enquête arrivé sur place, le commissaire Jean-Yves G., le garde du corps est empoigné sans ménagement avant d'être embarqué pour les locaux de la Sûreté. Pendant ce temps, les pompiers décident de passer par le toit pour atteindre l'appartement. Une heure plus tard, ils pénètrent dans la salle de bains où ils découvrent les corps sans vie d'Edmond Safra et de son infirmière, Viviane Torrente. Après vingt-quatre heures de garde à vue, Samuel Cohen est finalement libéré, mais l'affaire fait déjà grand bruit dans les rangs policiers. On est conscient de l'énormité de la boulette et on s'interroge : les vies de Safra et de son infirmière auraient-elles pu être sauvées si on avait davantage porté attention aux déclarations de Samuel Cohen ? Pour l'heure la seule réponse apportée à leur interrogation est la mise sur la touche du patron de la PJ monégasque qui, me laisse-t-on entendre, ne pourrait plus guère prétendre à un quelconque avancement...

Contrairement à l'idée répandue, Monaco n'est donc pas totalement imperméable à la délinquance. Malgré quelques bons chiffres à la fin des années 1990, ceux des premiers mois du nouveau siècle connaissent une augmentation certaine : trois cents infractions supplémentaires constatées en 2001 par rapport à l'année précédente. La Principauté subit-elle le contrecoup de l'augmentation des actes délictueux des Alpes-Maritimes ? C'est l'explication avancée par Maurice Albertin, qui admet une recrudescence des vols de motos et de voitures, ainsi qu'une augmentation du nombre de cambriolages. Satisfecit toutefois pour le patron de la Sûreté en ce qui concerne l'usage de stupéfiants : huit pour cent de diminution, soit cent trente personnes mises en cause contre près de deux cents l'année précédente [26]. Et de promettre que la situation va s'améliorer dans les années à venir, l'homme n'est pas peu fier de diriger une institution policière rassemblant quelque cinq cents fonctionnaires. Soit quinze policiers pour mille habitants.

C'est en février 1990 que Maurice Albertin est détaché en Principauté. Ses détracteurs affirment qu'il est arrivé dans les bagages du procureur général Carrasco. Il est vrai que les deux hommes se sont connus à Périgueux, en Dordogne, où le policier a été en poste pendant cinq ans. Auparavant, le jeune commissaire a appris son métier à la police urbaine de Nice et à celle de Cannes où il restera jusqu'en 1983.

Afin de le seconder, le nouveau patron de la police monégasque fait venir auprès de lui Roger Lanfranchi. C'est sur la Côte d'Azur, au début des années 1970, que ce dernier a également débuté. Inspecteur au sein de la brigade des jeux des Renseignements généraux, il est plus spécialement chargé de la surveillance au casino Ruhl alors dirigé par Jean-Dominique Fratoni, bientôt soupçonné de n'être qu'un prête-nom d'une branche de la Mafia italienne.

Pendant de nombreuses années, Lanfranchi, qui a un faux air du chanteur Marcel Amont, donne l'impression de remplir sa mission consciencieusement. Et avec une efficacité certaine. Notamment lorsqu'il pointe, en 1981, la direction du *Palm Beach*, le prestigieux casino cannois, pour une kyrielle de fraudes. Après le spectaculaire coup de filet, abondamment repris par la presse, certains observateurs restent perplexes. Pourquoi l'étonnante perspicacité de l'enquêteur n'a-t-elle jamais porté ses fruits du côté du Ruhl alors qu'à la même époque le « Napoléon des tapis verts », comme il s'est lui-même surnommé – Jean-Do Fratoni – est la cible de l'Inspection générale de l'administration du ministère de l'Intérieur ? Sans parler du fisc qui réclame à Fratoni la coquette somme de quatre-vingt-dix millions de francs. Puis c'est au tour des incorruptibles de l'IGA (Inspection générale de l'administration) de s'étonner[27]. Les résultats de leurs investigations ne restent pas sans suite : l'inspecteur divisionnaire est déplacé à Paris sans qu'aucun fait précis ne soit relevé à charge. Mais c'est un simple tour de piste. Deux ans plus tard il retrouve la Côte d'Azur avec une affectation à la Police de l'air et des frontières (PAF) de l'aéroport de Nice. Là, il s'occupe plus spécialement de la gestion du salon d'honneur qui voit défiler à longueur d'années riches personnalités libanaises et autres milliardaires saoudiens. Il a cinquante ans lorsqu'il rejoint Monaco, où il devient, selon ses détracteurs, le bras armé de Maurice Albertin[28]. Si les deux policiers se sont connus sur la Côte d'Azur au début des années 1970, d'autres ennemis de Lanfranchi affirment qu'il serait plutôt l'homme de Charles Pasqua, l'ancien ministre de l'Intérieur, intéressé à garder un œil sur les affaires monégasques dans lesquelles vont bientôt apparaître les noms de certaines de ses relations. Le siège de la Sûreté publique est situé rue Louis-Notari. Au dernier étage sont entassées le saint des saints : les archives secrètes du

Rocher, quelque chose comme deux ou trois millions de fiches concernant les banques, toutes les personnes importantes de la Principauté qui ont rendu ou non des services. « Une mine d'or inépuisable et informatisée depuis de nombreuses années[29] », me commente-t-on avec inquiétude.

Lanfranchi est-il devenu l'homme fort du système policier monégasque ? « Il est au courant de tout ce qui se passe. Toutes les procédures passent sur son bureau : affaires urbaines, familiales, civiles, etc. Il lit, il épluche et il trie tout[30] », m'affirme un ancien policier. Une omnipotence dont se défend, bien entendu, l'intéressé.

La nouvelle organisation rationnelle des services mise en place par le duo Albertin-Lanfranchi coïncide en tout cas avec l'ambiance délétère que de nombreux fonctionnaires ne tardent pas à dénoncer. Plus ou moins ouvertement. Et avec plus ou moins de risque.

Antoine P., ancien inspecteur divisionnaire franco-monégasque, grand gaillard svelte, porte avantageusement la cinquantaine. Son accent chantant du midi respire une certaine franchise lorsqu'il commence à me raconter son étonnante histoire. Un récit digne d'un polar à la James Hadley Chase, où se mêlent règlement de comptes, sexe et violence.

C'est en 1975 qu'Antoine P. décide de rejoindre les rangs des policiers de la Sûreté publique. Des raisons familiales – sa belle-mère est sujette du Prince – et l'attrait d'un salaire confortable motivent son choix. Apprécié pour sa discrétion, ses compétences et son efficacité, l'inspecteur va ainsi assurer pendant dix ans la protection des membres de la famille princière. Un travail équivalent à celui des fonctionnaires des VO (voyages officiels) français. Ni plus ni moins, explique-t-il : « Je les accompagnais entre autres lors de leurs nombreux déplacements. En France, à l'étranger. » De cette période, Antoine P. garde d'« excellents » souvenirs sans pouvoir se confier davantage, respectueux du sacro-saint devoir de réserve. C'est à peine s'il admet l'ambiance conviviale qui règne alors au sein de la Sûreté publique.

Il faut dire qu'ils sont alors huit fonctionnaires seulement à assurer cette mission. Actuellement, ils sont cinq fois plus nombreux. L'explosion des effectifs s'expliquant par la nombreuse descendance. Stéphanie et Caroline sont les mères de trois enfants chacune. Les sites sont par ailleurs disséminés. Les Princesses séjournent dans plusieurs lieux différents, éloignés les uns des autres.

Sa reconversion dans les VO monégasques, Antoine l'a réalisée sans difficulté majeure. Durant plusieurs années, il a porté le titre de « contrôleur » dans les activités de la restauration du Palais de la Méditerranée, le prestigieux établissement de la Promenade des Anglais, alors dirigé par Renée Le Roux.

Le Niçois n'a jamais fait mystère de l'affection qu'il porte depuis de nombreuses années à l'ancienne « Dame de fer » des casinos azuréens. Jusqu'au jour où un collègue le prévient : « Tu fréquentes Renée Le Roux. On pense qu'elle se rapproche de Montgolfier pour le dossier de sa fille Agnès... Il faudrait savoir ce qu'elle raconte au procureur. » Le policier lève le pouce immédiatement : « Les gars, on arrête. Renée c'est la famille. On n'y touche pas ! » L'ancien contrôleur se justifie en m'expliquant qu'il n'est ni meilleur ni pire qu'un autre, mais que la trahison et autres coups tordus, ce n'est pas son genre. « Essaie tout de même de comprendre… N'oublie pas non plus qui te paie », insiste-t-on. Puis on devient de plus en plus pressant : Antoine doit s'équiper d'un magnétophone. L'inspecteur est une fois encore catégorique. Il n'est pas question de piéger son ancienne patronne et amie. Son obstination remonte-t-elle au plus haut niveau de sa hiérarchie ? Décide-t-on de décrocher ou au contraire de mater une fois pour toutes le récalcitrant fonctionnaire ? Antoine l'ignore. Troublante coïncidence : c'est à partir de ce moment-là en tout cas que les ennuis commencent pour lui.

Ce jour-là, le 30 mars 2000, Antoine se trouve en congé de maladie à Nice où il réside. La visite de l'un de ses collègues ne le surprend pas outre mesure. Ce dernier lui demande de l'accompagner chez Roger Lanfranchi. Une heure plus tard, les deux hommes pénètrent dans le bureau de l'Inspecteur divisionnaire-chef situé au troisième étage de la direction de la Sûreté publique. Là, il remarque la présence d'un gendarme français et d'un inspecteur divisionnaire. Celui-ci, directeur d'enquête, lui explique qu'il intervient sur commission rogatoire internationale délivrée par le juge Jean-Paul Renard du tribunal de Nice dans le cadre d'une affaire de viol. La victime, Anna T., âgée d'une vingtaine d'années, réside à Cap-d'Ail. De nationalité espagnole, sans profession, elle a déposé plainte en expliquant que son agresseur cagoulé avait réussi à se faire ouvrir la porte de son domicile en citant son nom et sa qualité de policier. L'air sévère de son interlocuteur ne laisse aucune place au doute : il ne s'agit pas d'une mauvaise plaisanterie. L'audition commence. Le fonctionnaire s'explique sur son emploi du temps.

Quelques jours plus tard, Antoine est à nouveau convoqué chez son chef de division. Par mesure conservatoire, on lui fait remettre son arme de service et sa carte professionnelle, et on en profite pour lui administrer un brin de morale : « Tu as fait le con, tu vas te faire révoquer, tu n'auras pas de pension[31]... » Époux aimant et père attentif de trois adolescents, Antoine a l'impression que le ciel lui tombe sur la tête. « J'avoue ne pas avoir vu arriver le coup. Lorsque vous rentrez tous les soirs à la maison, que vous embrassez maman et les gosses, vous ne pensez pas à ce genre de coup tordu. Puis, un jour, on vous annonce que deux gendarmes vous attendent[32]... » Pour mieux assurer sa défense, l'inspecteur accepte de faire valoir ses droits à la retraite anticipée. Il lui reste deux ans de carrière avant de quitter la fonction publique. Sa démission sera acceptée un mois plus tard. Sa drôle d'aventure n'en est pas terminée pour autant. Entre-temps, il a à nouveau été entendu par la justice française. Il comprend que l'affaire est non seulement grave mais qu'il risque de ne pas s'en sortir. La seule issue pour prouver son innocence est de se soumettre à un test ADN. Les résultats sont rapidement connus : négatifs. Le policier est à peine soulagé : « Je savais que je serais blanchi. Mais j'ai quand même flippé pendant quelques jours craignant une éventuelle manipulation[33]. »

Qui et pourquoi ? continue à s'interroger le policier déterminé à connaître coûte que coûte les tenants et les aboutissants de la machination dont il a failli être la victime. Antoine a bien entendu son idée, mais il ne possède aucune preuve. A-t-on voulu lui faire payer au prix fort ses réticences ? Ne va-t-on pas récidiver ?

Méfiant, Antoine sollicite un avocat niçois. Geneviève Garibaldi lui conseille fermement de déposer à son tour une plainte en bonne et due forme. L'instruction démarre à la fin de l'été 2001. Curieux hasard : deux mois plus tard, il apprend par la presse locale que le véritable violeur avait été arrêté et incarcéré à Monaco onze mois auparavant ! L'agresseur présumé : Lorenzo C., un employé italien d'une société de restauration résidant à Vintimille, à la frontière franco-italienne. Devant le magistrat-instructeur monégasque, l'homme, âgé d'une trentaine d'années, a reconnu une demi-douzaine d'agressions pour le seul territoire des Alpes-Maritimes au cours des trois années précédentes...

Le ciel est loin de s'éclaircir pourtant pour Antoine P., qui continue à s'interroger : qui a soufflé son nom ? Et pourquoi ?

Reconverti aujourd'hui dans la sécurité privée, l'ancien policier a longtemps hésité à évoquer publiquement pour la première fois cette « sale affaire », mais reste déterminé à connaître le fin mot de son édifiante aventure. Il affirme beaucoup attendre du procès à venir du « serial violeur ». L'Italien y révélera-t-il dans quelles circonstances son nom avait été soufflé ? Pour l'heure, le suspect croupit dans sa geôle monégasque. Il y reçoit peu de visite. En tout cas pas celle de son avocat toujours pas désigné...

CHAPITRE 17

Les affaires

Août 1996. De mémoire de Monégasque, on n'a jamais connu un tel scandale : un an après son mariage, Daniel Ducruet est photographié au bord d'une piscine dans une villa de Villefranche-sur-Mer, entre Nice et Monaco, dans des poses dignes de figurer dans le *Kama-sutra*. Sa partenaire est une jeune strip-teaseuse d'Anvers, Fili Houteman, Miss Belgique seins nus...

La famille princière, pourtant habituée aux chroniques croquignolettes de la presse *people*, s'inquiète : où le scandale va-t-il s'arrêter ? Et elle a raison de s'interroger en découvrant les magazines européens à fort tirage qui ne craignent pas d'étaler à leur une les clichés compromettant le mari de Stéphanie. *Gente* et *Lu Tremilla,* en Italie, publient ainsi plus de trente pages de photographies ; *Blick,* en Allemagne, montre l'infidèle en pleine action et tout nu, avec un simple carré noir pour dissimuler sa virilité ; *Facts,* en Grande-Bretagne montre les héros dans leur nudité intégrale. Et le pire n'est-il pas à venir lorsque la Sûreté monégasque est informée qu'à Vintimille, commune italienne distante de quelques kilomètres, la vidéo complète des exercices corporels de Daniel et Fili au bord de la fameuse piscine a commencé à se vendre sous le manteau.

À l'issue d'une réunion de crise, Rainier et ses conseillers ont pris leur décision : ils donnent trois mois aux juristes de la principauté pour régler définitivement l'affaire Ducruet. Thierry Lacoste, l'avocat de Stéphanie, est le premier à monter au créneau. « La Princesse se trouve dans un état de tristesse et de déception [1] », déclare-t-il confirmant ainsi les rumeurs d'une séparation rapide. Dans la réalité, selon l'un de ses proches, la jeune femme est furieuse. Et de m'expliquer qu'il y a une sacrée différence entre tromper sa femme et l'humilier publiquement.

Afin de cacher son chagrin, Stéphanie se réfugie à *Roc Agel* en compagnie de Louis et Pauline, ses deux enfants. L'ancien garde du corps préfère, lui, échapper à la curiosité des journalistes en prenant le maquis dans le désert marocain. De l'aveu même de Daniel, les derniers échanges du couple ont été d'une rare intensité. « Plus jamais je ne supporterai que tu poses tes mains sur moi [2] ! », lui aurait lancé sa jeune épouse.

Conformément au vœu du palais, la procédure de divorce est rondement menée. Deux mois à peine après les publications des photos scabreuses, les magistrats de la Cour de révision prononcent la séparation officielle du couple. Un coup dur pour Daniel convaincu d'être tombé dans un traquenard.

La jolie effeuilleuse ? « DD » l'avait rencontrée à la fin du mois de juillet précédent, lors des *24 Heures* automobiles de Spa-Francorchamps. Le rendez-vous avait-il été fixé à ce moment-là ? Qui était au courant ? Qui et pourquoi avait-on décidé de piéger le mari de Stéphanie ? Des paparazzi cupides ? C'est plausible, explique Ducruet, en rappelant que les deux premiers magazines italiens à avoir publié les clichés osés ont dû débourser la coquette somme d'un million de francs (plus de cent cinquante mille euros) : « J'ai compris alors qu'à l'origine de cette conspiration – et le terme n'est pas trop fort – il n'y avait pas seulement une affaire d'argent, mais bel et bien une volonté féroce de me détruire [3]. » Un complot né au palais princier ? La presse s'en fait l'écho, mais sans en apporter la preuve. De son côté, Ducruet ne veut pas – ou ne préfère pas – y croire : « Il m'est impossible de croire qu'un père et grand-père démolisse la vie de sa fille et celle de ses petits-enfants. Non, cela est tout à fait impossible [4]. » Seule consolation pour le « Prince consort » : la justice condamnera sévèrement les photographes par lesquels le scandale était arrivé.

Un malheur n'arrive jamais seul. Un mois après la publication des sulfureux clichés, Ducruet est à nouveau la cible des médias. L'affaire est révélée de l'autre rive des Alpes : Franco, un Italien, a été arrêté dans un hôtel d'Asti par la brigade financière pour une escroquerie portant sur plus de dix millions de francs (un million et demi d'euros). La victime de cette *truffa,* comme la désignent avec ironie les plumitifs ? L'État italien, désagréablement surpris d'apprendre que l'indemnisation de pseudo-dégâts versée à Franco avait été finalement investie dans une société monégasque, la Cogetra, dont Daniel Ducruet est le président. L'affaire est d'autant plus fâcheuse que le juge milanais demande l'assistance de ses collègues monégasques.

Sur le Rocher, le dossier est confié à l'énergique Charles Duchaîne. Après avoir entendu Ducruet durant de nombreuses heures, le magistrat décide de placer ses lignes téléphoniques sur écoute. Conscient du caractère « sensible » du dossier, et pressé par son procureur général, le juge demande cependant aux officiers de police judiciaire de changer la cassette d'enregistrement à chaque fois que les propos échangés seraient susceptibles de porter atteinte à la princesse Stéphanie. « J'avais pris toutes les précautions possibles et imaginables ; en tout cas beaucoup plus que ce que l'on peut attendre d'un juge d'instruction[5] », confiera plus tard l'ancien doyen des juges d'instruction. Une précaution insuffisante, estime toutefois son procureur. Pour Duchaîne, que l'un de ses anciens supérieurs traite de « vindicatif et de velléitaire », il ne peut être question de remettre en cause sa procédure. Mais c'est sans compter sur la Chambre du Conseil – équivalent de la Chambre de l'instruction en France – qui lui donne bientôt tort. Les résultats de ses recherches comporteraient-ils des risques sérieux ? Le Limougeot le suggère en évoquant dans ses rapports l'existence d'un mystérieux « compte joint » entre Ducruet et son ex-épouse sur lequel auraient transité des fonds à l'origine « éminemment suspecte[6] ». Du blanchiment d'argent sale ? Le magistrat en a le sentiment, mais sa démonstration reste à faire. On ne lui en laissera pas le temps puisqu'il est bientôt muté à la tête du pôle financier de Bastia en Haute-Corse. De son côté, Daniel Ducruet nie catégoriquement les faits délictueux reprochés. Avec succès. La magistrate, qui succède à Duchaîne, ne retiendra finalement pas le motif de blanchiment si l'on en croit le rapport qu'elle adresse à son procureur à l'automne 2001. En effet, dans cette notice d'instruction, elle précise plusieurs motifs susceptibles de conduire à la mise en examen de Ducruet et de ses associés, et de citer entre autres la banqueroute frauduleuse et la falsification des écritures comptables de la Cogetra, société immobilière liée à l'entreprise tombée dans le collimateur de la justice italienne[7]. Le parquet n'a pas, à ma connaissance, donné suite à ce document.

Sollicité au printemps 2002, Daniel Ducruet se dit surpris par de telles accusations. « Je n'étais pas au courant, vous me l'apprenez », m'assure-t-il. La Cogetra ? L'homme d'affaires chanteur admet d'autant mieux la connaître qu'il en était le président à Monaco, mais il ne comprend pas les reproches adressés à cette société avant de prévenir : « Je crois que vos sources et vos dossiers ne sont pas bons. Il faut tout remettre dans son contexte[8]. »

« DD » est-il réellement le garçon naïf comme il se plaît à se présenter ? Les résultats de mes investigations laissent planer quelque doute sur la clarté de ses affaires commerciales et sur la dimension sulfureuse de certaines de ses relations d'affaires. On a déjà vu comment sa précédente société de vente en gros de poisson et de conservation n'avait pas tenu toutes ses promesses. Puis ce sera la création d'une énigmatique société de protection pompeusement baptisée WIP (Watch Investigations and Protection) dont les premiers résultats, selon le nouveau P-DG, auraient dépassé ses espérances. D'abord installé à Monaco, le siège de la société s'est pourtant vu contraint de s'exiler dans le quartier chaud de l'Ariane, à Nice, où elle ne tardera pas à fermer ses portes. C'est enfin, au cours de l'année 2000, l'acquisition du *Caliente*, une boîte de nuit située sur la Croisette à Cannes. L'établissement, qui consacre ses soirées à la salsa, a appartenu auparavant à un homme d'affaires, originaire d'Ajaccio, connu, comme on dit, des services de police. Il a notamment fait l'objet d'une interpellation en juillet 1998 par l'office des stups et la PJ de Nice sur une très importante affaire de cocaïne entre l'Amérique du Sud et la France. « Le bateau devait transporter 1,2 tonne mais le chargement ne s'est pas fait[9] », souligne un rapport confidentiel de la Direction centrale de la police judiciaire qui présente le Corse, dont l'interpellation restera sans suite, comme un proche de Jean-Jérôme Colonna, l'ancien parrain de la fameuse « french connection ». Lorsque je souhaite en savoir davantage sur la qualité des relations qu'il entretient avec ces singuliers chefs d'entreprises, Daniel Ducruet clôt la discussion par un définitif : « Pas question[10] ! »

Juin 2000. Un nouveau coup de tonnerre secoue la douce torpeur monégasque : André Palméro, le discret administrateur de la fortune de S.A.S. le Prince de Monaco, est mis en examen dans une affaire d'escroquerie. À l'origine de cette décision judiciaire : l'incorruptible juge d'instruction de Grasse, Jean-Pierre Murciano, qui travaille depuis plusieurs années sur l'affaire dite des « blocs-feuillets » de Monaco.

L'affaire a commencé dix ans plus tôt avec l'arrestation, dans les Alpes-Maritimes, de Jean-Claude Samoey, ancien cadre commercial d'une société de courtage dénommée Valeur & Patrimoine. « On peut dire que j'ai beaucoup donné dans cette affaire : trois mois de préventive, quinze mois avec sursis, obligation d'indemniser des victimes, etc. [11] » se lamente celui-ci lors de notre rencontre sur la Côte d'Azur.

Originaire de Dunkerque, où il a exercé une carrière bancaire pendant vingt-cinq ans, Samoey débarque en 1981 à Nice. Il espère y relancer une carrière professionnelle qui avait tendance jusqu'ici à ronronner. Mais la réalité est plus difficile qu'il ne l'avait imaginée. Il lui faut patienter cinq années avant que la chance lui sourie enfin. Une société spécialisée dans le conseil en gestion – Valeur & Patrimoine – est à la recherche d'un commercial pour placer un large éventail de produits, de l'assurance-vie aux Sicav, et autres produits financiers. Un métier nouveau pour Jean-Claude également séduit par une rémunération confortable. Après un essai concluant, Gérard Lhéritier, le patron de la société dont les locaux sont situés rue Paradis, l'un des quartiers chic de Nice, lui propose de prendre la tête d'un département joliment baptisé « art et collection ». En clair, il s'agit de commercialiser des portefeuilles philatéliques à caractère spéculatif. Lors des réunions de travail qui se déroulent dans un décor feutré, l'autodidacte Lhéritier fixe à ses troupes les objectifs financiers et présente ses nouveaux produits. Parmi eux, le « bloc-feuillet » de Monaco [12]. Lhéritier insiste sur ce produit d'autant plus attractif que les pièces sont rares et prestigieuses, puisque imprimées à la demande de S.A.S. Rainier en personne. De quoi s'agit-il ?

Avant de les mettre sur le marché, les véritables timbres doivent subir différents essais couleur.

Ceux-ci sont réalisés dans les ateliers sous haute protection de l'Imprimerie du Timbre et des Valeurs fiduciaires, installée à Périgueux. Chaque futur timbre fait ainsi l'objet d'essais, sorte de brouillons parmi lesquels le Prince choisira le « bon à tirer ». Dûment paraphé, celui-ci sera renvoyé en Dordogne pour y être imprimé normalement, les autres « brouillons » – environ quinze cents pièces – restant la propriété de la Principauté. Après avoir été durant de longues années voués à la destruction, on décidera, dans les années 1980, de les commercialiser. La tâche est confiée à André Palmero, le gestionnaire des biens privés du Prince et patron de l'office philatélique monégasque. Il les propose moyennant finance à un spécialiste, l'homme d'affaires français Sako Khatchikian, qui les revend à son tour à Gérard Lhéritier. Selon une estimation des enquêteurs, le premier a ainsi vendu au second, entre 1990 et 1996, pour plus de vingt millions de francs (plus de trois millions d'euros) de blocs-feuillets. Soit un prix d'achat situé entre deux et trois cents francs (trente à quarante-cinq euros).

Pour sensibiliser ses acheteurs potentiels, les arguments ne manquent pas : la garantie d'une plus-value annuelle de quatorze pour cent et l'assurance d'un anonymat complet. Une offre tellement alléchante que les commerciaux sont les premiers à acquérir ce qu'ils croient être une source de profit juteuse. « Au bout de deux ans, j'avais réalisé soixante mille francs de plus-value [13] », admet volontiers, penaud, Samoey. Pour trouver les clients, les commerciaux n'ont pas trop d'efforts à fournir, la plupart d'entre eux ayant travaillé dans des établissements bancaires ou dans d'importants cabinets d'assurance qu'ils avaient quittés en récupérant quelques précieux fichiers.

Après des débuts placés sous le signe de l'euphorie, Samoey constate un premier grippage dans la machine : la société refuse de rembourser certains clients dont les contrats arrivent à échéance. Des fins de non-recevoir pour lesquelles elle invoque des arbitrages, c'est-à-dire un échange des anciennes pièces contre des nouvelles supposées rapporter encore davantage. L'argument vise juste. « Les clients ne marchaient pas : ils couraient ! Ils réinvestissaient en ajoutant encore un peu plus d'argent [14] », déplore aujourd'hui Samoey, dont les relations avec son P-DG continuaient toutefois à se détériorer. Finalement, Samoey préfère jeter l'éponge. Il quitte Valeur & Patrimoine pour créer sa propre société à Antibes. Un mauvais coup, estime de son côté Lhéritier. Samoey apprendra plus tard qu'il a été placé sous écoutes.

Au cours de l'été 1990, le temps se gâte pour Samoey accusé par son ancien patron d'irrégularités et de malversations. Rien de moins pour Lhéritier qui n'aura de cesse de dénoncer « l'aptitude au mensonge [15] » et la mythomanie supposée de son ancien collaborateur.

Suite à cette plainte, le Dunkerquois se retrouve mis en examen sans bien comprendre ce qui lui tombe sur la tête. Les motifs sont nombreux : abus de confiance, escroqueries, et exercice illégal de la profession de banquier. Dernière inculpation pour laquelle il sera finalement relaxé. En attendant, le courtier est incarcéré à la maison d'arrêt de Nice, où sa cellule côtoie celle de Francis le Belge. Une compagnie finalement moins contrariante que le régime sévère auquel il est soumis. Il sera ainsi curieusement privé de parloir pendant trois mois.

Samoey est d'autant plus abasourdi et incrédule, qu'il tente à plusieurs reprises d'attirer l'attention de la justice sur ce qu'il considère comme une vaste escroquerie. Mais, de toute évidence, le magistrat niçois chargé du dossier ne souhaite pas déployer un zèle excessif dans une affaire touchant des dirigeants d'entreprise présentés dans les médias comme parfaitement « honorables ».

Pendant ce temps-là, Gérard Lhéritier a en effet relancé de façon spectaculaire les activités de sa société. En 1995, le dynamique chef d'entreprise décroche même la Victoire des Autodidactes, décernée par les anciens de la Harvard Business School et la chambre de commerce et d'industrie de Nice [16]. « À ce moment-là, j'estime à deux cents le nombre des victimes de Valeur & Patrimoine. Lorsque la justice se décide enfin à agir, on en comptabilisera six fois plus [17] », tempête encore aujourd'hui le Ch'timi.

C'est au printemps 1996 que l'entreprenant Lhéritier est effectivement informé de sa mise en examen par Jean-Pierre Murciano. L'escroquerie, selon le magistrat, porte alors sur quatre cents millions de francs et a fait plus de mille deux cents victimes ! Faux, déclare de son côté Gérard Lhéritier qui va désormais se présenter comme la victime d'un complot en dénonçant pêle-mêle un reporter de choc de la télévision régionale, Jean-Claude Honnorat, à l'origine des révélations médiatiques de l'affaire, et les méthodes du juge Murciano. À celui-ci, il reproche entre autres de ne l'avoir jamais entendu depuis sa mise en examen. Pour faire valoir ce qu'il considère comme son bon droit, il adresse ses récriminations à la Chambre d'instruction[18] qui, coup de théâtre, lui donne raison en mai 2001. Sans remettre en cause le fond de l'enquête du magistrat-instructeur, elle décide de dessaisir Jean-Pierre Murciano. Ce dernier est prié de transférer son dossier à un confrère, le juge Richard Rolland, en poste depuis peu au tribunal de grande instance de Nice. Entre-temps, le pugnace magistrat grassois a quand même eu le temps d'adresser toute une série de mises en examen, dont celle d'André Palmero.

Lors de son entretien avec Murciano, l'administrateur des biens privés du Prince, accusé de complicité d'escroquerie, ne nie rien mais rejette tout. Il reconnaît que l'argent a servi à la couronne monégasque, qu'il a permis d'acheter de vrais timbres. Et, afin de prouver sa bonne foi, il tient à présenter plusieurs factures émises par ses services, et une copie des chèques établis par Sako Khatchikian au bénéfice personnel du prince Rainier[19]...

L'annonce de sa mise en examen est considérée sur le Rocher comme un véritable crime de lèse-majesté. D'autant plus insupportable qu'André Palméro décède prématurément deux mois à peine après la décision judiciaire. Un mauvais coup pour le juge Rolland qui entend Ruth Castellini, son assistante, mais comme simple témoin assisté. Si cette dernière a bien été en constante relation avec Sako Khatchikian, aucune activité illégale ne peut lui être reprochée. Sur un plan strictement juridique, l'affaire des « blocs-feuillets » pour sa dimension monégasque a donc fait long feu. Sur le plan médiatique et celui de la morale, les conséquences sont en revanche désastreuses. Si les essais couleur ont certes toujours existé, on est bien obligé de constater qu'on n'en avait jamais fait un commerce. Il reste quelques personnes mises en examen qui crient à la manipulation et bénéficient, en tout état de cause, de la présomption d'innocence.

CHAPITRE 18

Sans la liberté de blâmer

Pour la princesse Caroline, ce 23 janvier 1999 sera dorénavant une double fête : celle de son anniversaire et celle de son mariage. Le nouvel élu s'appelle Ernst August de Hanovre, il a quarante-cinq ans et il est l'héritier de la famille la plus titrée d'Europe. À la fois cousin des Windsors en Grande-Bretagne et des Bourbons d'Espagne, il porte également le titre de duc de Brunswick et Lüneburg et duc de Cumberland, ce qui lui permet de prétendre à la double nationalité britannique et allemande. Malgré cette cascade de distinctions, le troisième époux de l'aînée des Grimaldi reste inconnu du grand public.

Né en 1954, Ernst August est l'aîné d'une fratrie de six enfants. Sa scolarité, il la poursuit dans différents collèges huppés : celui de Salem, en Hollande, et ceux de Boxhill et de Cirencester, en Grande-Bretagne. Là, au Royal Agricultural College, il apprend les rudiments de son métier de propriétaire terrien. Après un séjour au Canada, il revient à Londres où il ouvre finalement une élégante boutique d'horlogerie. Le soir, il participe volontiers aux agapes de la *jet-set* londonienne. C'est au cours de l'une de ces soirées, en 1972, qu'il fait la connaissance de Caroline, qui poursuit ses études dans un pensionnat catholique britannique. Les jeunes gens sympathisent, mais l'Allemand est alors amoureux d'une ravissante et riche blonde, de nationalité suisse : Chantal Hochüli. Contre l'avis de ses parents, le jeune homme l'épouse. Deux enfants voient le jour, mais bientôt le couple commence à battre de l'aile. Une procédure de divorce est engagée. Les chroniqueurs mondains s'interrogent : pourquoi une telle précipitation ? Ils ignorent qu'entre-temps, Ernst August a déclaré sa flamme à Caroline, après l'avoir croisée à quelques occasions.

Sur le Rocher, on sourit au projet. Ce mariage ne serait-il pas une formidable promotion sociale pour Caroline qui deviendrait alors altesse royale et cousine de la reine d'Angleterre ? En privé, Rainier se réjouit de la grande affection réciproque qu'il croit déceler dans le couple. Lorsque l'union est enfin officiellement annoncée, le monarque continue de se montrer élogieux à l'égard de son futur gendre : « Il a une personnalité très forte, très attachante aussi, avec un grand sens de l'humour [1]. » Une façon de parler comme nous allons le voir.

Malgré ce satisfecit, le père de Caroline exige que la cérémonie de mariage se déroule dans l'intimité la plus stricte. Cette discrétion entourant la princesse la plus médiatisée d'Europe ne fait pas, on s'en doute, que des heureux. La presse s'avoue frustrée. Le nouveau mari de Caroline, lui, se dit franchement satisfait. Il est vrai qu'il se montre régulièrement désagréable avec les photographes. Impulsif et colérique, il n'hésite pas à faire le coup de poing ou à jeter son parapluie dans les mollets des paparazzi trop présents. Le « Prince la baston », comme l'affublent rapidement les chasseurs de scoops, refuse de toute évidence le jeu des médias lors des sorties des tourtereaux. La mauvaise humeur répétée du Prince allemand ne décourage pas cependant les reporters dont la curiosité va être bientôt récompensée.

Trois mois après son mariage, Ernst August est l'objet d'une tempête médiatique rarement vue outre-Rhin. Trois hebdomadaires à fort tirage accusent ses grands-parents et son propre père de sympathie avec le régime nazi. À l'appui de leurs révélations, les revues publient des photos sur lesquelles on peut voir les chefs de la famille de Hanovre en compagnie familière avec des officiers à croix gammée, ou encore faire le salut hitlérien.

À ces écrits sur le passé national-socialiste de sa famille, le mari de Caroline répond qu'en 1933 « on ne savait pas que Hitler allait devenir un grand salaud[2] ». Pour ses détracteurs, l'explication est un peu courte. Interrogés, des historiens relativisent le comportement des Hanovre. Pour eux, ces derniers se sont comportés comme toutes les grandes familles princières sympathisantes d'un régime qui leur promettait la restauration de la monarchie et la défense de leurs intérêts financiers. Mais la presse affirme bientôt que la famille conserve toute une pile d'actions des biens « aryanisés », c'est-à-dire pillés à des propriétaires juifs. Dans l'œil du cyclone, Ernst August lance un SOS du côté du Rocher. Rainier, qui suit de très près les péripéties de son nouveau gendre, décide de monter au créneau. Le Prince estime tout ce battage parfaitement « exagéré, inopportun et tout à fait désagréable[3] ». Et d'expliquer : « J'ai une grande méfiance pour ce genre d'actualité que l'on ressort cinquante ans après à l'aide de quelques photos qui ne signifient rien. Le prince de Hanovre a subi cette campagne au moment où il essayait de recouvrer des biens appartenant à sa famille dans l'ancienne Allemagne de l'Est. N'est-il pas utile de rappeler que, comme les autres Allemands de son âge, il n'a pas vécu la Seconde Guerre mondiale et ne saurait donc être impliqué dans ce genre d'affaires[4] ? »

Si la polémique ne va pas tarder à retomber, comme l'avait judicieusement prévu Rainier, elle n'est pas toutefois sans rappeler les reproches dirigés vers le palais princier dans les années 1970 sur l'attitude du Rocher durant l'Occupation et sur la façon dont les passés de certaines personnes ont été mis sous silence. Témoin privilégié de cette drôle d'époque : le propre cousin de Caroline, Christian Noghès, qui se rend compte, alors jeune homme, que le succès professionnel et privé à Monaco variait finalement au gré des humeurs du Palais : « Malgré l'affection que j'ai portée à ma tante Grace, je dois admettre qu'elle avait dû attester, malgré elle, cette façon de se comporter. Par exemple, le mari de l'une de ses amies, malgré son incompétence notoire et un passé d'ancien officier nazi, a été nommé à une fonction importante en même temps qu'il obtenait la citoyenneté monégasque[5]. »

De quelle façon le prince souverain réagit-il lorsque son entourage lui fait part de cette franchise désobligeante ? L'histoire ne le dit pas. Mais il est fort à parier qu'il a dû montrer d'une façon ou d'une autre sa contrariété. Noblesse oblige, le descendant de François « la Malice » supporte mal l'irrévérence.

Il ne tolère pas davantage qu'on puisse s'intéresser de trop près à la gestion de sa Principauté. Surprenante attitude de la part de celui qui n'hésite pourtant pas à se présenter comme « le président du conseil d'administration d'une entreprise qui s'appelle Monaco[6] ».

Au fil des ans, de nombreux journalistes paieront cher leur témérité pour avoir tenté de relever le défi. Parmi eux, un jeune collaborateur de France 3 Méditerranée, Mathieu Proust, qui décide, en 1993, de mettre en images certains chapitres du fameux rapport d'Aubert sur les tentatives de la pénétration de la Mafia en Principauté. Le tournage de son reportage, qui doit être diffusé dans le cadre de l'émission *Enjeux*[7], est loin d'être une sinécure. La plupart des interlocuteurs sollicités refusent poliment son invitation. À l'exception d'un homme d'affaires français, largement impliqué pendant plusieurs années dans les affaires financières monégasques. « J'étais malgré tout méfiant, car le personnage en question semblait développer une singulière parano. Il avait peur d'être assassiné[8] », me raconte Proust. À la fin de ses investigations, le reporter admet que les appréhensions de son interlocuteur ne relèvent pas toutes de son imagination. Lors d'un rendez-vous, il remarque ainsi la présence de fonctionnaires des Renseignements généraux. Simple coïncidence ? Proust n'y croit pas. « L'un de nous deux était forcément sous écoutes[9] », avance-t-il. Il est vrai que les accusations de son témoin-clé ont de quoi mobiliser les « grandes oreilles ». Selon lui, tout le quartier neuf de Fontvieille gagné sur la mer n'a pu être réalisé par un homme d'affaires italien qu'après versement d'une commission substantielle au Palais. Des preuves ? L'accusateur est incapable d'en présenter. Pour le producteur de l'émission, Sampiero Sanguinetti, si le témoignage du financier semble crédible, le commentaire de son reporter doit impérativement se montrer prudent. Malgré ces précautions, la diffusion du reportage est considérée comme une véritable déclaration de guerre, Rainier tenant à prendre personnellement sa plume pour protester auprès d'Alain Juppé, alors ministre des Affaires étrangères. Il y évoque des « propos offensants » à son égard et affirme que l'affaire n'en restera pas là. « Très ému d'imputations si blessantes, je demande que des poursuites soient diligentées, conformément à la loi, à l'encontre des auteurs et complices de cette infraction[10] », avertit le monarque.

Au Quai d'Orsay et à Matignon, on ne cache pas son embarras. On juge sévèrement le comportement de la direction marseillaise de la troisième chaîne. Le Premier ministre, Édouard Balladur, décide d'envoyer Alain Carignon, son ministre de la Communication, afin de présenter au Prince les excuses officielles du gouvernement français. L'ami de trente ans de Jacques Chirac ignore à ce moment-là que le maire de Grenoble allait être bientôt incarcéré pour « recel et complicité d'abus de biens sociaux » dans l'enquête relative à la privatisation des eaux de sa ville.

Malgré cette démarche révérencieuse, et comme Rainier avait prévenu, une procédure judiciaire est bientôt entamée. Une assignation est expédiée à l'auteur du reportage, non pas pour diffamation, mais pour « offense à chef d'État étranger ». L'affaire est rondement menée. Le reporter est mis en examen par un magistrat niçois. Sampiero Sanguinetti, en tant que chef d'antenne, et Danielle Jamet, la journaliste animatrice de l'émission contestée, demandent à subir le même sort. « Par solidarité [11] », m'explique le premier.

Après avoir été débouté en première instance, Rainier obtient satisfaction en appel [12]. Les insolents plumitifs sont condamnés à une amende de cinq mille francs assortie toutefois d'un sursis à exécution... Une condamnation de principe, estime le trio infernal de France 3, dont la direction n'a guère apprécié ce bras de fer avec le Rocher. En guise de sanction, elle décide de rayer purement et simplement l'émission de la grille des programmes. Autrement dit de débarquer Sanguinetti et Jamet qui se voient offrir des postes de chargés de mission à... Palerme, en Sicile ! Sanguinetti y restera sept ans avant de retrouver la Corse, où il planche aujourd'hui sur le palpitant dossier de la télévision numérique. Entre-temps, la présence du jeune Proust a été jugée indésirable dans la cité phocéenne. Doté du statut précaire de pigiste, celui-ci se retrouve du jour au lendemain sans travail. Après quelques mois de galère, la chance toutefois lui sourit. Sollicité par une radio privée, il est expédié en Bosnie afin de « couvrir » la guerre qui sévit alors. De toute évidence les volontaires ne se bousculent pas pour jouer les envoyés spéciaux à Sarajevo. L'offre ne manque pas de piquant lorsqu'on sait qu'elle lui est faite par la direction de l'information de RMC, la radio officielle de la Principauté ! Mis au courant de son contentieux avec le Palais, le rédacteur en chef qui ne peut apparemment pas se passer des services du reporter, lui recommande vivement d'emprunter un pseudonyme. Pendant près d'une année, le nouveau collaborateur de la station monégasque se fera ainsi appeler Vincent Frioul. Une situation cocasse qui ne déplaît pas au facétieux pigiste. « Ce qui m'a surtout impressionné dans cette histoire c'est la puissance de Rainier. Il lui a suffi de décrocher son téléphone pour obtenir mon départ en quelques heures », m'explique aujourd'hui le reporter en guise de conclusion voire de morale de son aventure. Et de s'interroger : « Les choses se seraient-elles déroulées de façon identique si j'avais été journaliste parisien[13] ? » Ce n'est pas si sûr, pourrait compléter de son côté Bernard Langlois qui a lui aussi payé cher l'ire princière.

Ce jour-là, le 14 septembre 1982, rien ne va plus dans les salles de rédaction de l'Hexagone dont les télescripteurs annoncent à quelques heures d'intervalle la disparition tragique de Grace et celle du président libanais Bachir Gemayel, assassiné dans son quartier général de Beyrouth. Langlois est le présentateur du journal d'Antenne 2. Il est conscient que le décès de l'épouse de Rainier va susciter une grande émotion dans le monde entier. Il s'interroge : faut-il ravaler l'assassinat de Bachir Gemayel à la seconde place malgré son importance politique sur la suite des événements du Proche-Orient ? Son choix est clair. Il l'exprime dès l'ouverture du treize-heures dans un commentaire devenu désormais célèbre. Avec une plume d'un rare talent, le futur patron de *Politis*, alors âgé de trente-sept ans, marié et père de deux enfants, y évoque le sort fatal de l'épouse de Rainier en parlant de « la peine ordinaire d'une famille célèbre qui nous était familière par la grâce des gazettes... » Et de conclure : « Curieux destin que celui de Grace Kelly, actrice talentueuse distinguée par un Prince qui lui offrit un jour sa main, sa couronne, et de partager son trône planté sur un caillou cossu, dans un royaume d'opérette. Grace de Monaco est morte, elle aussi, des suites de ses blessures, après un accident d'auto. Cela ne changera rien au destin de l'humanité. Juste un deuil ordinaire [14]. »

Sur le Rocher, le service de presse princier est en ébullition. Un communiqué, aux termes particulièrement vifs, est transmis à l'AFP. Une fois encore, les responsables de la chaîne de la télévision publique se désolidarisent de leur journaliste en jugeant « choquante » la présentation de Langlois. Dans les heures qui suivent la protestation officielle monégasque, ils décident de le relever de ses fonctions et de remettre l'insolent à la disposition de la rédaction.

Quinze années plus tard, les temps ont-ils vraiment changé ? Ce n'est pas le sentiment d'Henry-Jean Servat, animateur, en 1997, d'une émission hebdomadaire sur les ondes de Radio Monte-Carlo, dont il va être prestement remercié après des propos jugés par trop subversifs. Recruté par Jean-Pierre Foucault, alors patron des programmes de RMC, pour raconter des épopées de stars, l'ancien journaliste de *Libération* est, au départ, ravi des conditions de travail qui l'attendent. « Je me rendais une fois par semaine dans la Principauté, où RMC m'avait réservé une chambre à *l'Hôtel de Paris*, l'établissement le plus chic, se souvient-il. Foucault m'invitait dans les plus beaux restaurants. J'enregistrais cinq ou six émissions, puis je remontais à Paris [15]. »

Tout se passe « divinement bien », comme le souligne Servat, jusqu'à la parution de l'un de ses ouvrages. Invité à en assurer la promotion dans une émission de France Inter, l'auteur en profite pour se lâcher sur l'ambiance à la fois fascinante et archaïque régnant dans la Principauté. Un univers que n'auraient pas renié Visconti ou Marcel Proust, une espèce d'*Atlantide*, d'atmosphère de continent voué à la disparition, raconte brillamment le chroniqueur. Puis les questions se font plus précises : Que pensez-vous du monarque actuel ? Est-il méchant et autoritaire ? Servat, qui se présente lorsque ça l'arrange comme un « révolutionnaire », n'est pas du genre à se dérober : « C'est un souverain très bonasse. Il m'amuse beaucoup. Lorsque je le vois avec toutes ses médailles, de la clavicule à la braguette, il me fait penser au général Tapioca [16]. » L'animatrice, ravie, applaudit des deux mains. À Monaco, la comparaison avec le fameux général sud-américain des aventures de *Tintin* est considérée, là encore, comme une insulte suprême. Avant de décider des sanctions, un conseiller de Rainier se fait adresser le script de l'émission. Dans les heures qui suivent, l'affaire est entendue. Servat est convoqué chez Foucault. Le directeur d'antenne, qui connaît sur le bout des doigts les règles de bienséance à observer à RMC où il a commencé sa carrière trente ans plus tôt, ne cache pas sa gêne : « Le directeur général trouve tes propos inadmissibles. Il exige ta tête. Je vais essayer d'arranger cela, mais cela va être très difficile [17]. » Le célèbre animateur de *Qui veut gagner des millions* mesure d'autant plus l'obstacle à franchir qu'il n'ignore pas non plus que la famille princière est un actionnaire important de la station.

Conscient de sa « boulette », Servat estime ne pas pouvoir faire autrement que de se fendre d'une lettre au prince souverain. Une missive dans laquelle il présente ses plus humbles excuses en réclamant sur le ton pathétique du condamné l'indulgence princière. Foucault l'appelle quelques jours plus tard : « Son Altesse a reçu ta lettre mais ses conseillers sont toujours aussi furieux, ils exigent ta tête[18]. » Servat est l'ami des stars qu'il a l'habitude d'interviewer sans grande méchanceté. Peuvent-elles le sortir du mauvais pas dans lequel il s'est mis ? Robert Hossein se dit troublé et se propose de solliciter la clémence de son ami le Prince. Au téléphone, Rainier se veut magnanime mais dorénavant impuissant. « Dire que cela m'a ravi serait exagéré, mais je m'en fiche complètement, lui déclare S.A.S. Je vous promets Robert, ce n'est pas moi qui ai demandé la tête de Servat. Ce sont mes conseillers qui s'occupent de cette affaire[19]. » L'actuel patron du théâtre de Marigny comprend que le sort est en jeté. Foucault confirme bientôt cette impression en annonçant à Servat qu'il est désormais devenu « tricard » dans la Principauté. Un choc et une injustice pour le chroniqueur décidé de revêtir l'habit de l'offensé et d'enfoncer le clou. « Personnellement, j'estime qu'il s'agit d'une attitude grossière et outrancière. À une autre époque, il m'aurait probablement fait jeter dans ses geôles[20] ! » s'étrangle, théâtral et drôle, le journaliste de *Paris-Match*.

Au siège de l'hebdomadaire précisément, où Servat est également collaborateur, Roger Thérond ne cache pas son embarras. L'une des attachées de presse du Rocher s'est spécialement déplacée dans ses bureaux afin de se plaindre d'un comportement jugé inqualifiable. La sanction est implicite : la présence du chroniqueur aux grandes manifestations monégasques comme le Bal de la Rose n'est plus souhaitée. Le patron de *Match* écoute. Il n'est pas homme à céder aux pressions. D'où qu'elles viennent. Il interroge son salarié : « Dois-je me battre pour toi ? » Et d'anticiper les conditions de travail calamiteuses qui l'attendent : « Je vais t'envoyer, mais tu seras non désiré, et ils n'auront de cesse de t'emmerder, ils vont interdire qu'on te donne le moindre renseignement[21]. » Le reporter, chagriné et piqué au vif, est d'accord pour jeter l'éponge.

Cinq années plus tard, Servat accepte de tirer en quelque sorte la morale de son aventure : « Foucault ? Il n'a pas été le chevalier Bayard, mais il s'est montré correct avec moi. J'en veux davantage à ceux qui ont fait du zèle pour obtenir ma tête : le patron de RMC et autres conseillers zélés du Palais. En fin de compte, ils n'ont pas montré une grande intelligence. Rainier m'aurait convoqué, il m'aurait dit : "Henry-Jean, vous avez exagéré, il ne faudra plus recommencer", je serais devenu son homme lige à vie. Mais ses conseillers sont franchement idiots en créant une situation telle que tout le monde a fini par épouser ma querelle[22]... »

Dans le fond, Servat n'est-il pas fier d'avoir rejoint le rang des « bouffons » débarqués par le seul fait du Prince ? Le plus célèbre d'entre eux fut sans aucun doute Coluche, interdit en 1980 de la même antenne de RMC, une semaine seulement après le lancement de son émission. À ce moment-là, la station du sud de la France est en perte de vitesse. L'arrivée du tonitruant comique double l'audience en quelques jours. Il est vrai que l'humoriste n'y va pas avec le dos de la cuillère. Tout y passe : interpellations salaces des auditeurs, gros mots et autres propos rapidement jugés inadmissibles par les auditeurs de la station habitués depuis vingt ans à des émissions convenues et policées. Après les lettres de protestations, c'est au tour du Palais de faire connaître son irritation. Un proche collaborateur de Rainier décroche son téléphone afin de mettre Michel Bassi, le patron de la station, devant ses responsabilités...

Ces oukases sont-ils d'une réelle efficacité ? On peut en douter à voir l'audace de certains humoristes français qui continuent aujourd'hui à brocarder les membres de la famille princière. À commencer par les célèbres *Guignols* de Canal + dont les caricatures font rire jaune sur la French Riviera. La palme de l'insolence revient sûrement à Laurent Gerra dont France 2 ne craindra pas de diffuser, en décembre 2000, un sketch particulièrement grinçant. Voici un extrait de son texte que le jeune et doué imitateur met dans la bouche du comédien mondain Jean-Claude Brialy. Le prétexte de ses bons mots est un grand bal donné sur le Rocher en présence de « rombières et de pétasses emperlouzées ». « Il y avait là aussi tout mes amis de la principauté, raconte sur un ton exagérément maniéré Gerra-Brialy. Le prince Rainier toujours aussi Bibendum. Il était venu avec son fils. On aurait dit "le vieux pneu et sa valve" ! Caroline toujours aussi "J'couche avec un casque à pointe". Stéphanie toujours "Entrez : c'est ouvert". Ils auraient bien invité tous les ex, mais il n'y avait pas assez de place ! Il y avait juste Ducruet, le poissonnier, qui était là avec une nouvelle morue. C'était merveilleux ! Et puis ils ont l'air tous tellement contents qu'Albert ait enfin épousé son bobsleigh. Ils n'attendent plus que la neige sur le Rocher pour pouvoir descendre. Avec les filles, ils ont déjà les tire-fesses, c'est bien ! On se serait cru dans *Gala*, le magazine des têtes couillonnées et des glands de ce monde. Merveilleux ! C'était commenté par mon ami Stéphane Burnes : merveilleux, merveilleux, merveilleux[23] ! »

On l'a compris : à Monaco on ne fait pas de l'information mais de la communication. Et pas n'importe comment. Pour obtenir l'accord d'un tournage dans les locaux de la Société des Bains de mer, tout reporter de télévision doit s'engager par écrit « à ne pas utiliser ou céder tout ou partie de ses prises de vues à des fins pouvant constituer une contre-publicité pour la SBM et pour la principauté de Monaco[24] ».

Au cœur du système : le service de presse du palais. Pendant de nombreuses années, il est dirigé de main de maître par Nadia Lacoste. « Une professionnelle compétente, redoutable et efficace », reconnaît un photographe baroudeur azuréen qui a eu affaire à ses talents durant de longues années. Il se souvient également avec nostalgie de l'époque Lukomski, du nom de son prédécesseur, un ancien reporter qui se reconvertira plus tard dans la protection rapprochée du couple princier. « Georges nous *drivait* comme il l'entendait certes, mais les choses étaient toujours claires avec lui », complète ce témoin jamais complètement dupe du rôle d'un service de presse connaissant parfaitement le fonctionnement des médias. De là à laisser croire à l'existence d'accords privilégiés entre des organes de presse et la Principauté, il n'y a qu'un pas que l'ancien reporter franchit à mots couverts. « C'est complètement faux, s'insurge de son côté un proche de la famille. C'est exactement comme l'histoire d'accords secrets entre les Grimaldi et *Paris-*

Match. Il n'y en a jamais eu et il n'y en aura jamais[25]. » Poussé dans ses retranchements, mon interlocuteur admet en revanche l'existence dans le passé de liens étroits avec l'agence Sygma, à l'époque dirigée par Hubert Henrotte. Et de justifier cette préférence : « Il y a des gens avec lesquels vous travaillez en confiance. Vous savez qu'ils ne vous feront pas d'enfants dans le dos[26]. » Ces faveurs entraînaient-elles des contreparties comme certains, sous le manteau bien sûr, le susurrent ? « C'est impossible », s'insurge à nouveau mon interlocuteur qui reconnaît qu'il a pu être suggéré un jour à Henrotte d'avoir un geste élégant à l'égard de la Croix-Rouge monégasque : « C'est tout à fait possible mais pas autrement choquant. »

L'exclusivité réservée à une agence ne manque pas, bien entendu, de rendre furieux les photographes laissés pour compte. C'est dans ces moments-là que ceux-ci jouent de la qualité des relations entretenues avec l'entourage princier, voire avec les Monaco eux-mêmes. « Lors du mariage de Bjorn Borg, Sygma avait l'exclusivité, se souvient Raph Gatti, successivement reporter pour *Le Patriote*, l'*AFP* puis *Nice-Matin*. Albert arrive dans un lieu qui aurait dû rester secret, puis c'est au tour de Borg, puis de Mariana, la future mariée. Impossible de les photographier ensemble. On était comme des cons. Deux heures plus tard, la princesse Grace quitte la cérémonie. Elle m'aperçoit. Je ne me dégonfle pas. J'explique la situation. Grande professionnelle, elle compatit. Elle appelle l'un des responsables du protocole. Deux minutes plus tard, on voit arriver les jeunes mariés qui acceptent de poser en compagnie du couple princier. Le reporter de Sygma était furieux, mais, en même temps, il avait pu réaliser certaines photos exclusives[27]. »

Si Raph Gatti m'affirme avoir toujours entretenu des relations cordiales avec les Monaco – il n'est pas peu fier ainsi de me tendre la récente photo que lui a adressée le prince Albert en guise de carte de vœux et sur laquelle on le voit en survêtement en train de pousser un bobsleigh –, le grand reporter garde en revanche des souvenirs mitigés des différents Princes consorts. « J'ai failli en venir un jour aux mains avec Ducruet au cours d'un rallye. On s'est engueulés, mais ce n'est guère étonnant avec ce personnage vif et bagarreur [28] », commente le Niçois pourtant connu pour sa grande courtoisie. Des qualités qui ne lui facilitent pas davantage ses rapports avec Stefano Casiraghi qu'il présente comme une personnalité plutôt machiavélique. « Stefano possédait un scanner utilisé par les flics, raconte Gatti. Un jour, il a brusquement quitté sa voiture pour se diriger vers moi, furieux et menaçant : "Si vous continuez à me suivre ou si vous me photographiez, je me tape la tête sur la carrosserie, j'appelle les flics et je leur dis que vous m'avez frappé [29] !" Inutile de dire que j'ai immédiatement abrégé ma course-poursuite [30]. »

Ces différentes anecdotes illustrent l'éternelle ambiguïté entre les professionnels des médias et des personnages publics que sont les Monaco. Comme l'analyse l'un de mes interlocuteurs juristes : « Il y a d'un côté le besoin de cette publicité pour fabriquer une image et de l'autre le refus des contraintes de la notoriété, dont ils ne peuvent pas totalement se passer. » Une contradiction et des relations de plus en plus tumultueuses que les différents protagonistes ont désormais pris le parti de régler devant les tribunaux.

CHAPITRE 19

La monarchie spectacle

Les procédures engagées par les membres de la famille princière monégasque se comptent par dizaines chaque année en France. Rien d'étonnant à ce volume imposant d'actions qui s'explique logiquement par le nombre tout aussi impressionnant de couvertures que la presse *people* leur consacre : plusieurs centaines chaque année dans l'Hexagone.

La plupart de ces jugements ont longtemps été rendus dans l'enceinte de la chambre de la presse au palais de justice de Paris. Puis les conseils de la famille princière ont préféré se transporter à Nanterre, dans la région parisienne. Le choix ne doit rien au hasard. Les délais y sont plus rapides et les magistrats plus cohérents, de leur point de vue, que dans la capitale. Du côté des victimes, on vilipende l'évaluation des dommages et intérêts traditionnellement effectuée par les juges français : « Avec eux, une femme violée obtient en principe quatre-vingt mille francs de dommages et intérêts. À partir de là, il est hallucinant d'accorder cent mille francs pour des clichés pris sur une plage [1]. »

Une différence de culture entre les deux tribunaux ? Un magistrat, longtemps habitué à ces affaires, l'admet : « Il est vrai que le juge formé au pénal a beaucoup de mal en matière de dommages et intérêts. Pour lui, l'important c'est la peine. Quant aux dommages et intérêts, il ne sait pas forcément les évaluer. Il a toujours une grande angoisse de donner trop. Une attitude à mon avis critiquable. Car, d'une manière générale, les victimes sont plutôt mal traitées en dommages et intérêts[2]. »

Toujours à en croire mon interlocuteur, d'autres considérations doivent intervenir dans une décision de justice et qu'il résume en trois mots : bon sens et réalisme. « C'est pas la peine de donner à la victime d'un viol un million de francs si de toute façon à la fin ça fera zéro franc et zéro centime puisque l'agresseur est insolvable[3] », argumente-t-il avec pertinence.

Au TGI de Nanterre, l'afflux de procédures en matière de vie privée commence vraiment au début des années 1990. Il coïncide avec le virage du magazine « familial » *Voici* vers un style plus agressif. Son refus de connivence avec les stars entraîne une cascade de contentieux qui oblige les magistrats à s'organiser. Deux sections sont créées : la première, présidée par Xavier Raguin, se charge des plaintes déposées par les Monaco et le duo vedette de TF1 Claire Chazal-Patrick Poivre d'Arvor ; la seconde récupérant les vedettes du show-business, pas forcément mineures, mais moins habituées des prétoires. Ceux que l'actualité projette sur les couvertures de magazines à l'occasion de la sortie d'un film ou d'un disque. Patrick Bruel relève par exemple de cette catégorie. Idem pour Gérard Depardieu.

Les deux chambres, réunies en une seule depuis septembre 2001, traitent un peu moins de deux cents procédures par an. Soit une soixantaine sur les Monaco. En ce qui concerne le chiffre global des condamnations qui leur sont accordées, les chiffres varient d'une année sur l'autre. En 1999 et 2000, Stéphanie a empoché plus de quatre millions de francs de dommages et intérêts ; son aînée Caroline plus de trois millions ; et Albert aux alentours d'un petit million. Un juste prix, relativise un magistrat, puisque, en fin de compte, le montant moyen varie entre soixante et soixante-dix mille francs[4].

Une réparation tout à fait légitime, estime de son côté un avocat franco-monégasque pour lequel il faut reconnaître la gravité du préjudice moral ressenti par la victime : « Celle-ci vit un véritable calvaire, pourchassée de façon permanente, du matin au soir et du soir au matin, tous les jours de l'année[5]. »

Contrairement à l'idée souvent admise, le montant ne se calcule pas en fonction du gain réalisé par la société éditrice du journal, mais bien en évaluant précisément ce fameux préjudice moral subi. « Un agresseur sexuel n'agit pas en général pour l'appât du gain, m'explique un magistrat. Alors que le patron d'un magazine qui met Caroline ou Stéphanie en couverture sait qu'il en attend un bénéfice[6]. »

Personne ne le conteste : les princesses et les princes monégasques font vendre. Impossible toutefois de connaître des chiffres précis. Dans les sociétés éditrices, la discrétion est de mise. Un ancien rédacteur en chef d'un important hebdomadaire sur papier glacé évalue entre dix et quinze pour cent l'augmentation des ventes. Et d'admettre qu'à l'occasion de certains événements – naissances, mariages, ou disparition tragiques –, elles peuvent carrément exploser.

Sur le Rocher on a parfaitement conscience de cette réalité commerciale. Dans ces conditions, comment trouver moralement répréhensible de tenter de récupérer une part du gâteau ? « Ce que je trouve choquant c'est cette presse de charognards qui ne vit que de ça, s'emporte l'un des avocats de la famille princière et d'autres célébrités du show-biz international. Prenez le cas de *Voici* : pas un seul article consensuel, uniquement des atteintes à la vie privée et des photos volées. Pourquoi accorder la possibilité à cette presse de faire de l'argent sur le dos de la vie privée de mes clients ? Devant les juridictions civiles, je répète : "Ne soyons pas hypocrites. Je vous demande une réparation qui est également une sanction, car nous sommes bien dans une guerre commerciale." En clair, nous souhaitons quelque part le remboursement d'une partie de leurs gains [7]. »

Vu l'importance des sommes en jeu, nettes d'impôts et de charges sociales, les Monaco et leurs conseils n'auraient-ils pas trop tendance à exploiter la situation ? « Depuis le début des années 1990, ils veulent tout contrôler, quelle que soit l'information. Et pour ce faire, ils utilisent un fondement confortable : tout relève de la vie privée [8] », explique Christophe Bigot, le conseil de plusieurs éditeurs parisiens et d'un hebdomadaire populaire à fort tirage. En termes juridiques, ce comportement laisse peu d'initiatives aux patrons de presse. À condition toutefois que les plaignants sachent se montrer cohérents. Ce qui est loin d'être le cas, poursuit encore le jeune et dynamique avocat : « Caroline a attaqué parce qu'elle avait été photographiée en compagnie d'Ernst August de Hanovre lors du très officiel Bal de la Rose où étaient réunies plus de cinq cents personnes [9] ! » L'aînée des Grimaldi n'aura pas davantage de succès lorsqu'elle viendra attaquer l'exploitation de l'image de ses enfants devant le tribunal de Nanterre. Ce dernier lui fera aimablement remarquer que sa requête coïncidait avec la parution d'un ouvrage de photographies signées François-Marie Banier où elle apparaissait en compagnie de sa progéniture dans un lieu privé [10]. Un double jeu donc que les magistrats n'ont pas eu l'intention de laisser passer. « Alors qu'on était parti dans une jurisprudence plutôt protectrice en termes de dommages et intérêts à l'égard de Caroline, on est revenu du coup en arrière [11] », me confie l'un d'entre eux.

Le comportement de la famille princière a-t-il évolué avec le temps ? C'est certain si l'on se souvient par exemple comment Rainier avait tenu à réaliser lui-même les premiers clichés de Caroline et d'Albert. Un juriste parisien spécialisé dans le traitement des affaires *people* souligne cette évolution dans ces termes : « Pendant toute la période de Grace, les relations avec la presse étaient relativement maîtrisables. La vie de la famille monégasque s'étalait peut-être dans certains magazines à forts tirages, mais les photos étaient posées, négociées. Lorsqu'elles étaient parfois volées, elles étaient le plus souvent anodines. Puis, après la disparition tragique de la Princesse, j'ai constaté une évolution, avec des avances, des reculades. Rien de linéaire de leur part. Un moment, il y a eu beaucoup de consensuel, beaucoup d'interviews – avec Stéphanie cela a été très net au moment où elle a voulu imposer

Ducruet à son père –, *Paris-Match* pouvait entrer chez elle sans aucun problème. Après son divorce, elle a totalement changé d'attitude en essayant de séparer plus nettement sa vie publique de sa vie privée [12]. »

Cette dernière résolution, largement constatée, va connaître toutefois quelques ratés. À l'automne 2000, par exemple, lors de la publication d'une série de photos de Louis et Pauline à visage découvert dans *Gala* [13], Stéphanie se dit choquée et ulcérée par « l'exploitation commerciale qui a été faite de l'image et de la vie privée de ses enfants [14] ». Alors proche du dompteur suisse Franco Knie, présenté comme son nouveau compagnon, elle demande à son conseil Thierry Lacoste de dénier désormais le droit à son ex-mari de faire poser leurs enfants pour la presse. La réplique de celui-ci ne se fait pas attendre. Elle lui est transmise par l'intermédiaire de son avocat : « Daniel Ducruet partage avec son ex-épouse les attributs de la puissance paternelle, et, à ce titre, il est aussi juge de l'intérêt de ses enfants. » Avant de préciser : « M. Ducruet dénie le droit à quiconque de faire prendre des risques à ces mêmes enfants, notamment dans le cadre d'un spectacle où leur présence et leur image sont manifestement exploitées par des tiers à des fins mercantiles [15]. » L'avocat de « D.D. » fait allusion ici au spectacle du cirque Knie auquel Pauline a participé et dont les clichés « volés » ont été publiés dans toute la presse internationale.

Tous les contentieux n'aboutissent pas systématiquement devant les tribunaux. Loin de là. Les arrangements financiers sont fréquents. Ils s'achèvent en général par le versement d'indemnités plus ou moins substantielles.

Pour des raisons d'image, des magazines préfèrent parfois la transaction financière à « l'infamie » de devoir reproduire en pleine page leur condamnation judiciaire. C'est le cas ainsi de *Point de Vue* qui a longtemps tenu à conserver son image de revue officielle des têtes couronnées. Dans ces cas-là, les conseils de la famille monégasque obtiennent des sommes légèrement supérieures à celles qu'ils auraient probablement obtenues devant un tribunal. « On apprécie le montant en fonction du reportage, m'explique sans état d'âme l'un d'entre eux. Un article avec deux photos prises lors du Bal de la Rose détournées de leur contexte parce qu'elles se rapportent à un texte évoquant la vie privée, c'est différent par rapport à dix photos de paparazzi. Des affaires valent 30 000 francs, d'autres 80 000 et, exceptionnellement, 150 000 francs [16]. »

Les dérapages plus ou moins contrôlés peuvent en revanche parfois se payer au prix fort. Ce fut le cas au printemps 2001 à l'occasion d'un reportage publié dans un hebdomadaire consacré à Stéphanie. Selon celle-ci, l'accord initial se limitait à un entretien centré sur la parution d'un remix d'*Ouragan*. « Une véritable escroquerie ! », s'emporte l'homme en robe noire qui me conte dans le détail sa version des principales étapes du contentieux : « Il y a eu au départ le rédacteur en chef, qui avait fait pas mal d'articles sur Stéphanie à l'époque où elle avait toutes ses activités professionnelles. Lorsqu'il a appris qu'il y avait la sortie prévue de ce remix, il est allé la voir. La Princesse lui a accordé une interview d'un quart d'heure sur son projet musical. Ensuite, le magnéto a été coupé. Comme ils se connaissaient, ils ont passé la journée entière ensemble à Auron. Le journaliste nous a ensuite communiqué son projet d'article. C'était en décembre 2000, peu avant les fêtes de Noël. On s'est rendu compte que tout ce que Stéphanie lui avait dit – elle a un côté fleur bleue et elle a tendance à faire confiance aux gens – sur sa vie privée était reproduit. J'ai immédiatement envoyé une lettre recommandée au conseil du magazine, puis j'ai eu un échange de courriers très violents avec l'auteur de l'article à qui j'ai répété qu'il avait égratigné le *deal*. Je lui ai dit : "Vous deviez faire paraître cet article sous la condition de la sortie du disque." Je lui ai garanti une interview avec la Princesse dans les semaines suivantes, exclusive, mais portant uniquement sur ses activités professionnelles. C'était peine perdue. Nous avons pris rendez-vous, mais il l'a annulé deux jours avant la parution de l'article. Je l'ai donc assigné dans des termes extrêmement violents [17]. » Malgré ce réquisitoire apparemment convaincant quelques nuances doivent être prises en considération. Après tout un journaliste n'a aucun devoir de complaisance et on ne peut pas exclure le simple malentendu. Quoi qu'il en soit, la direction de l'hebdomadaire n'a pas souhaité s'expliquer devant les tribunaux. En préférant transiger. Le montant de la transaction ? Mon témoin refuse de le dévoiler puisqu'il s'agit d'un accord confidentiel. 400 000 ? 500 000 francs ? « C'est en dessous [18] », finit-il toutefois par lâcher.

Les Monaco condamnés à être transformés en vedettes persécutées à perpétuité ? Depuis leur enfance, ils se sont retrouvés chacun à leur tour, puis tous ensemble, sous les projecteurs des médias et en ont forcément pris leur parti. Ils n'ignorent pas ce que représentent leurs images diffusées partout, la plupart du temps admirées, voire adulées. Albert et ses sœurs savent qu'ils ont hérité de la lourde tâche qu'assumait si brillamment leur mère dans son rôle d'« ambassadrice de charme » : devenir aux yeux du monde entier l'incarnation de Monte-Carlo. Dans la préface d'une hagiographie consacrée aux Grimaldi, Stéphanie reconnaît elle-même qu'« aujourd'hui, aucune princesse ne peut prétendre à une vie privée » puisque le système médiatique le veut ainsi : « La vie m'a appris une chose... c'est que les princesses aux prises avec l'Histoire, ou l'actualité – qui n'est autre que l'histoire du moment présent – connaissent rarement le bonheur. Elles ont de grandes joies et des moments privilégiés, que les autres ne connaîtront pas, mais la vie simple et tranquille... la vie heureuse, franche et naturelle, leur est refusée. Elle l'était hier au nom du pouvoir et de la continuité dynastique. Elle l'est aujourd'hui au nom de la puissance médiatique [19]. »

Ce pouvoir existerait-il si chaque semaine les gazettes ne transcendaient pas le gris des gens simples et ordinaires en rose et en rêves ? « La vie des Monaco fait sans conteste rêver les gens [20] », admet un magistrat parisien spécialisé pendant plusieurs années dans les affaires monégasques, reprenant à son compte l'analyse de Roger Thérond. « C'est notre *Dallas* à nous, et nous n'inventons rien, déclarait en 1984, au *New York Times*, le rédacteur en chef de *Paris-Match*. Le public s'investit dans l'histoire de chaque membre de la famille princière. Il participe, il juge, il condamne, il innocente. C'est une seconde vie pour lui. La vie de palais envahit leur quotidien[21]. »

Thérond croit-il si bien dire ? Un an après cette déclaration, Rainier et Albert contactent à Los Angeles dans la plus grande discrétion les producteurs de la célèbre série. Les Princes souhaiteraient que deux épisodes avec les héros J.R. Ewing (Larry Hagman) et Alexis Carrington (Joan Collins) soient tournés dans leur Principauté. Une promotion internationale pour Monaco et ses activités touristiques. Enthousiasmés, les producteurs demandent à leurs scénaristes de plancher sans attendre sur l'idée d'une histoire dont le décor serait le Rocher. Ils ignorent qu'au même moment, le producteur d'une autre série américaine à succès, *Dynasty*, est invité à rencontrer Rainier à l'*Hôtel de Paris*. Comme ses confrères américains, Aaron Spelling se montre enthousiaste. Il demande quelques jours de réflexion avant de donner sa réponse. Il veut faire étudier le coût d'une telle réalisation par ses comptables. À l'instar de Monaco, Rainier avait oublié que Hollywood est aussi un village. Spelling, de retour en Amérique, découvre que le Palais princier a fait la même offre à la série concurrente. Contrarié, le producteur convainc son alter ego de recaler sans ménagement le projet[22]. Un échec sans grande importance puisque la véritable saga des Monaco continue à faire les beaux jours de la presse internationale du cœur. Après Caroline et Stéphanie, la succession est déjà assurée. Avec le nouveau siècle, Andrea et Charlotte Casiraghi font leur apparition en public et affolent les photographes. Leurs images et leurs premières aventures font déjà les beaux jours de la presse spécialisée. Les derniers-nés ne perdent rien pour attendre. Un échec pour Rainier qui, jeune souverain, affirmait vouloir détruire l'image de pays d'opérette et de lieu de carnaval dont la Principauté était alors affublée ? Probablement, même si le souverain peut continuer à répéter que « s'il fait bon vivre à Monaco, il fait bon aussi d'y travailler[23] »...

Les satisfactions du « Boss » ? Il serait injuste de ne pas les souligner car elles sont multiples : la mise sous terre de la voie de chemin de fer et de la gare, des dizaines de logements sociaux, les deux cent vingt mille mètres carrés gagnés sur la mer dans le nouveau quartier de Fontvieille, le Grimaldi Forum, ou encore l'extension du port Hercule avec sa digue brise-lames. Pour ces dernières réalisations, Rainier a tenu à y associer son fils. « Travailler avec Albert est un grand plaisir. Nous comparons nos points de vue, et les différences d'avis sont toujours constructives[24] », insiste-t-il, en omettant toutefois de dire que le dernier mot lui revient systématiquement.

Depuis 1990, le Prince héréditaire a installé son bureau au Palais qu'il a tenu à redécorer à son goût. Là, il reçoit copie de tous les actes officiels – les audiences, les inaugurations et autres parrainages d'associations –, conscient que sa marge de manœuvre reste toutefois restreinte. Même s'il ne peut l'admettre publiquement : « Si je dis quelque chose qui s'écarte d'une décision de mon père, on dira que je veux prendre sa place. Si je ne dis rien, on pense que je suis un imbécile[25]. » En réalité, le fils tant aimé de Grace est incapable de se démarquer vraiment de son autocrate de père qui décide de tout, du choix de l'uniforme des gardiens de prison à la couleur de la moquette d'une nouvelle salle de congrès, se désole l'un de ses amis d'enfance convaincu que

Rainier, de son vivant, ne lâchera jamais les rênes du pouvoir. « C'est très difficile de vivre dans l'ombre d'un seigneur absolu, explique de son côté Philippe Junot qui n'a jamais caché sa sympathie pour son ex-beau-frère. Rainier a une sérieuse personnalité. Et en même temps beaucoup de sagesse. Cela dit Albert n'est ni le premier ni le seul à rencontrer ce genre de difficultés. Nombreux sont les enfants de chefs d'industrie qui n'arrivent pas à tuer le père comme on dit en psychanalyse[26]... »

L'avenir de la Principauté lorsque Albert pourra enfin assurer la direction des affaires ? Forcément radieux, affirment, unanimes, les membres du premier cercle. « Le Prince n'est pas seulement gentil. Il sait aussi analyser une situation, jauger les gens et couper des têtes si nécessaire », m'affirme l'un d'entre eux. Et un ministre plénipotentiaire, chargé de la coopération internationale pour l'environnement et le développement, d'expliquer : « Par tempérament naturel, il est diplomate. Il cherche le consensus. Taper du poing sur la table, ce n'est pas son genre. Mais, après avoir écouté les uns et les autres, il prend les décisions qui s'imposent, et n'a pas d'états d'âme[27]. »

En attendant son heure, Albert voyage beaucoup. Sa façon à lui de tisser à travers le monde, dans le sport, les affaires et la politique, des liens personnels qui lui seront utiles plus tard. Il profite de sa relative disponibilité pour s'offrir des récréations sportives et amoureuses. Par goût et afin de couper court à certaines rumeurs, il s'applique à offrir des « victimes » aux paparazzi. Claudia Schiffer, Camilla Olsson, Brooke Shields, Angie Everhart ou Tasha de Vasconcellos se sont amusées à s'imaginer en future princesse de Monaco, sans être totalement dupes non plus du badinage qu'on leur faisait jouer. Et certaines d'entre elles de s'interroger : que désire vraiment « Albie », une femme à l'image de sa mère ? « Je n'ai pas dit que je n'allais jamais me marier et que je ne voulais pas avoir d'enfants [28] », répète à longueur d'interviews, stoïque, l'intéressé qui ne souhaite surtout pas commettre d'erreur. « Cela étant, à notre époque, je ne pense pas qu'il soit choquant que quelqu'un de quarante-deux ans ne soit pas encore marié [29] », tient-il aussi à prévenir. Le sous-entendu est clair : le fait de rester un célibataire ne le disqualifie pas pour s'asseoir sur le trône. Son arrière-grand-père, Louis II, n'avait-il pas attendu d'avoir soixante-seize ans pour convoler en justes noces ! Une manière également de rappeler qu'il connaît parfaitement les règles de succession dynastique en vigueur sur son Rocher. Les seules raisons pour perdre ses droits seraient qu'il se marie sans le consentement de son père ou qu'il abjure la religion catholique. Des éventualités qui n'ont jamais effleuré le timide et habile Prince héréditaire, dont le futur mariage sera au même titre que celui de Grace et de Rainier l'un des grands événements des années à venir. Sa façon à lui, et dans l'intérêt de son micro-État, de continuer à jouer son propre rôle dans cette fabuleuse saga princière.

Notes

Avant-propos

1. Entretien avec Alain Lefeuvre, par l'auteur, 29 mars 2002.

2. Entretien avec l'auteur, 29 avril 2002.

3. Ce rapport sur la situation des Droits de l'Homme à travers le monde a été rendu public le 4 mars 2002 aux États-Unis. Il a été précédé d'un avant-propos rédigé par le Secrétaire d'État américain Colin Powell.

4. Lettre du cabinet de S.A.S. le Prince de Monaco à l'auteur, 5 février 2002.

5. Entretien avec Daniel Ducruet, par l'auteur, 13 avril 2002.

6. Lettre de Patrick Leclercq à l'auteur, 13 février 2002.

Prologue

1. Entretien avec Olivier Deleau, par l'auteur, 11 février 2002.

2. Englund Steven, *Grace of Monaco, An Interpretive Biography*, Sphere, 1985.

3. Entretien avec Rainier de Monaco, par Jeffrey Robinson, *Rainier and Grace*, Simon & Schuster, 1989.

4. *The Daily News*, 7 janvier 1956.

5. *Ibid.*

Chapitre 1

1. *Time*, 21 janvier 1956.

2. Pierre Galante, *Paris-Match*, 24 septembre 1982.

3. *Ibid.*

4. Jean Delorme, *Les Grimaldi*, Balland, 1996.

5. Les envoyés spéciaux étaient Jean-Paul Ollivier, André Lacaze, Guillaume Hanoteau, Philippe de Pirey, Jack Garofalo et Jean Manzon.

6. Pierre Galante, *Paris-Match, op. cit*.

7. *Ibid.*

8. *Ibid.*

9. Entretien avec Rainier de Monaco, par José-Luis de Vilallonga, *Gold Gotha*, Seuil, 1972.

10. Pierre Galante, *Paris-Match, op. cit*.

11. Jean-Pierre Aumont, *Le Soleil et les Ombres*, Robert Laffont, 1976.

12. *Ibid.*

13. *Ibid.*

14. *Ibid.*

15. Entretien avec Alec Guiness diffusé dans le documentaire *Grace Kelly, The American Princess*, Gene Feldman, Wombat Production, 1987.

16. Jean Delorme, *Les Grimaldi, op. cit*.

17. Entretien avec Rainier de Monaco, par Christian Brincourt, TF1, *Reportages*, septembre 1993.

18. Gwen Robyns, *Princess Grace*, D. Mac Kay, 1976.

19. Jeffrey Robinson, *Rainier and Grace, op. cit.*
20. *Ibid.*
21. Pierre Joannon, *La Gazette de Monaco*, juin 1996.
22. Lewis Arthur H., *Those Philadelphia Kellys : With a Touch of Grace*, William Morrow, 1977.
23. *Ibid.*
24. *Ibid.*
25. Cité par John Glatt, *The Royal House of Monaco*, St. Martin's Press, 1998.
26. Bob Willonghby, *Dans les coulisses d'Hollywood*, Denoël, 1995.
27. Entretien avec Margaret Kelly, par Richard Gehman, *Los Angeles Examiner*, 15-24 janvier 1956.
28. *Ibid.*
29. Entretien avec Lizanne Le Vine, diffusé dans le documentaire *Grace Kelly, The American Princess, op. cit.*
30. Entretien avec John B. Kelly junior, par C. Hass, *Paris-Match*, 31 décembre 1982.
31. Il s'agit de l'*Evening Bulletin de Philadelphie*, Gwen Robyns, *Princess Grace, op. cit.*
32. *Ciné-Revue*, janvier 1983.
33. Entretien avec Lizanne Le Vine, *op. cit.*
34. *Ibid.*
35. Gwen Robyns, *Princess Grace, op. cit.*
36. *Ibid.*
37. Entretien avec John Kelly Junior, par C. Hass, *op. cit.*
38. James Spada, *The Secret Lives of a Princess*, Doubleday & Company, 1987 ; Janes Ellen Wayne, *Grace Kelly's Men*, St. Martin Press, 1991.
39. Entretien avec Lizanne Le Vine, *op. cit.*
40. Jeffrey Robinson, *Rainier and Grace, op. cit.*

41. *Ibid.*
42. *Ciné-Revue, op. cit.*
43. Entretien avec John Kelly Junior, par C. Hass, *op. cit.*
44. Nigel Cawthorne, *La Vie sexuelle des déesses d'Hollywood*, Evergreen, 1999.
45. James Spada, *Grace, The Secret Life of a Princess, op. cit.*
46. Jackie Collins, *Les Dessous d'Hollywood*, J'ai lu, 1999.
47. *Ibid.*
48. *Ciné-Revue, op. cit.*
49. *Ibid.*
50. Lewis Arthur H., *Those Philadelphia Kellys : With a Touch of Grace, op. cit.*
51. Témoignage de Rita Gam diffusé dans le documentaire *Grace Kelly, The American Princess, op. cit.*
52. Témoignage de Katy Jurado diffusé dans le documentaire *Grace Kelly, The American Princess, op. cit.*
53. Nigel Cawthorne, *La Vie sexuelle des déesses d'Hollywood, op. cit.*
54. *Ciné-Revue, op. cit.*
55. Cité dans *Grace Kelly, Princesse de cinéma*, par Serge Benhamou et Stanislas Choko, Le Collectionneur, 1992.
56. *Ibid.*
57. Janes Ellen Wayne, *Grace Kelly's Men, op. cit.*
58. Charles Higham, *Cary Grant, un cœur solitaire,* Sylvie Messager, 1989.
59. *Ibid.*
60. Willi Frishchauer, *Qui donc êtes-vous, monsieur Onassis ?*, Trévise, 1969.
61. Entretien avec Brigitte Auber, par l'auteur, 17 juillet 2001.

62. *Ibid.*

63. Entretien avec Raph Gatti, par l'auteur, 18 février 2002.

64. Témoignage de Rita Gam diffusé dans le documentaire *Grace Kelly, The American Princess, op. cit.*

65. Cité dans *Grace Kelly, Princesse de cinéma*, par Serge Benhamou et Stanislas Choko, *op. cit.*

66. Bob Willonghby, *Dans les coulisses d'Hollywood, op. cit.*

67. Jeffrey Robinson, *Rainier and Grace, op. cit.*

68. Oleg Cassini, *My Own Fashion*, Simon & Schuster, 1987.

69. *Ibid.*

70. Robert Lacey, *Grace,* Acontrario, 1984.

71. Oleg Cassini, *My Own Fashion, op. cit.*

72. *Ibid.*

73. *Ibid.*

74. Jackie Collins, *Les Dessous d'Hollywood, op. cit.*

75. Oleg Cassini, *My Own Fashion, op. cit.*

Chapitre 2

1. Italo Bazzoli et Philippe Erlanger, *Fascinant Monte-Carlo*, Bazzoli, 1984.

2. Michel-Yves Mourou, *Princesses Grimaldi,* Éditions de Monaco, 1997.

3. Entretien avec Michel Fuchs, par l'auteur, 10 mars 2002.

4. René Diana, *Annales monégasques*, numéro 4, 1980.

5. Jean des Cars, *Il était une fois Monaco,* Le Rocher, 1996.

6. Labande Léon-Honoré, *Histoire de la principauté de Monaco,* réimpression de l'édition de Monaco-Paris, 1934, Laffitte Reprints, Marseille, 1980.

7. Entretien avec l'auteur, 6 juin 2002.

8. Lettre de Victor Jeannequin en date du 12 mai 1942, à Pierre Bressy, haut fonctionnaire du département Europe au ministère des affaires étrangères français. Archives nationales.

9. Entretien avec Pierre Abramovici, par l'auteur, 8 novembre 2001.

10. Cité par Jean Gallois, *Les Polignac, mécènes du XXe siècle,* Le Rocher, 1995.

11. Entretien avec Antoinette Grimaldi, par Sylvie Ruau de Taille, *France-Dimanche,* 18 janvier 2002.

12. Jeffrey Robinson, *Rainier and Grace, op. cit.*

13. Qualité citée dans l'ordonnance de Louis II promulguée le 8 février 1930.

14. *France-Dimanche, op. cit.*

15. Propos rapportés à l'auteur par un des rares confidents d'Antoinette qui a préféré conserver l'anonymat.

16. Entretien avec Pierre Abramovici, par l'auteur, *op. cit.*

17. Françoise de Bernardy, *Histoire des Princes de Monaco : de Rainier I à Rainier III,* Plon, 1960.

18. Entretien avec l'auteur.

19. René Girier s'est éteint au début de l'année 2001 dans une maison de retraite de Reims, à l'âge de quatre-vingts ans.

20. Jeffrey Robinson, *Rainier and Grace, op. cit.*

21. *Ibid.*

22. *Ibid.*

23. Bertrand Meyer, *Les Monaco,* Plon, 1988.

24. Entretien avec Robert Jégaden, par l'auteur, 9 octobre 2001.

25. Jeffrey Robinson, *Rainier and Grace, op. cit.*

26. Extrait du rapport de police du commissariat de Beausoleil en date du 27 avril 1933. Archives nationales.

27. *Vu,* 19 avril 1933.

28. Témoignage publié à l'occasion du mariage du prince Rainier dans l'ouvrage *Monaco dans sa splendeur,* Raoul Solar, 1956.

29. *Ibid.*

Chapitre 3

1. Entretien avec Jean-Louis Panicacci, par l'auteur, le 20 décembre 2001. M. Panicacci est également le coauteur avec Pascal Molinari de *Menton dans la tourmente,* Annales de la Société d'Art et d'Histoire du Mentonnais, 1984.

2. *Le Journal de Monaco,* 2 octobre 1941.

3. Lettre de Victor Jeannequin en date du 18 février 1942, à Pierre Bressy, haut fonctionnaire du département Europe au ministère des affaires étrangères français à Vichy. Archives nationales.

4. Entretien avec Olivier Deleau, par l'auteur, *op. cit.*

5. Lettre de Victor Jeannequin en date du 12 mai 1942, à Pierre Bressy, haut fonctionnaire du département Europe au ministère des affaires étrangères français. Archives nationales.

6. *Ibid.*

7. *Ibid.*

8. Note confidentielle de Victor Jeannequin, chargé du consulat général de France à Monaco, en

date du 19 août 1942, à Pierre Laval, chef du gouvernement du maréchal Pétain. Archives nationales.

9. *Ibid.*

10. *Ibid.*

11. Note secrète de Émile Roblot, en date du 4 octobre 1944. Archives nationales.

12. Entretien avec l'auteur, 12 février 2002.

13. Lettre de Olivier Deleau, consul général de France à Monaco, en date du 28 octobre 1943, à Charles Rochat, secrétaire général des affaires étrangères à Vichy. Archives nationales.

14. Entretien avec Olivier Deleau, par l'auteur, *op. cit.*

15. *Ibid.*

16. Propos de la Princesse Antoinette rapportés dans une note secrète rédigé par Émile Roblot le 4 octobre 1944. Archives nationales.

17. *Ibid.*

18. *Ibid.*

19. *Ibid.*

20. Si elle manque de justesse de se faire tondre à la Libération, Arletty écope toutefois d'un mois et demi de prison pour « faits de collaboration ».

21. Entretien avec Pierre Abramavoci, par l'auteur, *op. cit.*

22. Entretien avec Renée Le Roux, par l'auteur, 12 février 2002.

23. *Daily Telegraph*, 19 juillet 1997.

24. *Combat*, 22 septembre 1944.

25. Entretien avec Rainier de Monaco, par Michel de Grèce, *Point de vue et images du monde*, 4 juillet 1995.

26. Entretien avec l'auteur, 12 février 2002.

27. Entretien avec Olivier Deleau, par l'auteur, *op. cit.*

28. Entretien avec Rainier de Monaco, par Michel de Grèce, *op. cit.*

29. *Ibid.*

30. *Ibid.*

31. *The Saturday Evening Post*, 26 février 1962.

32. Entretien avec Rainier de Monaco, par David Schoenbron, *Collier's*, 9 décembre 1955.

33. *Ibid.*

34. Jeffrey Robinson, *Rainier and Grace, op. cit.*

35. Entretien avec Jackie Georgeault, par l'auteur, 18 mars 2002.

36. Extrait de la conférence de presse en anglais de Rainier réalisé par *NBC News* en décembre 1955 et diffusé dans le documentaire *Grace Kelly, The American Princess, op. cit.*

37. Entretien avec Peggy Kelly-Carlan, par Gwen Robyns, *Princess Grace, op. cit.*

38. Entretien avec Grace de Monaco, par Curtis Bill Peper, *Nouvelle Agence*, mars 1976.

39. Entretien avec Margaret Kelly, par Richard Gehman, *Los Angeles Examiner*, 15 janvier 1956.

40. *Ibid.*

41. Entretien avec Grace de Monaco, par Curtis Bill Peper, *op. cit.*

42. *Ibid.*

43. *Palace, My Life in the Royal Family of Monaco*, Atheneum Publishers, New York, 1986.

Chapitre 4

1. Extrait d'une actualité cinématographique diffusée dans le documentaire *Grace Kelly, The American Princess, op. cit.*

2. Témoignage de Tom Brewster reproduit dans l'ouvrage d'Howell Conant, *Grace*, La Martinière, 1993.

3. *Palace, My Life in the Royal Family of Monaco, op. cit.*

4. Entretien avec Lizanne Kelly Le Vine, *op. cit.*

5. Patrick Renaudot, *Cocteau et Monaco*, Rocher, 1999.

6. Raoul Solar, *Monaco dans sa splendeur, op. cit.*

7. *Ibid.*

8. Frédéric Mitterrand dédicace ainsi son ouvrage *Monte-Carlo, la légende,* Assouline, 1993, à la Société des Bains de Mer...

9. Entretien avec Grace de Monaco, par Curtis Bill Peper, *op. cit.*

10. *Ibid.*

11. Entretien avec Alain Georgeault, par l'auteur, 12 février 2002.

12. Serge Benhamou et Stanislas Choko, *Grace Kelly, Princesse de cinéma, op. cit.*

13. Jeffrey Robinson, *Rainier and Grace, op. cit.*

Chapitre 5

1. Entretien avec Grace de Monaco, avec Curtis Bill Peper, *op. cit.*

2. Entretien avec Grace de Monaco par Barbara Walters, diffusé dans *Today Show,* NBC, 3 août 1996.

3. *Palace, My Life in the Royal Family of Monaco, op. cit.*

4. *Jours de France,* 18 avril 1981.

5. Michel-Yves Mourou, *Princesses Grimaldi, op. cit.*

6. Michel Guerrin, *Profession photo-reporter*, Centre Georges Pompidou/Au vif du sujet, Gallimard, 1988.

7. *Paris-Jour*, 12 octobre 1959.

8. *Palace, My Life in the Royal Family of Monaco, op. cit*.

9. *Ibid*.

10. *France-Dimanche, op. cit*.

11. Entretien avec Romy Raceque, par l'auteur, 6 avril 2002.

12. Entretien avec la Princesse Grace, publié dans *McCall's Magazine*, en décembre 1974.

13. *Jours de France, op. cit*.

14. Yves Ranc, *Jours de France*, 21 janvier 1961.

Chapitre 6

1. *Le Monde,* 26 janvier 1962.

2. *Ibid.*

3. *Ibid.*

4. Émile Pelletier, *Traversée d'une époque*, édité à compte d'auteur, 1974.

5. *The Saturday Evening Post*, *op. cit*.

6. Émile Pelletier, *Traversée d'une époque, op. cit*.

7. Robert Lacey, *Grace*, *op. cit*.

8. *Ibid.*

9. Émile Pelletier, *Traversée d'une époque, op. cit*.

10. Anecdote rapportée par Janes Ellen Wayne, *Grace Kelly's Men, op. cit*.

11. Bertrand Meyer-Stabley, *La Véritable Jackie*, Pygmalion-Gérard Watelet, 1999.

12. Entretien avec Renée Le Roux, par l'auteur, *op. cit*.

13. Willi Frischauer, *Qui êtes-vous, monsieur Onassis ?, op. cit*.

14. *Ibid.*

15. *Ibid.*
16. *Ibid.*
17. Entretien avec Grace de Monaco, *Playboy*, janvier 1966.
18. Willi Frischauer, *Qui êtes-vous, monsieur Onassis ?, op. cit.*
19. *Ibid.*
20. *Ibid.*
21. *Ibid.*
22. *Ibid.*
23. *Ibid.*
24. *Jours de France, op. cit.*
25. *Palace, My Life in the Royal Family of Monaco, op. cit.*
26. Témoignage de Rita Gam diffusé dans le documentaire *Grace Kelly, The American Princess, op. cit.*
27. Cité par Martine Bartolomei, *Grace de Monaco*, Soline, 1993.
28. *Ibid.*
29. *Ibid.*
30. *Jours de France, op. cit.*
31. *Ibid.*
32. *Ibid.*
33. Robert Lacey, *Grace, op. cit.*
34. Oleg Cassini, *My Own Fashion, op. cit.*
35. *Playboy, op. cit.*

Chapitre 7

1. *Point de vue et images du monde,* 28 janvier 1977.
2. *Ibid.*
3. *Paris-Match*, 28 janvier 1993.

4. Entretien avec Gregory Peck, par Gisèle Galante, *Paris-Match,* 23 septembre 1983.

5. *Ibid.*

6. Documentaire *Grace Kelly, The American Princess, op. cit.*

7. L'ouvrage en question s'intitule *Mon livre de fleurs,* Jean-Claude Marsan, 1986.

8. *Jours de France, op. cit.*

9. Entretien avec l'auteur, 17 février 2002.

10. *Ibid.*

11. Jean Delorme, *Les Grimaldi, op. cit.*

12. John Glatt, *The Royal House of Monaco, op. cit.*

13. *Point de vue et images du monde, op. cit.*

14. Entretien avec Grace de Monaco, *The Philadelphia Evening Bulletin,* juillet 1971.

15. Entretien avec Mireille Coutrix, par l'auteur, 16 février 2002.

16. Entretien avec Nelly Cristin, par l'auteur, 11 avril 2002.

17. Judy Balaban Quine, *The Bridesmaids : Grace Kelly and Six Intimate Friends,* Weidenfeld & Nicolson, 1989.

18. Pierre Joannon, *La Gazette de Monaco, op. cit.*

19. Entretien avec l'auteur, 22 juin 2001.

20. Cathal O'Shannon, *Sunday Tribune,* 19 septembre 1982.

21. *The Irish Times,* 29 avril 1978.

22. Entretien avec Pierre Joannon, par l'auteur, *op. cit.*

23. Entretien avec Michel Fuchs, par l'auteur, *op. cit.*

24. *Le Canard enchaîné,* 6 octobre 1982.

25. Roger Faligot, *La Résistance irlandaise, 1916-2000,* Terre de Brume, 2001.

26. Pour en savoir davantage sur l'itinéraire de O'Doherty, on peut se référer aux ouvrages suivants : J. Bowyer Bell, *The Irish Troubles, Generation of violence 1967-1992,* Jill MacMillan, Dublin, 1993 (page 383) ; Patrick Bishop et Eamonn Mallie, *The Provisional IRA*, Heinemann, Londres, 1987.

27. Entretien avec l'auteur, 22 juin 2001.

28. Entretien avec Michel Fuchs, par l'auteur, *op. cit*.

29. Courrier de l'auteur à Mme Bairbre de Brûn, en date du 26 novembre 2001.

30. José-Luis de Vilallonga, *Gold Gotha, op. cit*.

31. Philippe Labro, *Paris-Match*, 9 novembre 1979.

32. Courriers électroniques adressés à l'auteur le 18, 20 février et 1er mai 2002.

33. *Ibid.*

34. *Ibid.*

35. *Ibid.*

36. *Ibid.*

37. Entretien avec Dee Brown, publié dans *Sun*, 30 octobre 1977.

38. Entretien avec Anton Katz, publié dans le magazine *W*, octobre 1997.

39. Entretien avec Albert Grimaldi, par Claudine Vernier-Paillier, *Paris-Match*, 19 juin 1981.

40. *Ibid.*

41. Entretien avec Jane Marion, par l'auteur, 16 juin 2001.

42. John Glatt, *The Royal House of Monaco, op. cit*.

43. *Ibid.*

44. *Ibid.*

45. Entretien avec Raph Gatti, par l'auteur, *op. cit*.

46. Entretien avec l'auteur, 10 juillet 2001.

47. Jacques Chancel, *Le Grand Échiquier*, Le Chêne, 1983.
48. Robert Hossein, *La Sentinelle aveugle,* Grasset, 1978.
49. Robert Hossein, *La Nostalgie*, Michel Lafon, 2001.
50. Robert Hossein, *Nomade sans tribu*, Fayard, 1981.
51. John Glatt, *The Royal House of Monaco, op. cit.*
52. Entretien avec Robert Dornhelm, par Robert Lacey, publié dans *Grace* de Robert Lacey, *op. cit.*
53. Entretien avec Philippe Junot, par Robert Lacey, réalisé le 26 novembre 1993, et publié dans l'ouvrage *Grace* de Robert Lacey, *op. cit.* Sollicité dans le cadre de cet ouvrage, Philippe Junot me déclare ne pas se souvenir d'avoir été aussi explicite avec le biographe de Grace. Entretien avec l'auteur, le 3 juin 2002.
54. Entretien avec Grace de Monaco, par Curtis Bill Peper, *op. cit*.
55. *Point de vue et images du monde, op. cit*.
56. *Paris-Match,* 18 octobre 1990.
57. *Point de vue et images du monde, op. cit*.
58. Entretien avec Grace de Monaco, par Howell Conant, *Paris-Match*, 27 janvier 1978.
59. *Palace, My Life in the Royal Family of Monaco, op. cit.*

Chapitre 8

1. Entretien avec Philippe Junot, par l'auteur, 28 mars 2002.
2. *Ibid.*

3. *Ibid.*
4. *Ibid.*
5. Entretien avec Michel Junot, par l'auteur, 21 mars 2002.
6. Entretien avec Philippe Junot, par l'auteur, *op. cit.*
7. *Ibid.*
8. Entretien avec Michel Junot, par l'auteur, *op. cit.*
9. Philippe Labro, *Paris-Match*, 7 juillet 1978.
10. Roger Peyreffite, *Paris-Match,* 7 juillet 1978.
11. Entretien avec Michel Junot, par l'auteur, *op. cit.*
12. *Ibid.*
13. Entretien avec Philippe Junot, par l'auteur, *op. cit.*
14. Entretien avec Michel Junot, par l'auteur, *op. cit.*
15. Entretien avec Philippe Junot, par l'auteur, *op. cit.*
16. *Ibid.*
17. Entretien avec Grace de Monaco, par Mary Fiore, *Paris-Match*, 25 avril 1980.

Chapitre 9

1. Entretien avec Grace de Monaco, par Mary Fiore, *op. cit.*
2. Entretien avec l'auteur, 29 mai 2002.
3. Massimo Gargia, *Extravagances, les folies de la jet-set*, Michel Lafon, 2001.
4. *Daily Mail*, 19 juillet 1980.
5. *Sun*, 25 juillet 1980.

6. Entretien avec Philippe Junot, par Denis Taranto, *Paris-Match,* 4 juillet 1980.

7. *Ibid.*

8. Entretien avec Philippe Junot, par l'auteur, *op. cit.*

9. *Ibid.*

10. *Ibid.*

11. *Paris-Match*, 9 janvier 1981.

12. *Ibid.*

13. Entretien avec Michel Junot, par l'auteur, *op. cit*.

14. *Ibid.*

15. Entretien avec Cary Grant, par Gisèle Galante, *Paris-Match*, 23 septembre 1983.

16. Entretien avec Albert Grimaldi, par Claudine Vernier-Paillier, *Paris-Match*, *op. cit*.

17. Entretien avec Rainier de Monaco, par Michel de Grèce, *op. cit*.

18. *Ibid.*

19. *Ibid.*

20. Entretien avec Alain Georgeault, par l'auteur, *op. cit*.

21. *Paris-Match,* 23 janvier 1993.

22. Entretien avec Albert Grimaldi, par Pépita Dupont, *Paris-Match,* le 22 avril 1982.

23. Service de presse de la Principauté, juin 1981.

24. Entretien avec Caroline de Monaco, par Pépita Dupont, *Paris-Match*, 21 août 1981.

25. Entretien avec Caroline de Monaco, par Pépita Dupont, *op. cit*.

26. *Paris-Match*, 8 octobre 1982.

27. Entretien avec Paul Belmondo, par Jean-Michel Caradec'h, *Paris-Match,* 8 juillet 1983.

28. Entretien avec l'auteur, 21 mars 2002.

29. Entretien avec Grace de Monaco, par Pépita Dupont, *Paris-Match*, 23 avril 1982.

30. *Ibid.*

31. Bertrand Meyer-Stabley, *Caroline de Monaco*, Perrin, 1994.

Chapitre 10

1. John Glatt, *The Royal House of Monaco, op. cit.*
2. *Ibid.*
3. Entretien avec Paul Raimondo, par l'auteur, 18 avril 2002.
4. Entretien avec Yves Phily, par l'auteur, 8 mai 2002.
5. *Ibid.*
6. Jeffrey Robinson, *Rainier and Grace, op. cit.*
7. Entretien avec Yves Phily, par l'auteur, *op. cit.*
8. Jeffrey Robinson, *Rainier and Grace, op. cit.*
9. *Ibid.*
10. Entretien avec l'auteur, 17 février 2002.
11. *Ibid.*
12. John Glatt, *The Royal House of Monaco, op. cit.*
13. Jeffrey Robinson, *Rainier and Grace, op. cit.*
14. John Glatt, *The Royal House of Monaco, op. cit.*
15. Entretien avec Raph Gatti, par l'auteur, *op. cit.*
16. Entretiens avec Roger W. Bencze, par l'auteur, 19 avril et 8 mai 2002.
17. Entretien avec Alain Lefeuvre, par l'auteur, *op. cit.*
18. Entretien avec R.-L. Bianchini, par l'auteur, 12 février 2002.
19. *Ibid.*
20. Entretien avec l'auteur, 17 mars 2002.
21. *Ibid.*

22. Christian Plume & Xavier Pasquini, *Encyclopédie des sectes dans le monde*, Alain Lefeuvre, 1980.

Chapitre 11

1. *Le Matin*, 14 septembre 1982.
2. Entretien avec Alain Georgeault, par l'auteur, *op. cit.*
3. Entretien avec R.-L. Bianchini, par l'auteur, *op. cit.*
4. Entretiens avec Roger W. Bencze, par l'auteur, *op. cit.*
5. *Ibid.*
6. *Le Figaro*, 14 septembre 1982.
7. Entretiens avec Roger W. Bencze, par l'auteur, *op. cit.*
8. *Ibid.*
9. Déposition de Yves Phily, 14 septembre 1982.
10. Entretiens avec Roger W. Bencze, *op. cit.* Sollicité, Albert Dorato m'affirmera ne pas se souvenir d'une telle conversation. Il tiendra également à me préciser que ses fonctions passées l'obligent à un strict devoir de réserve. Entretien téléphonique avec l'auteur, 23 mai 2002.
11. *Libération*, 18 septembre 1982.
12. Entretiens avec Roger W. Bencze, par l'auteur, *op. cit.*
13. Entretien avec Jean Duplay, par l'auteur, 18 septembre 1982.
14. Robert Lacey, *Grace, op. cit.*
15. Guy Mouyrin fera reparler de lui en décembre 2001, lorsqu'il déclarera que Mme Ghislaine Marchal n'a pas été tuée en juin 1991 par son jardinier

marocain, Omar Raddad, mais par des adeptes de l'Ordre du Temple Solaire. Un témoignage accueilli avec « scepticisme » par les enquêteurs.

16. Il s'agit d'un ouvrage édité sous le nom collectif de Péronnik, publié en 1975 aux éditions de la Pensée solaire, Monte-Carlo.

17. Colette Deréal a joué aux côtés de Bing Crosby dans le film *Little Boy Lost* réalisé en 1953 par George Seaton.

18. Entretien avec Jean Martini, par l'auteur, 29 mai 2002.

19. Entretien avec Alain Lefeuvre, par l'auteur, *op. cit.*

20. Entretien avec Michel Tabachnik, par l'auteur, 19 avril 2002.

21. *Ibid.*

22. *Ibid.* Voir également l'ouvrage du chef d'orchestre : *Bouc émissaire, dans le piège du Temple Solaire,* Michel Lafon, 1997.

23. Sollicitée, Mme Yvette Marsan n'a pas souhaité donner suite à ma demande d'entretien. Lettre adressée à l'auteur à la date du 7 mai 2002.

24. Sollicité, M. Jean-Claude Marsan n'a pas souhaité donner suite à ma demande d'entretien. Lettre adressée à l'auteur à la date du 7 mai 2002.

25. Entretiens avec Roger W. Bencze, par l'auteur, *op. cit.*

26. *Ibid.*

27. *Ibid.*

28. Propos recueillis par Michel Franca, *Le Matin,* 16 septembre 1982.

29. Entretien avec Amélie Lequio, par l'auteur, 12 février et 3 mai 2002.

30. *Ibid.*

31. Entretiens avec Roger W. Bencze, par l'auteur, *op. cit.*

32. Entretien avec Yves Phily, par l'auteur, *op. cit.*

33. Entretiens avec Roger W. Bencze, par l'auteur, *op. cit.*

34. Jeffrey Robinson, *Rainier and Grace, op. cit.*

35. *Ibid.*

36. Entretien avec Jeffrey Robinson, par l'auteur, 20 avril 2002.

37. Jeffrey Robinson, *Rainier and Grace, op. cit.*

38. *Ibid.*

39. Entretiens avec Roger W. Bencze, par l'auteur, *op. cit.*

40. *Ibid.*

41. Entretien avec l'auteur, 22 avril 2002.

42. Entretien avec Paul Raimondo, par l'auteur, *op. cit.*

43. Entretiens avec Roger W. Bencze, par l'auteur, *op. cit.*

44. *Ibid.*

Chapitre 12

1. Entretien avec Albert de Monaco, *Le Figaro Magazine*, mars 1986.

2. Sondage *Paris-Match-BVA* publié le 25 février 1983.

3. Jean Cau, *Paris-Match,* le 25 février 1983.

4. Entretien avec France Roche, par l'auteur, 12 mars 2002.

5. Entretien avec l'auteur, 2 mai 2002.

6. Entretien avec Éric Bhat, par l'auteur, 22 juin 2001.

7. *Ibid.*

8. *Ibid.*

9. *Ibid.*

10. Entretien avec Paul Belmondo, par Jean-Michel Caradec'h, *op. cit.*

11. Entretien avec Rainier de Monaco, *Le Figaro Magazine*, 10 avril 1983.

12. *Paris-Match*, 6 janvier 1984.

13. *Ibid.*

14. Entretien avec Marc Bohan, par Virginie Merlin, *Paris-Match*, 3 avril 1987.

15. *Ibid.*

16. Entretien avec l'auteur, 30 avril 2002.

17. Voir du même auteur : *Cousteau, une biographie*, Fayard, 1993.

18. Entretien avec l'auteur, 1er juin 2002.

19. *Ibid.*

20. Soit environ 4 800 euros.

21. Entretien avec l'auteur, 18 avril 2002.

22. Entretien avec l'auteur, 1er juin 2002.

23. Jacques-Yves Cousteau et Yves Paccalet, *La Mer blessée, la Méditerranée*, Flammarion, 1987.

24. *Nice-Matin*, le 25 juillet 1990.

25. *Le Provençal*, 5 août 1991.

26. *Nice-Matin*, 25 janvier 1992

27. *Libération*, 19 février 1992.

28. *Calypso Log* n° 111, avril 1992.

29. Voir également, d'Alexandre Meinesz, *Le Roman noir de l'algue tueuse*, Belin, 1996.

Chapitre 13

1. *Nice-Matin*, 10 juin 1984.

2. Entretien avec l'auteur, 2 mai 2002.

3. Par convention du 25 juillet 1981, Monaco a été élevé au rang d'archevêché placé sous la tutelle du Vatican.

4. TF1, *Reportages, op. cit.*

5. Entretien avec Rainier de Monaco, par Sheridan Morley, *Paris-Match,* 12 octobre 1984.

6. *Ibid.*

7. *Paris-Match*, 4 janvier 1985.

8. Article de Paul Montigny, dans *Le Figaro*, reproduit dans *Le Journal de Monaco*, 16 octobre 1894.

9. Entretien informel avec Robert Sabatier, par l'auteur, 5 novembre 2000.

10. *Ibid.*

11. *Paris-Match*, 3 avril 1987.

12. Entretien avec la Princesse Stéphanie, par Christa Worthington, et publié dans le magazine *Boston Herald*, le 17 novembre 1985.

13. Jeffrey Robinson, *Rainier and Grace, op. cit.*

14. Entretiens avec Agnès H., par l'auteur, 10 et 12 mars 2002.

15. *Ibid.*

16. Cité dans *Vanity Fair*, juillet 1985.

Chapitre 14

1. Philippe Manœuvre, *Paris-Match*, 12 septembre 1986.

2. Entretien avec Brigitte Masson, par l'auteur, 21 juin 2001.

3. Entretien avec Stéphanie de Monaco, par Frédéric Meylan, *Paris-Match*, 23 mai 1986.

4. Entretien avec Albert de Monaco, *Paris-Match*, 11 juillet 1986.

5. *Ibid.*

6. Entretien avec l'auteur, 21 mars 2002

7. Entretien avec l'auteur, 17 mars 2002.

8. Entretien avec Bea Fieldler publié dans *Sun*, 28 mars 1991.

9. *People*, 28 janvier 1993.

10. Déclaration d'Albert de Monaco citée par *VSD*, 9 novembre 2000.

11. Entretien avec l'auteur, 21 mars 2002.

12. Entretien avec l'auteur, 12 février 2002.

13. Entretien avec l'auteur, 30 avril 2002.

Chapitre 15

1. *Paris-Match*, 23 juillet 1986.

2. Les deux autres séances de photos pour *Paris-Match* se sont déroulées en janvier et en décembre 1985.

3. *Paris-Match*, 23 janvier 1987.

4. Entretien avec Caroline de Monaco, *Elle*, 23 août 1986.

5. *Paris-Match*, 18 octobre 1990.

6. *Ibid.*

7. *Paris-Match*, 23 janvier 1987.

8. *Ibid.*

9. Entretien avec Caroline de Monaco, par Paola Fallaci, *Oggi*, 3 avril 1987.

10. *Ibid.*

11. *Daily Mail*, 20 février 1987.

12. *Semana*, 18 février 1987.

13. *VSD*, 24 avril 1987.

14. Entretien avec Stéphanie de Monaco, par Jimmy Gimenez-Arnau, *Jet Set*, juillet 1987.

15. *Ibid.*

16. Entretien avec Stéphanie de Monaco, par Janny Jucaud, *Paris-Match,* 1er juillet 1988.

17. Entretien avec Mario, par l'auteur, 22 avril 2002.

18. *Ibid.*

19. Entretien avec Karl Lagerfeld, *Paris-Match,* 29 décembre 1988.

20. *Point de vue et images du monde,* 12 octobre 1984.

21. *People,* 19 mars 1990.

22. Entretien avec Stéphanie de Monaco, *Hello,* 12 mai 1990.

23. Entretien avec Stéphanie de Monaco, par Frédéric Meylan, *Paris-Match,* 8 mars 1990.

24. *Ibid.*

25. *Ibid.*

26. Entretien avec Patrice Innocenti, *Paris-Match,* 18 octobre 1990.

27. *Ibid.*

28. *Ibid.*

29. Entretien avec l'auteur, 18 février 2002.

30. Il s'agit d'un extrait du rapport sur la criminalité en Corse rédigé par Bernard Legras, procureur général de la cour d'appel de Bastia, en date de juillet 2000, dont l'auteur a pu prendre connaissance.

31. Les ennuis judiciaires des amis de Stefano Casiraghi ont été évoqués dans de nombreux journaux européens, parmi lesquels : *Hello,* 1er avril 1989 et le 12 octobre 1990 ; *New York Times,* 21 octobre 1988 ; *The National Enquirer,* 13 avril 1988 et 23 octobre 1990.

32. Entretien avec le prince Rainier, *Prime Time Live*, janvier 1997.

33. *Ibid.*

34. Entretien avec Rainier de Monaco, par Michel de Grèce, *Point de vue et images du monde, op. cit.*

35. *Bunte*, 29 mai 1991 et *Frau Aktuell*, 25 septembre 1991.

36. Daniel Ducruet, *Lettre à Stéphanie*, J'ai lu, 1997.

37. *Ibid.*

38. *Ibid.*

39. *Ibid.*

40. *Ibid.*

41. *Ibid.*

42. *Ibid.*

43. *Ibid.*

44. *Paris-Match*, 17 décembre 1992.

45. *New York Post*, 12 novembre 1992.

46. *Washington Post*, 26 novembre 1992.

47. Entretien avec Rainier de Monaco, par Michel de Grèce, *Point de vue et images du monde, op. cit.*

48. *Libération*, 3 juillet 1995.

49. *France-Soir*, 3 juillet 1995.

Chapitre 16

1. Extrait du *Rapport de la Commission d'enquête parlementaire sur les moyens de lutter contre les tentations de pénétration de la Mafia en France*, présidée par le Député François d'Aubert, remis au président de l'Assemblée nationale, le 23 janvier 1993.

2. *Le Nouvel Économiste*, 23 novembre 2000.

3. Entretien avec l'auteur, 14 février 2002.

4. Entretien avec l'auteur, 14 février 2002.

5. Sollicité, Gaston Carrasco n'a pas souhaité donner suite à mon offre d'interview. Lettre adressée à l'auteur, 20 mai 2002.

6. Entretien avec l'auteur, 15 février 2002.

7. Pour les faits reprochés, M. Benyamin sera condamné en appel à cent mille francs d'amende et à douze ans de réclusion.

8. Audition de Charles Duchaîne devant la commission parlementaire chargée d'informer sur la délinquance financière, *op. cit.*

9. Entretien avec l'auteur, 13 février 2002.

10. Entretien avec l'auteur, 14 février 2002.

11. Entretien avec William Caruchet, par l'auteur, 16 février 2002.

12. Le rapport d'information rédigé par Vincent Peillon et Arnaud Montebourg a également fait l'objet d'une publication par Édition n° 1 en juin 2000.

13. Entretien avec l'auteur, 17 février 2002.

14. Au-delà de 200 000 francs français, soit 30 000 euros.

15. Soit 200 et 300 milliards de francs.

16. *La Tribune*, 7 mai 1999.

17. Mission d'information sur la délinquance financière, juin 2000, *op. cit.*

18. Entretien avec l'auteur, 14 février 2002.

19. *Ibid.*

20. Entretien avec Jean-Pierre François, par l'auteur, 13 février 2002.

21. *Ibid.*

22. *Monaco Hebdo*, n° 317, 7 février 2002. Malgré cette déclaration de bonne intention, Monaco est une nouvelle fois montré du doigt quelques mois plus tard. La Principauté fait partie des sept États ou territoires, parmi lesquels l'Andorre, le Liberia, le

Liechtenstein et le Vanuatu, à être maintenus dans la « liste noire » des paradis fiscaux non coopératifs de l'Organisation de coopération et de développement économiques. Pour les rapporteurs de l'OCDE, le Rocher n'a pas mis à profit les deux années précédentes pour donner à leur organisation des gages de transparence fiscale et l'aider à lutter contre l'évasion de fonds. L'initiative de l'OCDE est un nouveau mauvais coup porté à la réputation de la monarchie monégasque qui s'expose par ailleurs, à partir d'avril 2003, à des sanctions et autres « mesures défensives ».

23. Entretien avec R.-L. Bianchini, par l'auteur, *op. cit.*

24. *Ibid.*

25. Entretien avec Jean-Claude Mimran, par l'auteur, 10 février 2002.

26. *Monaco Hebdo, op. cit.*

27. Catherine Ehrel et Lionel Duroy, *Libération*, 27 et 28 juin 1985.

28. Sollicité, Maurice Albertin m'a fait savoir par courrier en date du 14 juin 2002, qu'il ne pouvait donner une suite favorable à ma demande d'entretien. Et de me préciser que « choix de sa personne » ne lui « paraissait pas particulièrement idoine, eu égard au thème choisi », c'est-à-dire la famille princière.

29. Entretien avec l'auteur, 3 juin 2002.

30. Entretien avec l'auteur, 17 février 2002.

31. Propos rapportés à l'auteur par Antoine P., 14 février 2002.

32. Entretien avec l'auteur, 17 février 2002.

33. *Ibid.*

Chapitre 17

1. *Le Journal du dimanche*, 5 juillet 1997.

2. Daniel Ducruet, *Lettre à Stéphanie, op. cit.*

3. *Ibid.*

4. *Ibid.*

5. Audition de Charles Duchaîne, doyen des juges d'instruction à Monaco, dans le cadre de la Mission d'information de l'Assemblée nationale sur les obstacles au contrôle et à la répression de la délinquance financière et du blanchiment des capitaux en Europe, avril 2000.

6. *Ibid.*

7. Ces motifs de mise en examen sont énumérés dans une notice d'instruction adressée au procureur général de Monaco sous le numéro 1728/97 et dont l'auteur a pu prendre connaissance.

8. Entretien avec Daniel Ducruet, par l'auteur, *op. cit.*

9. Archives privées de l'auteur.

10. Entretien avec Daniel Ducruet, par l'auteur, *op. cit.*

11. Entretien avec Jean-Claude Samoey, par l'auteur, 17 février 2002.

12. Les gendarmes qui rédigeront le procès-verbal de synthèse de l'affaire auquel l'auteur a eu accès précisent bien que le terme « bloc-feuillet » n'est pas conforme dans le langage philatélique. En effet, expliquent-ils, le « bloc » est un ensemble de timbres qui ne sont pas séparés, tandis que le feuillet est une petite feuille sur laquelle sont imprimés un ou plusieurs timbres, dentelés ou non, et dont les marges portent souvent des inscriptions particulières

comme le nom du pays, l'identification de la commémoration, etc.

13. Entretien avec Jean-Claude Samoey, par l'auteur, *op. cit.*

14. *Ibid.*

15. Il s'agit d'un mémoire de défense comportant plusieurs centaines de pages que Gérard Lhéritier a rédigé à l'intention du juge Murciano.

16. *Nice-Matin*, le 29 novembre 1995 ; *La Tribune*, 8 décembre 1995 ; *Azur Économie*, n° 46, janvier 1996.

17. Entretien avec Jean-Claude Samoey, par l'auteur, *op. cit.*

18. Sollicité, Gérard Lhéritier avait accepté le 24 janvier 2002 le principe d'un entretien au cours duquel il souhaitait me démontrer comment toute l'affaire se résumait à « une histoire de vengeance » montée de toutes pièces par des « faux témoins » et autres « policiers ripoux ». Le mois suivant, quelques heures avant notre rencontre prévue à Nice, l'ancien P-DG préférera annuler notre rendez-vous, selon lui, sur les conseils de ses avocats.

19. M. Khatchikian n'a pas donné suite à la demande d'entretien de l'auteur.

Chapitre 18

1. Entretien avec Rainier de Monaco, par Didier Contant, *Oh là*, 19 mai 1999.

2. *Le Point*, 13 mars 1999.

3. *Oh là, op. cit.*

4. *Ibid.*

5. *Palace, My Life in the Royal Family of Monaco, op. cit.*

6. *L'Express*, 20 août 1987.

7. L'émission en question a été diffusée le 14 avril 1993.

8. Entretien avec Mathieu Proust, par l'auteur, 29 janvier 2002.

9. *Ibid.*

10. Lettre de S.A.S. Rainier III à Alain Juppé en date du 11 mai 1993 dont la copie a été versée à la procédure.

11. Entretien avec Sampiero Sanguinetti, par l'auteur, 30 janvier 2002.

12. Le jugement de première instance est rendu par le TGI de Nice le 20 décembre 1994 ; celui sur le fond est rendu par la cour d'appel d'Aix-en-Provence le 8 juin 1995.

13. Entretien avec Mathieu Proust, par l'auteur, *op. cit.*

14. Extrait du texte de la présentation du journal présenté le 15 septembre 1982 par Bernard Langlois, reproduit dans son intégralité dans *Le Matin* en date du 17 septembre 1982.

15. Entretien avec Henry-Jean Servat, par l'auteur, 10 juillet 2001.

16. *Ibid.*

17. Propos prêtés à J.-P. Foucault et rapportés à l'auteur par H.-J. Servat, 10 juillet 2001.

18. *Ibid.*

19. Propos prêtés à Robert Hossein et rapportés à l'auteur par H.-J. Servat, 10 juillet 2001. Sollicité à plusieurs reprises, Robert Hossein n'a pas souhaité s'exprimer sur le sujet.

20. Entretien avec Henry-Jean Servat, par l'auteur, *op. cit*.

21. Propos prêtés à Roger Thérond et rapportés à l'auteur par H.-J. Servat, 10 juillet 2001.

22. Entretien avec Henry-Jean Servat, par l'auteur, *op. cit*.

23. Sketch extrait du spectacle de Laurent Gerra donné à l'Olympia en 1999 et diffusé sur France 2, le 30 décembre 2000.

24. Archives privées de l'auteur.

25. Entretien avec l'auteur, 21 mars 2002.

26. *Ibid*.

27. Entretien avec Raph Gatti, par l'auteur, *op. cit*.

28. *Ibid*.

29. *Ibid*.

30. *Ibid*.

Chapitre 19

1. Entretien avec l'auteur, 21 mars 2002.

2. *Ibid*.

3. Entretien avec l'auteur, 11 avril 2002.

4. Selon une source judiciaire, je peux préciser que les chiffres exacts des indemnités allouées par le tribunal de Nanterre en 1999 et 2000 aux membres de la famille de Monaco sont les suivants : 59 décisions en faveur de Stéphanie pour un total de 4 110 000 francs (soit 69 661 francs par jugement) ; 41 décisions en faveur de Caroline pour un total de 2 595 000 francs (soit une moyenne de 63 592 francs par jugement) ; et 15 décisions en faveur d'Albert pour un total de 865 000 francs, (soit une moyenne de 57 666 francs par jugement).

5. Entretien avec l'auteur, 21 mars 2002.

6. Entretien avec l'auteur, 11 avril 2002.
7. Entretien avec l'auteur, 21 mars 2002.
8. Entretien avec Christophe Bigot, par l'auteur, 14 mars 2002.
9. *Ibid.*
10. Il s'agit de l'ouvrage *Photographies*, de F.-M. Banier, Denoël, 1991.
11. Entretien avec l'auteur, 11 avril 2002.
12. *Ibid.*
13. *Gala*, 17 août 2000.
14. Communiqué transmis à l'AFP le 8 août 2000.
15. *Gala*, 5 octobre 2000.
16. Entretien avec l'auteur, 21 mars 2002.
17. *Ibid.*
18. Sollicités, le rédacteur en chef, le journaliste et le conseil de l'hebdomadaire en question n'ont pas souhaité s'exprimer sur cette affaire.
19. Préface de Stéphanie de Monaco du livre de Michel-Yves Mourou, *Princesses Grimaldi, op. cit.*
20. Entretien avec l'auteur, 12 avril 2002.
21. Entretien avec Roger Thérond, *New York Times*, 28 août 1984.
22. Information révélée par John Glatt dans son ouvrage *The Royal House of Monaco, op. cit.*
23. *Oh là, op. cit.*
24. *Ibid.*
25. *VSD*, 18 novembre 2000.
26. Entretien avec Philippe Junot, par l'auteur, *op. cit.*
27. *L'Express*, 26 juillet 2001.
28. Entretien avec Albert de Monaco, *Nice-Matin*, 15 mars 2001.
29. *Ibid.*

Remerciements

Je tiens à remercier chaleureusement pour leurs témoignages, conseils, suggestions ou parfois leurs non-dits :

Mmes et Mlles Brigitte Auber, Françoise Boulianne, Régina Chocron, Mireille Coutrix, Nelly Cristin, Viviane Gatti, Nounouss Hélou, Gisèle Galante, Geneviève Garibaldi, Jackie Georgeault, Amélie Lesquio, Jane Marion, Brigitte Masson, Marie-Ange Phily, Romy Rageque, France Roche, Renée Le Roux, Céline Violet, Ghislaine de Wing.

MM. Pierre Abramovici, Maurice Albertin, Franck Barcelo, Pierre-Paul Battesti, Jean-Daniel Belfond, Roger W. Bencze, Éric Bhat, Philippe Bianchi, Stéphane Bern, Roger-Louis Bianchini, Christophe Bigot, Thierry Billard, Jean de Boulogne, Jean des Cars, William Caruchet, Armand Chambaz, Jean Chevais, Jean Crozier, Patrick Declercq, Olivier Deleau, Albert Dorato, Charles Duchaîne, Daniel Ducruet, Roger Faligot, Jean-Pierre François, Michel Fuchs, Raph Gatti, Alain Georgeault, Jean-Claude Honnorat, Robert Jégaden, Pierre Joannon, Jean-Christophe

Joniaux, Michel Junot, Philippe Junot, Mario Oliver, Roger Lanfranchi, Patrick Leclercq, Régis Lécuyer, Gérard Lhéritier, Annie Loyer, Renaud Marhic, Jean Martini-Kim, Alexandre Menesz, Jean-Claude Mimran, Frédéric Mouniama, Hervé Naman, Jean-Louis Panicacci, Yves Phily, Mathieu Proust, Christophe Quelais, Paul Raimondo, Xavier Raguin, Éric Renaud, Guillaume Robert, Jeffrey Robinson, Philippe Reltien, Robert Sabatier, Jean-Claude Samoey, Sampiero Sanguinetti, Henry-Jean Servat, Manu Souza, Michel Tabachnik, Luc Tenard, Jean-François Trocadéro, Bernard Verrando, Jean-Pierre Vergès, Michel Violet.

Sans oublier tous ceux qui ont préféré ne pas être cités.

Dans la perspective d'une future réactualisation de l'ouvrage, l'auteur est d'ores et déjà vivement intéressé par toutes les remarques, suggestions et critiques dont les lectrices et les lecteurs voudront bien lui faire part via son éditeur ou son adresse e-mail : bernard.violet@wanadoo.fr

GÉNÉALOGIE

GÉNÉALOGIE DE LA FAMILLE GRIMALDI

Otto Canella (Consul de Gênes en 1133)

Grimaldo Canella (Consul de Gênes en 1162, 1170 et 1184)

Oberto Grimaldi (Commissaire de Gênes en 1188)

Grimaldo Grimaldi (Membre du conseil de Gênes en 1232 et 1244)

Lanfranco Grimaldi (+1293)

Rainier Ier (+1314) (Amiral de france)

Charles Ier (+1357) (Seigneur de Monaco)

Rainier II (1350 - 1407)

- **Ambroise**
- **Jean Ier** (1382 - 1454)
- **Antoine**

Catalan (+1457)

Claudine (1451 - 1515) (Dame de Monaco)

- **Jean II** (+1505)
- **Lucien** (+1523)
- **Augustin** (+1532)

Honoré Ier (1522 - 1581)

Hercule Ier (1562 - 1604)

Honoré II (1597 - 1662) (Prince de Monaco)

- **Charles II** (1555 - 11589)
- **Hercule II** (1623 - 1651)

Louis Ier (1642 - 1701)

Antoine Ier (1661 - 1731)

Louise-Hippolyte (1697 - 1731)

Honoré III (1720 - 1795)

Honoré IV (1758 - 1819)

- **Honoré V** (1778 - 1841)
- **Florestan Ier** (1785 - 1856) épouse en 1816 Caroline de Lametz

Charles III (1818 - 1889) épouse en 1846 Antoinette de Mérode

GÉNÉALOGIE DE LA FAMILLE GRIMALDI

(SUITE)

Albert Ier (1848 - 1922)
épouse en 1869 Marie-Victoire de Douglas Hamilton
épouse en 1889 Marie-Alice Heine, duchesse de Richelieu

Louis II (1870 - 1949)
épouse en 1946 Ghislaine-Marie Dommanget

Charlotte (1898 - 1977)
épouse en 1920 Pierre, comte de Polignac

Antoinette (1920 -)
Baronne de Massy
épouse en 1951 Alexandre Noghès (1916 -)
Élisabeth (née le 03/07/1947)
Christian (né le 17/01/1949)
Christine (1951 - 1989)
épouse en 1961 Jean-Charles Rey (1914 - 1994)
épouse en 1983 John Brian Gilpin (1930 - 1983)

Rainier III (1923 -)
épouse le 19/04/1956
Grace-Patricia Kelly
(1929 - 1982)

Caroline-Louise-Marguerite (née le 23/01/1957)
Mariée en 1978 à Philippe Junot (1940 -)
Mariée en 1983 à Stefano Casiraghi (1960 - 1990)
Andréa (né le 08/06/1984)
Charlotte (née le 03/08/1986)
Pierre (né le 05/09/1987)
Mariée en 1999 à Ernst August de Hanovre (1954 -)
Alexandra (née le 20/07/1999)

Albert-Alexandre-Louis-Pierre
(né le 14/03/1958)
Prince héréditaire
Marquis des Baux

Stéphanie-Marie-Elisabeth
(née le 01/02/1965)
Mariée en 1995 à Daniel Ducruet (1964 -)
Louis (né le 26/11/1992)
Pauline (née le 04/05/1994)
Camille Grimaldi-Gottlieb (née le 15/07/1998)

Bibliographie

Abramovici, Pierre, *Un rocher bien occupé, Monaco pendant la guerre 1939-1945,* Le Seuil, 2001.

Banier, François-Marie, *Photographies*, Gallimard-Denoël, 1991.

Bartolomei, Martine, *Grace de Monaco,* Soline, 1993.

Bazzoli, Italo et Erlanger, Philippe, *Fascinant Monte-Carlo*, I. Bazzoli, 1984.

Benhamou, Serge et Choko, Stanislas, *Grace Kelly : Princesse du Cinéma,* Collectionneur, 1992.

Bern, Stéphane, *L'Europe des rois*, Lieu Commun, 1988 ; avec Éric Jansen, *Sagas*, TF1 éditions, 2000.

Bernardy, Françoise de, *Histoire des princes de Monaco : de Rainier I à Rainier III*, Plon, 1960.

Bianchini, Roger-Louis, *Monaco, une affaire qui tourne,* Le Seuil, 1992.

Bilger, Philippe, *Plaidoyer pour une presse décriée*, Filipacchi, 2001.

Bradford, Sarah, *Grace*, Presses de la Renaissance, 1984.

Brégeon, Jean-Joël, *Les Grimaldi de Monaco,* Critérion, 1991.

Brion, Patrick, *Hitchcock*, La Martinière, 2000.

CARS, Jean des, *Il était une fois Monaco,* Le Rocher, Monaco, 1976 ; *Grace de Monaco,* Le Rocher, 1999.

CASSINI, Oleg, *In My Own Fashion,* Simon & Schuster, 1987.

CAWTHORNE, Nigel, *Sex Lives of the Hollywood Goddesses*, Prion Books, 1997 ; *La Vie sexuelle des déesses d'Hollywood, Rêves et scandales*, Evergreen, 1999.

CENNI, René, *Monaco, 700 ans d'une dynastie,* Nice-Matin, 1993.

COHEN, Georges, *Grace Kelly*, J'ai lu, 1989.

COLLINS, Jackie, *Les Dessous d'Hollywood*, J'ai lu, 1999.

CONANT Howell, *Grace,* Random House, 1992 et La Martinière, 1993.

CURTIS, Jenny, *Grace Kelly : A Life in Pictures*, Metro Books, 1998.

DAMIEN, Raymond, *Albert Ier*, Institut de Valois, Paris, 1964.

DECAUX, Alain, *Monaco et ses princes, sept siècles d'histoire*, Perrin, 1996.

DELORME, Philippe, *Les Grimaldi, 700 ans d'une dynastie*, Balland, 1996.

DETAILLE, Fernand, *Monaco sous les barbelés,* Serge Klarsfeld, Paris, 1997.

DUCRUET, Daniel, *Lettre à Stéphanie*, Édition nº 1, 1997 et J'ai lu, 1997.

EDWARDS, Anne, *Les Grimaldi, histoire d'une dynastie*, Belfond, 1993.

ENGLUND, Steven, *Grace of Monaco : An Interpretive Biography*, Sphere, 1985.

FEROUDI, Kiki et Karas, Phyllis, *Les Femmes d'Onassis*, Plon, 2000.

GAITHER, Gant, *Princess of Monaco : The Story of Grace Kelly*, Henry Holt et Company, 1957.
GALLOIS, Jean, *Les Polignac, mécènes du XXe siècle*, Le Rocher, 1995.
GALLOIS, Jean-Pierre, *Le Régime international de la principauté de Monaco*, Pedone, 1964.
GLATT, John, *The Royal House of Monaco : Dynasty of Glamour, Tragedy and Scandal*, St Martins, 1998.
GRAVES, Charles, *Gros Jeu*, Amiot-Dumont, 1953.

HAWKINS, Peter, *Prince Rainier of Monaco : His Authorized and Exclusive Story*, W. Kimber, 1966.
HENRI, Brigitte, *Au cœur de la corruption par une commissaire des RG*, Édition n° 1, 2000.
HERALD, George et RADIN, Edward, *Monte-Carlo, un siècle de roulette*, Trévise, 1964.

LABANDE, Léon-Honoré, *Histoire de la principauté de Monaco*, réimpression de l'édition de Monaco-Paris, 1934, Laffitte Reprints, Marseille, 1980.
LACEY, Robert, *Grace*, Acontrario, 1994.
LEWIS, Arthur H., *Those Philadelphia Kellys : With a Touch of Grace*, William Morrow, 1977.

MCCALLUM, *That Kelly Family*, Barnes & Company, 1957.
MEYER-STABLEY, Bertrand, *La Véritable Grace de Monaco*, Corps-16, 2000 et Pygmalion-G. Watelet, 1999, *Caroline de Monaco*, Perrin, 1996 ; *Les Monaco, Altesses superstars*, Plon, 1988.

MITTERRAND, Frédéric, *Destins d'étoiles*, Fixot, 1991, *Monte-Carlo : la légende*, Assouline, 1995.
MIQUEL, André, *Albert de Monaco, prince des mers*, Glénat, 1991.
MOREAU, Thierry, *Ouragan sur le Rocher*, Jacques Grancher, 1996.
MOUROU, Michel-Yves, *Princesses Grimaldi. De Pomeline à Grace, 700 ans de règne*, Monaco, 1997.

NUCÉRA, Louis et DUVAL, Jean-Pierre, *Principauté de Monaco*, Romain Pages Éditions, 1995.

OLLIVIER, Gabriel et NOVELLA, René, *Monaco dans sa splendeur*, Raoul Solar, 1956.

PASTORELLI, Jean, *Histoire de Monaco*, Ministère d'État, Monaco, 1960.
PEILLON, Vincent et MONTEBOURG, Arnaud, *Monaco et le blanchiment, Un territoire complaisant sous protection française*, Rapport parlementaire, Édition n° 1, 2000.
PEREZ Roland, *En quête de vie privée*, First, 1995.
PERROUD Frédéric, *Grace Kelly et Rainier III de Monaco, conte de fées sur le Rocher*, Acropole, 1999.
PREU Jean, (avec Robert NORELLA et Jean-Baptiste ROBERT), *Histoire de Monaco*, Ministère d'État Monaco, 1986.

QUINE, Judith Balaban, *The Bridesmaids : Grace Kelly and Six Intimate Friends*, Weidenfeld & Nicolson, 1989.

RENAUDOT, Patrick, *Cocteau et Monaco*, Rocher, 1999.

ROBINSON, Jeffrey, *Rainier and Grace : Their Intimate Story*, Avon, 1990.

ROBYNS, Gwen, *Princess Grace,* D. Mac Kay, 1976 ; avec la Princesse Grace de MONACO, *Mon Livre de fleurs,* Jean-Claude Marsan, 1986.

SERVAT, Henry-Jean, *Princesses de légendes,* Albin Michel, 1998 ; *Monaco de A à Z,* Michel Lafon ; *Dans la cour des grands,* le Pré aux Clercs, 2000.

SPADA, James, *Grace. Les Vies secrètes d'une Princesse.* J.-C. Lattès, 1988.

TIERNEY, Tom, *Grace Kelly Paper Dolls in Full Color,* Dover Publications, 1986.

VILALLONGA, José Luis de, *Gold Gotha,* Seuil, 1972.

WAYNE, Jane Ellen. *Grace Kelly's Men,* St. Martin's Press, 1992.

WILLOUGHBY, Bob, *Dans les coulisses d'Hollywood,* Denoël, 1995.

TABLE

7326

Composition Nord Compo
Achevé d'imprimer en France (Manchecourt)
par Maury-Eurolivres
le 2 juin 2004.
Dépôt légal juin 2004. ISBN 2-290-33641-6

Éditions J'ai lu
84, rue de Grenelle, 75007 Paris
Diffusion France et étranger : Flammarion